Der Euro-Crash kommt

1. Auflage Januar 2012

Lektorat: Lektoratsbüro Wille – Ulrich Wille
Umschlaggestaltung: Monika Dreja
Druck und Bindung: GGP Media GmbH, Pößneck

ISBN 978-3-86445-023-5

Gerne senden wir Ihnen unser Verlagsverzeichnis
Kopp Verlag
Pfeiferstraße 52
72108 Rottenburg
E-Mail: info@kopp-verlag.de
Tel.: (0 74 72) 98 06-0
Fax: (0 74 72) 98 06-11

Unser Buchprogramm finden Sie auch im Internet unter:
www.kopp-verlag.de

MICHAEL GRANDT

Der Euro-Crash kommt

Wie Sie als Anleger sicher durch die Krise kommen

KOPP VERLAG

Für Marina: »Я люблю тебя«

»Wenn Geld Sie nicht glücklich macht, dann geben Sie es doch zurück!«

Jules Renard, französischer Schriftsteller

Hinweis des Autors:

Ich weise darauf hin, dass ich keine Finanzberatung oder Ähnliches ausübe und sich jeder Leser individuell informieren und seine Entscheidungen eigenverantwortlich treffen sollte.

Die Angaben in diesem Buch beruhen auf sorgfältigen Recherchen. Einschätzungen, Prognosen und Tipps sind als persönliche Meinungsäußerung und als unverbindliche Informationen anzusehen. Es gilt jedoch zu beachten, dass diese Angaben Änderungen unterliegen. Verlag und Autor können daher keine Haftung für Vollständigkeit und Richtigkeit der Angaben in diesem Buch oder daraus abgeleitete Aktionen übernehmen. Wenden Sie sich für rechtlich verbindliche Empfehlungen an lizenzierte Finanzberater oder andere Institutionen.

Besuchen Sie auch die Homepage von Michael Grandt: *www.michaelgrandt.de*
Wenn Sie sich für seine Vorträge interessieren: http://michaelgrandt.de/vortraege/

INHALTSVERZEICHNIS

VORWORT

Geht es Ihnen wie mir? Aufgrund der seit über drei Jahren anhaltenden Finanz-, Wirtschafts-, Schulden- und Eurokrise war ich mir nicht mehr sicher, wie »sicher« die einzelnen Kapitalanlagen überhaupt noch sind und wie sie es in Zukunft sein werden.

Als mich bei meinen Vorträgen viele Zuhörer darauf ansprachen und ich mehr und mehr Zuschriften von ebenso beunruhigten und alarmierten Lesern erhielt, entschloss ich mich, ein Buch zu diesem Thema zu schreiben. Was ich aber damals nicht wusste, ist, dass die Recherchen so umfangreich sein würden und ich mit so vielen Halbwahrheiten, Mythen und Lügen zu kämpfen haben würde. Aber das machte die Sache so richtig spannend, und Sie können sich auf viele Informationen (Hintergründe – Analysen – Lösungen) freuen, die Sie sonst sicher nie bekommen hätten.

Im ersten Teil erläutere ich Ihnen zunächst finanz- und wirtschaftspolitische Hintergründe, die Sie unbedingt kennen *müssen,* um nicht die falschen Entscheidungen zu treffen. Dann beleuchte ich die traditionellen Anlagen, wie Lebensversicherungen, Bausparverträge, Aktien, Fonds, Devisen, Tagesgelder und Sparbücher. Folgend analysiere ich die alternativen Anlagen, wie Immobilien, Metalle, Rohstoffe und Holz. Wie Ihr eigenes Risiko- und Anlagemanagement aussehen kann, erfahren Sie im Anschluss daran. Im letzten Teil des Buches befasse ich mich dann mit Ihnen persönlich. Ja, Sie haben richtig gehört, mit Ihnen und Ihrer Einstellung zu Geld, Reichtum und Arbeit.

Sie erfahren in diesem Buch viele wichtige Details, die Ihnen bisher vielleicht entgangen sind oder über die Sie *wissentlich* nicht aufgeklärt wurden:

- Wie hoch die Inflation in Deutschland *tatsächlich* ist (Sie werden sich wundern!)
- Warum unser Grundgesetz eine Enteignung zulässt
- Warum Versicherungen tickende Zeitbomben sind
- Warum der Kurswert einer Aktie keine Aussagekraft hat
- Wie die geheime Zusatzsteuer auf Ersparnisse aussieht
- Warum das Sparbuch nicht sicher ist

- Weshalb die meisten Anlageprodukte dem *Vermögensabbau* dienen
- Welches die Unterschiede zwischen Sach- und Kapitalanlagen sind
- Weshalb Sie keine Schulden machen sollten
- Warum Sie selbst der beste Renditebringer sind
- Warum die meisten Menschen zu bequem sind, um wohlhabend zu werden
- Und vieles mehr

Aber keine Angst, ich lasse Sie nicht im Regen stehen, denn ich gebe Ihnen auch wichtige Hilfen und Lösungsansätze:

- Wie sinnvoll Versicherungen sind
- Was Sie bei Finanzierungen beachten sollten
- Wie Sie sich vor unlauteren Finanzberatern schützen
- Welches die Alternativen zu den herkömmlichen Anlagen sind
- Wie Ihr Risiko- und Anlagemanagement aussehen sollte
- Welches die besten Krisenwährungen sind
- Was den Unterschied zwischen wohlhabenden und armen Menschen ausmacht
- Wie Sie Ihr Denken positiv beeinflussen können

Von Anfang an war mir eine klare Struktur wichtig. So erläutere ich bei jeder Anlageform wichtige Hintergründe und analysiere dann die Pros und Contras. Das Fazit zum Schluss gibt meine persönliche Einschätzung wieder.

Wichtige Sätze sind herausgestellt. So erhalten Sie mit *einem* Blick die wichtigsten Informationen.

Ich habe dieses Buch bewusst »einfach« geschrieben. Der Volkswirtschaftler und Finanzexperte möge mir verzeihen, der Laie mir manche (leider doch notwendigen) Fachausdrücke nachsehen.

Ich wünsche Ihnen beim Lesen viele wesentliche Erkenntnisse und würde mich freuen, wenn Sie mir treu bleiben würden.

Michael Grandt

Noch ein Wort unter uns

In diesem Buch kann ich Ihnen natürlich nur Anregungen geben, damit Sie über Ihre Finanzen nachdenken. Keinesfalls kann und will diese Publikation eine Expertenberatung ersetzen. Zudem wäre es auch höchst unseriös, wenn ich Ihnen *einheitliche Normvorschläge* machen würde, nicht nur, weil ich das als Autor nicht darf, sondern auch, weil das nicht in Ordnung ist.

Jede Situation ist individuell verschieden und hängt von bestimmten Faktoren ab. Ob Vermögenshöhe, Sparleistung oder Alter, jede Lebensplanung und Zielvorgabe ist anders und kann nicht über einen Kamm geschoren werden. Mit welchem Risiko Sie leben wollen, liegt ganz bei Ihnen. Ich persönlich bin lieber auf der vorsichtigen Seite und gehe kein großes Risiko ein. Bedenken Sie aber auch, wie Sie auf Risiken reagieren wollen und können, denn das Leben bringt ja so manche Unwägbarkeiten mit sich. Seien Sie aber auch offen für neue Gelegenheiten und flexibel. Die optimale Finanzplanung obliegt somit der Entscheidung jedes Einzelnen und natürlich seinem eigenen Ermessen.

Ich wünsche Ihnen dabei viel Erfolg und hoffe, dass dieses Buch dazu beitragen wird, die richtigen Entscheidungen zu treffen.

TEIL 1
Was Sie wissen müssen

DER CRASH KOMMT

Die Krise ist da!

Europa, USA, Indien und China sind angeschlagen. Die Schuldenkrise hat die Welt fest im Griff. Erst die De-facto-Staatsbankrotte von Griechenland, Portugal und Irland, die drohende Zahlungsunfähigkeit verschiedener weiterer EU-Staaten[1] und im Sommer 2011 dann auch noch die Herabstufung der Bonität der USA, was bis dato ein Tabu darstellte.[2]

Im August und September 2011 erschütterten weitere schwere Finanzbeben die Welt. Die Märkte realisierten endlich die Schuldenkrisen in Europa und in den USA. Innerhalb von nur zwei Wochen hatten die an den Börsen notierten Unternehmen weltweit rund acht Billionen (!) US-Dollar an Marktkapitalisierung verloren.[3] Dies entsprach fast 15 Prozent ihres Wertes.[4] Investoren wollten ihre Gewinne noch sichern und verkauften Aktien, was das Zeug hielt. »Blutbad« nennen das die Börsianer.

Das DAX-Hoch betrug am 8. Juli 2011 7524 Punkte, am 19. August rutschte es auf 5345 Punkte, am 12. September ging es noch weiter runter auf 5072 Punkte. Der DAX verlor also fast ein Drittel seines Werts! Panik ging um. Alle wollten raus aus Aktien, weil sie die Gewinne der letzten Monate noch mitnehmen wollten. Der Markt drehte durch, Investoren flüchteten in Bargeld und deutsche Staatsanleihen. In den USA ging es weiter, denn auch dort rauschten die Kurse in die Tiefe. Eine solche schwarze Serie erlebten die Anleger zuletzt 1978.

Der DAX verlor fast ein Drittel seines Werts!

Der Markt reagierte in »Panik«, und Computerprogramme, die beim Unterschreiten bestimmter Kursschwellen Verkäufe generierten, verstärkten die Schwankungen zusätzlich.[5] Anleger verkauften so viele Aktien, dass die Banken mit Bargeld überschwemmt wurden. Selbst

EZB-Präsident Trichet bewertete den Börsenabsturz als »schwerste Krise seit dem Zweiten Weltkrieg.«[6]

Aber damit nicht genug. Im Herbst 2011 verschärfte sich die Bankenkrise ein weiteres Mal und spitzte sich so dramatisch zu, dass manche Experten sogar den Zusammenbruch des europäischen Finanzsystems fürchteten. Wieder trauten sich die Banken untereinander nicht mehr. Der Interbankenverkehr erlahmte, die Kreditinstitute waren vorsichtig, wem sie ihr Geld liehen, weil sie nicht wussten, wie viele Staatsanleihen de facto bankrotter EU-Länder andere Banken in ihren Beständen hielten. Stattdessen horteten die Banken ihre Kapitalüberschüsse bei der Europäischen Zentralbank EZB. Der Internationale Währungsfonds (IWF) wollte die europäischen Banken auch gegen ihren Willen zu 200 Milliarden Euro Frischgeldzufuhr[7] zur Eigenkapitalaufstockung zwingen. Selbst die Bundeskanzlerin riet zur Eile.[8]

»Die schwerste Krise seit dem Zweiten Weltkrieg«

Jean-Claude Trichet, der damals scheidende EZB-Präsident, der Anfang November 2011 von dem Italiener Mario Draghi abgelöst wurde, gab in seiner letzten Rede vor dem EU-Parlament zu, dass die Euro-Krise »systemische Dimensionen erreicht« habe und warnte vor »Ansteckungsrisiken« der stark vernetzten Finanzbranche, die die Finanzstabilität in der EU als Ganzes beeinträchtigten.[9]

Hektisch versammelten sich am 23. Oktober 2011 die europäischen Finanzminister, Staats- und Regierungschefs gleich zu einem Doppel-Gipfel. Vier Themen standen bei diesem ersten Teil-Gipfel im Mittelpunkt:

❶ Die Erhöhung der Eigenkapitalquote europäischer Banken
❷ Die höhere Beteiligung der Banken bei einem drastischen Schuldenschnitt Griechenlands
❸ Die zukünftige Gestaltung des Euro-Rettungsschirms EFSF
❹ Wie Griechenland vor einem Bankrott bewahrt werden kann

Es kam, wie es kommen musste. Am 26./27. Oktober 2011 einigten sich die europäischen Staatslenker dann auf folgende Maßnahmen:

1. Griechenland werden 50 Prozent seiner Schulden erlassen. Auf gut deutsch: ein Teil-Staatsbankrott. Die privaten Gläubiger (vornehmlich Banken und Versicherungen) müssen auf rund 100 Milliarden Euro verzichten.
2. Für die Absicherung neuer griechischer Staatsanleihen stellen die EU-Staaten 30 Milliarden Euro zur Verfügung.
3. In einem zweiten Rettungspaket soll Griechenland bis zum Jahr 2014 100 Milliarden Euro an Mitteln der öffentlichen Geldgeber erhalten.
4. Damit die Banken die Folgen des Schuldenerlasses stemmen können, müssen sie sich rekapitalisieren. Das Eigenkapital zur Absicherung riskanter Geschäfte soll bis Juni 2012 von vier auf neun Prozent steigen. Die europäischen Banken benötigen hierfür rund 106 Milliarden Euro. Sollten die Banken dies aus eigener Kraft nicht stemmen, müssen die nationalen Regierungen (sprich die Steuerzahler) einspringen oder als letzte Instanz der Rettungsschirm EFSF (sprich die Steuerzahler).
5. Die Mittel des Rettungsschirms sollen auf eine Billion Euro gehebelt[10] werden. Doch das Vertrauen der Anleger fehlte schon im Dezember 2011."

Doch das reichte nicht aus: Mitte/Ende November 2011 gerieten Italien, Frankreich und Belgien ins Visier der Märkte. Besonders Italien geriet in Schieflage, das allein 2012 über 300 Milliarden Euro alte Schulden durch neue ersetzen muss. Doch die Risikoprämien sind so hoch, dass berechtigte Zweifel bestehen, ob das Land das in Zukunft überhaupt noch stemmen kann.[11] Am 9. Dezember 2011 dann der nächste Gipfel. Jetzt sollen Schuldenbremsen und automatische Defizitstrafen die Euro-Krise beenden.

Die Turbulenzen resultierten aus Konjunktursorgen, dem Schuldenschnitt Griechenlands und den dramatischen Schuldenproblemen in den USA und in Europa. Eigentlich sollten die Staaten ihre Schulden abbauen, aber ein weltweiter Konjunkturaufschwung ist nicht in

Sicht, stattdessen geht immer noch die Angst vor einer Rezession und neuen Staatspleiten um.

Die internationalen Finanzmärkte realisieren nun langsam die Unfähigkeit der Politik, die Probleme zu lösen. Das Vertrauen ist dahin. Die Welt zahlt jetzt den Preis für die gigantische Verschuldung der letzten 30 Jahre. Viele Staaten können in eine Rezession schlittern, allen voran die USA, die mit ihrem gigantischen Sparprogramm die Konjunktur eher abwürgen als stimulieren.

Zu allem Überfluss spitzt sich die Lage auch noch in China zu: Hohe Inflation, ausfallgefährdete Kommunaldarlehen von fast 900 Milliarden Euro und eine riesige Immobilienblase bedrohen die Stabilität der stärksten Volkswirtschaft,[12] was verheerende Auswirkungen auf die deutschen Exporte haben könnte. Und auch bei Chinas Nachbarn Indien ist schon längst nicht mehr alles Gold, was glänzt. Die Wirtschaft des Landes wächst zwar fast genau so schnell wie die Chinas, doch auch hier ist die Inflation kaum mehr zu bremsen. Die Menschen verschulden sich immer mehr, die Kreditausfallraten steigen. Doch dessen ungeachtet lieben es Anleger aus Ost und West geradezu, immer mehr Kapital in Schuldtitel zu investieren. Das nächste Kartenhaus wird aufgebaut. Hoffen und beten wir, dass es nicht so schnell zusammenfällt.

Das nächste Kartenhaus wird aufgebaut.

Doch die Schuldenkrise wird uns noch lange in Atem halten. Von 2001 bis 2009 verdoppelten sich die Schulden aller Nationen von 20,4 auf 41,5 Billionen Dollar, und ein Anstieg auf über 52 Billionen Dollar[13] ist auch kein Tabu mehr.

Neben den USA stehen vor allem die EU-Staaten unter drastischen Sparzwängen, denn ihre Haushaltsdefizite müssen enorm verringert werden, um das Drei-Prozent-Kriterium des Maastricht-Vertrages wieder zu erfüllen. Die Summe der Defizitreduzierung in der Eurozone beträgt gegenwärtig rund 300 Milliarden Euro, mit Großbritannien etwa 400 Milliarden Euro. Gleichzeitig prognostiziert man jedoch für die Eurozone für 2012 einen *Anstieg* der Staatsschulden um knapp zwei Billionen Euro.[14] Als »Gegenmaßnahme« setzen die Regierungen Einsparungen von rund 400 Milliarden Euro, das entspricht gerade mal 23 Prozent des Schuldenanstiegs. Anders formuliert: Trotz rigoroser Einsparungen werden die Schulden um 77 Prozent zunehmen!

Obwohl das Bundesverfassungsgericht am 7. September 2011 in seinem Urteil zum Euro-Rettungsschirm Deutschland eine europäische Transferunion und Eurobonds untersagte,[15] nahmen die Märkte einige Zeit später doch wieder einzelne EU-Staaten ins Visier.

Trotz rigoroser Einsparungen werden die Schulden in der EU um 77 Prozent zunehmen!

Auch wenn es uns anders vermittelt wird, aber die Märkte beherrschen die Politik und nicht umgekehrt. Stattdessen kündigen großmäulige Politiker immer neue Veränderungen an, die aber alles noch schlimmer machen. Dabei ist klar: Die Politik hat gegen Spekulanten und Banken keine Chance und wird auch nie eine haben.

Wenn man sich mal folgende Zahlen ansieht, kann man sich vorstellen, was ich meine (Zahlen in BILLIONEN Dollar):

Volumen der weltweiten Devisengeschäfte:[16]	955
1990:	147
Volumen der außerbörslich gehandelten Finanzderivate:[17]	601
1990:	2
Volumen gehandelter Aktien und Bonds:	87
1990:	9
Wert der produzierten Güter und Dienstleistungen weltweit:[18]	63
1990:	22

Wir erkennen daraus, dass dem »Fiat Money« nur noch ein Bruchteil realer Güter und Dienstleistungen gegenübersteht. Wir erkennen ebenso, dass sich das Bruttoinlandsprodukt (BIP) in den letzten 20

Jahren verdreifacht hat, das Volumen der weltweiten Devisengeschäfte 6,5-mal so hoch ist und 9,5-mal mehr Aktien und Bonds gehandelt werden. Das Volumen außerbörslich gehandelter Finanzderivate ist jedoch 300-mal (!) größer geworden. Zudem werden keine für die Gesellschaft nützlichen Werte geschaffen, sondern stattdessen bilden sich immer größere Blasen. Der Finanzsektor hat sich von der Güterwirtschaft weitgehend abgekoppelt. Das war früher anders, denn damals versorgten die Banken die Wirtschaft mit Geld. Heute geht ohne das Geld der Banken in der Wirtschaft nichts mehr.

Das Volumen außerbörslich gehandelter Finanzderivate ist 300-mal größer geworden.

Die Haltung zwischen den Finanzmärkten und der Realwirtschaft könnte unterschiedlicher nicht sein. Während in der Wirtschaft reale Güter im Vordergrund stehen, werden an den Finanzmärkten *Erwartungen* gehandelt, die mit spekulativen Geschäften abgesichert sind. Mit strukturierten Anleihen, komplizierten und intransparenten Produkten können so Renditen über 25 Prozent erwirtschaftet werden. Aber auch Wetten auf die Pleite ganzer Staaten durch Kreditausfallversicherungen verheißen gute Geschäfte.

Finanzmärkte verlangen immer mehr Rendite und Ertrag. Die Wirtschaft muss sich dem Diktat beugen. Denn wehe der Aktienkurs sinkt, dann werden gleich höhere Kreditkosten fällig.

Dass Spekulanten ganze Staatswährungen zu Fall bringen können, bewies schon Anfang der 1990er-Jahre der legendäre Hedgefondsverwalter George Soros. Damals lieh er sich zehn Milliarden Britische Pfund und verkaufte sie wieder. Eine Spekulationswelle brach los. Die *Bank of England* konnte daraufhin die festen Wechselkurse des Pfund gegenüber anderen europäischen Währungen nicht mehr halten und musste abwerten. Soros kaufte sich die Summe, die er sich von der Bank geliehen hatte, zu einem niedrigeren Kurs zurück und verdiente so über eine Milliarde Dollar.

Die Märkte beherrschen die Politik und nicht umgekehrt!

Hedgefonds und Private-Equity-Gesellschaften sind für viele Kritiker zwischenzeitlich die Herren der Finanzmärkte geworden. Sie werden auch als »Schattenbanken« bezeichnet, da sie ähnliche Geschäfte wie reguläre Banken betreiben, aber nicht deren Finanzaufsichtsregeln unterliegen. Schattenbanken haben alleine in den USA bereits Schulden von über 16 000 Milliarden Dollar angehäuft, Geschäftsbanken hingegen »nur« 13 000 Milliarden.[19] Dies, gekoppelt mit gigantischen Staatsschulden, zeigt uns, wohin das alles führen kann, wie uns die Krisen der letzten Jahre beweisen:

1997 – Asienkrise: In den Schwellenländern Südostasiens platzte eine gewaltige Immobilienblase. Sie war durch eine exzessive Kreditvergabe entstanden, Aktien- und Immobilienmärkte brachen ein, eine Rezession folgte.

2000 – Dotcom-Blase: Es gab einen Run auf Aktien von New-Economy-Unternehmen. Der Internet-Hype produzierte ebenfalls eine gigantische Spekulationsblase, bei der viele Kleinanleger ihr gesamtes Vermögen verloren.

2007 – Finanzkrise: In den USA brach der Markt für verbriefte Immobilienkredite ein. Das Beben erschütterte die ganze Welt. Verzweifelt versuchten die Industrieländer, ihre Banken mit milliardenschweren Hilfsprogrammen zu stützen.

Seit 2010 – Euro- und Schuldenkrise: Es begann mit Griechenland, das sich selbst nicht mehr refinanzieren konnte und somit kurz vor dem Bankrott stand. Die EU half. Irland und Portugal benötigten 2011 dann ebenfalls Hilfe, um nicht die Zahlungsunfähigkeit erklären zu müssen. Seither stehen der Euro und die EU-Währungsunion unter Beschuss der Märkte und Spekulanten.[20]

Die Regierungen haben sich selbst in eine Schuldenfalle manövriert, aus der es so schnell kein Entrinnen gibt. Weitere Staatsbankrotte werden die Folgen sein. Die Krise ist also da und wird auch nicht so schnell beendet sein.

Das müssen Sie über die Inflation wissen!

Der Begriff der Inflation ist für Laien eigentlich ganz einfach zu erklären: Mehr Geld = weniger Wert.[21] Die Börsianer-Kultfigur Michael Mross gibt uns dazu wohl einen (satirischen) Rat, wie man sich vor Geldentwertung schützen kann: »Am besten, indem man kein Geld besitzt.«[22]

In der Volkswirtschaft bezeichnet man »Inflation« als einen anhaltenden Anstieg des allgemeinen Preisniveaus. Das Statistische Bundesamt ermittelt einmal im Monat die Inflationsrate über einen Warenkorb,[23] der verschiedene Ausgaben eines durchschnittlichen Haushalts in Deutschland repräsentieren soll. Die veröffentlichte Inflationsrate entspricht also der Preissteigerung in einem Monat gegenüber dem Vergleichsmonat im Vorjahr. Bei einer höheren Teuerungsrate (Inflation) wird das Geld also weniger wert, weil man für die gleiche Menge weniger kaufen kann.[24]

In Deutschland beträgt die Inflation kumuliert seit 1990 47 (!) Prozent,[25] in den letzten 50 Jahren im Durchschnitt per annum 2,8 Prozent.[26] Nach einer Analyse der Allianz hat auch der Euro seit seiner Einführung im Jahr 1999 rund 20 Prozent an Wert verloren,[27] und nach offiziellen Statistiken hat die europäische Währung seit ihrer Einführung sogar rund ein Viertel ihrer Kaufkraft eingebüßt.[28] Oder anders formuliert: Das entspricht einer Inflation von rund 25 Prozent in knapp zehn Jahren!

Für Sie als Anleger, aber auch für Verbraucher ist diese Entwicklung alarmierend, denn noch nie war die Gefahr so groß, dass der Euro zu einer »Weichwährung« wird. Langfristiges Sparen, etwa über eine Lebensversicherung, Riester-Renten oder langlaufende Staatsanleihen werden durch einen weichen Euro und hohe Inflation uninteressant. Ich komme später noch einmal darauf zurück.

In Deutschland beträgt die Inflation kumuliert seit 1990 47 (!) Prozent.

Damit eine Inflation ihre Wirkung entfalten kann, muss sie nicht zwangsweise hoch sein, auch lang anhaltende kleine Inflationsraten führen zu großen Effekten. Das nennt man »schleichende« Inflation.

Beispiel: Schleichende Inflation

Legen Sie 100 000 Euro unverzinst zurück, sinkt deren Wert bei zwei Prozent Inflation pro Jahr nach 25 Jahren auf rund 60 900 Euro – fast 40 Prozent des Vermögens fallen also der schleichenden Inflation zum Opfer. Nach 50 Jahren sinkt das Vermögen auf nur noch rund 37 100 Euro – 63 Prozent sind weg.

Beispiel: Eigenes Haus

Sie erben ein Haus im Wert von 20 000 Euro. Nach einem Jahr sind Sie jedoch aus finanziellen Gründen dazu gezwungen, das Haus wieder zu verkaufen. Während der Zeit, als Sie das Haus besaßen, kam es zu einer Inflation in Höhe von 25 Prozent (die Preise aller Güter und Dienstleistungen stiegen um 25 Prozent). Ein Jahr nach Erwerb verkaufen Sie das Haus für 246 000 Euro (das sind 23 Prozent mehr, als der Preis, zu dem Sie es gekauft haben).

Sie glauben jetzt wohl, ein gutes Geschäft gemacht zu haben? – Nominal gerechnet ja, aber real (korrigiert um die Inflationsrate) nicht, denn auch die Kaufkraft des Geldes ist in der gleichen Zeit gesunken. Die Differenz zwischen der Inflationsrate (25 Prozent) und dem Mehrwert beim Verkauf (23 Prozent) beträgt zwei Prozent. Sie haben also in diesem Fall einen realen Verlust von zwei Prozent erlitten.

Beispiel: Preise

Bei drei Prozent Inflation müssen Sie in 30 Jahren für Waren, die heute einen Euro kosten, bereits 2,43 Euro ausgeben. Hätten Sie also

250 000 Euro für den Ruhestand angespart, wären diese nur noch rund 100 000 Euro wert.

Mit mehr Lohn weniger kaufen?

Für den Arbeiter und Angestellten hört sich das gut an, wenn die Gewerkschaften höhere Löhne fordern, und deswegen geht man ja auch gerne mit der Fahne auf die Straße. Doch wenn hohe Lohnabschlüsse vereinbart werden, kann dies auch die Inflation anheizen. Auf gut Deutsch: Trotz mehr Lohn könnten Sie sich dann eventuell weniger kaufen. Doch diesen makroökonomischen Zusammenhang verschweigen Ihnen die Gewerkschaften wohlweislich.

Aber was haben Lohnerhöhungen eigentlich mit Inflation zu tun? Grundsätzlich gilt: Die Voraussetzung für einen stabilen Preistrend ist, dass Lohnerhöhungen durch Produktivitätsfortschritte gedeckt sein müssen. Dies war aber gerade in den Krisenjahren 2008 und 2009 *nicht* der Fall. In dieser Zeit hat sich ein gewaltiger Preisdruck angestaut, weil das Lohnniveau trotz sinkender Produktivität gestiegen ist. Laut Statistischem Bundesamt stiegen die Bruttostundenlöhne im Jahr 2009 um drei Prozent, während die Wirtschaftsleistung um knapp fünf Prozent eingebrochen ist.

Löhne werden auf die Preise weitergegeben. Eine Inflationsdynamik entsteht vor allem, wenn die Löhne systematisch schneller steigen als die Produktivität. Dadurch verstärken sie den Preisauftrieb. Zusätzlich entsteht ein erheblicher Inflationsdruck durch den drastischen Anstieg der Rohstoffpreise. Aber auch die Arbeitslosenquote ist in diesem Zusammenhang zu beachten: Erwerbslosigkeit, Wachstum und Inflation agieren in wechselseitigem Einfluss.

Ist die Arbeitslosenquote niedrig, besteht eine Tendenz in Richtung einer steigenden Inflation. In Zeiten hoher Arbeitslosenquoten geht die Inflationsrate hingegen tendenziell zurück. Wichtig ist die Lage am Arbeitsmarkt und ganz entscheidend sind die Erwartungen über die Preisentwicklung.

Erwerbslosigkeit, Wachstum und Inflation agieren in wechselseitigem Einfluss.

Diese Erwartung der Preissteigerungen bestimmt, welche Lohnsteigerungen zwischen den Tarifparteien vereinbart werden. Ausgehend von den Tarifverhandlungen legen die Unternehmen dann ihre Preise fest. Anders ausgedrückt: Die Veränderung der Preise (also die Inflationsrate) hängt von der erwarteten Preisentwicklung und der Lage am Arbeitsmarkt ab.[29] Was also bringen drei Prozent mehr Lohn, wenn man dabei gleichzeitig die Inflation auf drei Prozent oder mehr anheizt?

Vom Staat »gewollte« Inflation

Die Inflation ist zwar keine gegebene Größe, aber der Staat kann sie beeinflussen, meint der Wissenschaftler Prof. Bernd-Thomas Ramb. Dies kann durch Gewährung von Sozialleistungen und durch Gehälter für Staatsbedienstete geschehen oder durch Kreditaufnahmen bei der Zentralbank. Der Wirtschaftswissenschaftler hält daher eine »inflationsbedingte Teilentschuldung« des deutschen Staates für »sehr wahrscheinlich.«[30]

Wie das vor sich geht, beschreibt Prof. Ramb: »Im Allgemeinen steigen mit der Inflation auch die Nominaleinkommen und – bei konstanten Steuersätzen – die entsprechenden Steuerzahlungen. Der Staat kann also seine Altschulden mit durch die Inflation aufgeblähten Steuereinnahmen zurückzahlen.«[31] Alleine in der Zeit von 2008 bis 2009 erhöhten die USA die Geldmenge um über 100 Prozent, die Euroländer um rund 30 Prozent.[32]

Druckt der Staat also bei gleichbleibender Gütermenge mehr Banknoten, entwertet er somit das Geld und leistet einer Inflation Vorschub.[33]

Alleine in der Zeit von 2008 bis 2009 erhöhten die USA die Geldmenge um über 100 Prozent, die Euroländer um rund 30 Prozent.

Bestes Beispiel ist das Handeln der US-Notenbank *Fed*, die seit Jahren nur noch Geld »nach Bedarf« druckt. Dadurch steigen die Rohstoff- und Lebensmittelpreise weltweit.[34] Und das Gelddrucken geht bei den Staaten rasch: Alleine die Hilfspakete für die de facto bankrotten EU-Staaten wurden eben mal so durch Knopfdruck zusätzlich produziert, also durch Begebung entsprechender Schulden. Damit sind wir gleich beim nächsten Thema.

Unser Geld ist nichts wert, denn es wird aus Schulden erzeugt!

Geld wird durch Vergabe von Krediten geschaffen, also durch Schulden. In Wahrheit verleiht die Bank nur Luft, ein paar Zahlen auf dem Bildschirm.

Sie allerdings müssen der Bank das nicht existente »Geld«, das Ihnen »geliehen« wurde, plus Zinsen zurückzahlen. Dieses »Illusionsgeld« wird im Fachjargon »Buch-« oder »Giralgeld« genannt, weil es nicht physisch, sondern rein virtuell auf Bankkonten existiert. In Form von Schecks, Überweisungen und Kreditkartenabbuchungen wandert es dann von Bank zu Bank, und aus der ursprünglichen Summe der Anleihe wird immer mehr: Jedes Mal, wenn dieses Geld ausgegeben wird und bei einer anderen Bank landet, geht aus ihm ein weiterer Kredit hervor. So ist das Geld im eigentlichen Sinne nichts wert, da es sich genau genommen um Schulden handelt.

Kreditgeldschöpfung (vereinfachtes Beispiel):

Sie wollen sich ein Auto kaufen und nehmen dafür bei der Bank einen Kredit von 30 000 Euro auf, den Sie mit Ihrem Haus absichern. Die Bank überweist das Geld direkt auf das Konto des Autohändlers und belastet gleichzeitig Ihr Konto. Kein einziger Cent an Bargeld ist geflossen.

Sie sehen: Die Bank braucht also gar keine vorhergehende Einzahlung von gespartem Geld, um einen Kredit an Sie zu vergeben, weil die Einlage für den Kredit bereits mit der Buchung entsteht. Hier spricht man von Geld- oder Kreditschöpfung, da das neue Geld durch einen Kredit entstanden ist. Banken erzeugen durch die Kreditvergabe stets zusätzliches Geld, das vorher nicht vorhanden war, und können durch Ankauf werthaltiger Aktiva weiteres Geld erzeugen.

Banken erzeugen durch die Kreditvergabe stets zusätzliches Geld.

So wird Geld »verbrannt«

Die Geldschöpfung basiert also vorwiegend auf der Gewährung von Krediten. Es geht aber auch anders herum, dann nämlich, wenn Geld »verbrannt« wird: Sie erwerben ein Wertpapier für 250 Euro. Dieses verkaufen Sie dann später an Ihre Bank. Der Wert des Papiers sinkt danach auf 150 Euro. Die dadurch entstandene Differenz von 100 Euro stellt für die Bank einen Verlust dar, der in der Bilanz abgeschrieben wird, sprich: das fiktive Geld verschwindet dahin, woher es gekommen ist – ins Nichts.

Diese Vorgänge wiederholen sich in unserer Wirtschafts- und Finanzwelt in noch viel größerem Maße. Fast täglich erhalten wir Meldungen darüber, dass Bank X oder Bank Y Millionen oder gar Milliarden »abgeschrieben« haben. Viele Menschen fragen sich, woher kommt denn das Geld und wo geht es hin? Die Antwort ist ganz einfach: Es kommt aus dem Nichts und es geht ins Nichts.

Ist diese Darstellung übertrieben oder gar an den Haaren herbeigezogen? Keinesfalls!

Zum Nachdenken:

- Banken verfügen grundsätzlich nur über einen Teil ihrer Sichteinlagen (gemeint sind damit die täglich verfügbaren Guthaben auf Konten), die als Barreserve gehalten und nicht weiter verliehen werden dürfen. Ein zusätzlicher Teil muss bei der Notenbank entsprechend als Mindestreserve hinterlegt werden.
- Die Mindestreserve bei europäischen Banken beträgt (noch) zwei Prozent.
- Den Rest, die sogenannte »Überschussreserve«, kann die Bank nutzen, um weitere Kredite zu vergeben. Je nach Rating muss aber nur ein Teil der Kreditsumme auch wirklich vorhanden sein.
- In den USA konnten die Banken bisher den zehnfachen Wert ihrer Einlagen verleihen.
- In Deutschland ist dies der 50-fache Wert des Eigenkapitals eines Finanzinstituts.
- Nur ein kleiner Teil, etwa drei Prozent der Guthaben, sind bei den Banken als Bargeld ständig verfügbar. Das erklärt, warum Banker nichts mehr fürchten als einen »Run« auf ihre Banken, denn das hat in der Vergangenheit immer wieder zu Fällen von Zahlungsunfähigkeit geführt.[35]

Banker fürchten nichts mehr als einen »Run« auf ihre Banken.

Trauen Sie dem Euro immer noch?

Wenn die wichtigsten Notenbanken der Welt ihre Devisen umschichten, ist es auch für den privaten Anleger höchste Zeit, etwas zu tun. Die bisherigen »Weltwährungen« Dollar und Euro verlieren immer mehr an Bedeutung: Stellte der US-Dollar in seinen besten Zeiten noch 73 Prozent aller weltweiten Devisenbestände dar, sind es heute gerade mal noch 60,7 Prozent. Der Euro konnte sich zwar von 26,2 auf 26,6 Prozent der Devisenbestände steigern, aber das ist wieder einmal nur die halbe Wahrheit, die uns Politiker allenthalben verkaufen. In Wirklichkeit verlor der Euro rund 1,4 Prozent an Bedeutung, da er in einem Hoch 28 Prozent quotierte. Unter dem Strich haben die Notenbanken ihre Euroreserven also abgebaut.[36]

Ich habe das Folgende zwar im Kapitel »Das müssen Sie über die Inflation wissen!« bereits erwähnt, aber ich wiederhole es nochmals, weil es um **Ihr** Geld geht: Nach einer Analyse der Allianz hat auch der Euro seit seiner Einführung im Jahr 1999 rund 20 Prozent an Wert verloren, und nach offiziellen Statistiken hat die europäische Währung seit ihrer Einführung sogar rund ein Viertel ihrer Kaufkraft eingebüßt.[37] Oder anders formuliert: Das entspricht einem Wertverlust von rund 25 Prozent in neun Jahren! Aber es kommt noch schlimmer: Der unabhängigste Indikator auf die Werthaltigkeit einer Währung ist Gold. Musste man 2002 für eine Unze Gold noch 300 Euro bezahlen, stieg der Preis auf gegenwärtig rund 1300 Euro. Das entspricht also rechnerisch einer Euro-Entwertung gegenüber dem Edelmetall von über 430 Prozent.

Im Beschluss der Europäischen Zentralbank vom 6. Dezember 2001 steht: »Die Ausgabe der Euro-Banknoten muss keinen quantitativen oder sonstigen Beschränkungen unterliegen, da das In-Umlauf-Bringen von Banknoten ein durch Nachfrage gesteuerter Prozess ist.«[38]

Gegenüber Gold wurde der Euro in den letzten zehn Jahren um rund 430 Prozent entwertet!

Einer der wohl härtesten Eurokritiker, Dr. Bruno Bandulet, meint dazu: »Wie praktisch, dann ist ja garantiert, dass auch in der Inflation der Nachschub nie ausgeht. Mit einem Geld, das nicht erarbeitet werden muss und das durch nichts gedeckt ist, lassen sich Verschuldungsorgien veranstalten und Finanzblasen erzeugen – was dann bekanntlich auch geschehen ist.«[39] Und: »Seit 1999 waren weder die Preise stabil, noch war die Geldmenge auch nur annähernd im Gleichklang mit dem Wirtschaftswachstum, noch waren die nominalen und realen Zinsen über einen längeren Zeitraum berechenbar.«[40] Alle Voraussetzungen für eine weitere Euroentwertung, sprich Entwertung der Ersparnisse der Bürger.

Der Euro ist schlecht für Deutschland

Unbelehrbare Politiker hat es schon immer gegeben und sie werden nie aussterben. Aber das, was vor allem deutsche Volksvertreter und Regierungsmitglieder in Sachen Euro von sich geben, kann man nur noch als weltfremd oder als vorsätzliche Falschaussagen bezeichnen. Unbelehrbar halten sie an der Illusion fest, dass Europa nur durch eine gemeinsame Währung zusammengehalten werden kann.

Unbelehrbare Politiker werden nie aussterben.

Man kann es schon fast nicht mehr hören, was diese politisch korrekten Politiker, Ökonomen und »Finanzexperten« allenthalben in Talkshows oder Interviews von sich geben: Der Euro sei gut für Deutschland, denn ohne ihn würde es unserer heimischen Industrie viel schlechter gehen, oder: Ohne die Gemeinschaftswährung wäre die D-Mark so stark geworden, dass unsere Exporteure große Schwierigkeiten hätten, ihre Produkte ins Ausland zu verkaufen, oder: Deutschland sei ein Profiteur des Euro.

Aber genau das Gegenteil ist der Fall! Die gemeinsame Währung trennt mehr, als dass sie zusammenbringt, denn die Probleme sind einfach zu unterschiedlich, als dass man sie mit einem engen Währungskorsett lösen könnte, in dem die einzelnen Staaten quasi »ersticken«.

Der Euro trennt mehr, als er zusammenbringt.

Machen wir einmal eine politisch völlig unkorrekte, aber volkswirtschaftlich und finanzpolitisch reale Bestandsaufnahme:

➊ *Die Währungen und Volkswirtschaften von Nicht-Euro-Ländern sind stabiler:*

- Die Börsen in der Eurozone haben sich im Jahr 2010 schlechter entwickelt als die übrigen Märkte weltweit.
- Auf der Liste der 20 finanzschwächsten Nationen der Welt stehen schon sechs von 16 Staaten aus der Europäischen Währungsunion.
- Das Wirtschaftswachstum des Euro-Verweigerungslandes Schweden stieg seit 1997 im Durchschnitt um 2,5 Prozent; beim Nicht-EU-Mitglied Norwegen waren es 2,2 Prozent. Deutschland als größte Ökonomie und Wirtschaftsmotor der EU kam gerade mal auf kümmerliche 1,3 Prozent.[41]
- Obwohl die Zinsen in der Europäischen Währungsunion immer weiter gesunken sind und damit auch die Finanzierungskosten für die einzelnen EU-Staaten, ist deren Schuldenquote seit 1997 nie merklich zurückgegangen.[42]
- Die Europäische Währungsunion lädt also dazu ein, höhere Schulden zu machen und erweist sich immer mehr als Risikogemeinschaft.
- Für Ratingagenturen wird die Mitgliedschaft in der Eurozone demnach immer mehr zur Schwäche, da die einzelnen Länder entgegen dem Maastrichter Vertragstext für die Schulden anderer haftbar gemacht werden.
- Die europäischen Länder ohne Euro stehen also bei den Kennzahlen Verschuldung, Wirtschaftswachstum, Währungsstabilität und Börsenentwicklung besser da.

Die europäischen Länder ohne den Euro stehen besser da.

➋ *Deutschland ist* der *Zahlmeister der EU:*

- Für die Ermittlung der zu übertragenden Kapitalanteile der einzelnen Mitgliedsländer an die Europäische Zentralbank sind zwei Kriterien maßgeblich: der jeweilige Anteil an der Gesamtbevölkerung sowie das Bruttoinlandsprodukt. Anders ausgedrückt: Die Fleißigen werden auch hier bestraft. 28 Notenbanken bringen insgesamt 5,7 Milliarden Euro auf. Davon zahlt Deutschland allein rund ein Fünftel und ist damit mit Abstand der größte Kapitalgeber.[43]

Die Fleißigen werden bestraft.

- Die EU hat rund 31 Prozent IWF-Quote. Der IWF wiederum gibt *ebenfalls* Kredite an die maroden EU-Staaten. Deutschland muss auch hier rund ein Fünftel des europäischen Beitrags[44] übernehmen und zwar *zusätzlich* zu den Rettungsschirmmaßnahmen. Dies alles wäre *ohne* EU für den deutschen Steuerzahler um einiges günstiger.
- Die Bundesbank hat den peripheren Ländern in den letzten drei Jahren insgesamt 390 Milliarden Euro zu einem *negativen*[45] Realzins geliehen.[46]
- Deutschland zahlt seit Gründung der EU *mehr* ein, als es wieder zurückerhält. Rund acht Milliarden Euro jährlich (Rückflüsse bereits abgezogen) stehen auch hier auf der Rechnung der deutschen Steuerzahler.[47]

❸ *Deutschland hat nicht vom Euro profitiert:*

- Kapitalabflüsse in die maroden EU-Länder haben das Zinsniveau für den deutschen Mittelstand hochgehalten.[48]
- Knapp *eine* Billion Euro flossen aus Deutschland zur Bezahlung der Leistungsbilanzdefizite anderer EU-Staaten. Diese konnten demnach nicht in die eigene Volkswirtschaft investiert werden.[49]
- Allein dies macht *jenseits* aller Euro-Rettungsmaßnahmen jährlich rund 150 Milliarden Euro aus.[50]

Deutschland hat nicht vom Euro profitiert.

- Die Exporte gehen zu weniger als der Hälfte in die Eurozone, der Rest auf den übrigen Weltmarkt.[51] Die Exporte in die EU-Länder sind trotz der dort zu erzielenden Inflationsgewinne annähernd konstant geblieben.[52]
- Dadurch wurde das Investitionsniveau auf den niedrigsten Stand aller EU-Länder gesenkt.[53]
- Das Geld für die Euro-Rettungsmaßnahmen, immerhin Hunderte von Milliarden Garantien und Bareinlagen von (bisher) 22 Milliarden Euro, stehen für soziale Zwecke oder Investitionen in die Realwirtschaft *nicht* mehr zur Verfügung.[54]
- *Auch* deshalb ist unser Wachstum wohl seit der Einführung des Euro gesunken. Betrug die Veränderung des preisbereinigten Bruttoinlandsprodukts von 1960 bis 2001 im Durchschnitt noch 2,9 Prozent, erreichte sie seither nur noch magere 0,7 Prozent.[55]

Das Wachstum ist seit Einführung des Euro gesunken.

- Die Lohnstückkosten sind in Deutschland seit 1998 nahezu konstant geblieben, während sie in den Problemländern stiegen.[56] Das heißt, deutsche Arbeitnehmer verdienten weniger, damit unser Land wettbewerbsfähiger blieb.
- Durch die fehlende Aufwertung, wie es früher bei der D-Mark der Fall gewesen ist, entgeht den Deutschen ein Kaufkraftgewinn, durch den sie sich ansonsten mehr Güter und Dienstleistungen hätten leisten können und so die Massenkaufkraft erhöht hätten. Jetzt hingegen *sinkt* die Kaufkraft der breiten Bevölkerung.[57]

❹ *Andere EU-Länder haben profitiert:*

- Bereits kurz vor der EU-Gründung kam es zu einem erhöhten ausländischen Kapitalzufluss in die zukünftigen Euro-Währungsländer, weil Investoren erwarteten, dass die ausstehenden Staatsanleihen, die nach Einführung des Euro fällig würden, nicht in den nationalen Währungen, sondern in Euro ausbezahlt würden. Das

Wechselkursrisiko entfiel. Auch die Zinsen wurden in Euro ausbezahlt.[58]

- Neu-EU-Länder mit bisher zweistelligen Zinsen konnten damit rechnen, dass sie bei Neuverschuldung nur die niedrigen Zinsen zahlen mussten, was ihre Haushalte stark entlastete.[59]
- Die niedrigen Zinsraten entlasteten die Länder auch bei der Begebung von Staatsanleihen oder bei betrieblichen Investitionen. Diese »Euro-Dividende« beziehungsweise dieses Zinsgeschenk ist aber *nicht* zur Tilgung der jeweiligen Staatsschulden verwendet worden, sondern zu einer weiteren exzessiven Verschuldung.[60]
- *Ohne* die Exportüberschüsse und Leistungsbilanzstärke Deutschlands, wodurch es zum größten europäischen *Geberland* wird, wäre die Konstruktion der Währungsunion *nicht* möglich gewesen.

Was aber wäre die Alternative?

Viele namhafte Experten, darunter die Professoren Wilhelm Hankel, Wilhelm Nölling, Karl Albrecht Schachtschneider, Dieter Spethmann und Joachim Starbatty sehen sie in einem europäischen Staatenbund konkurrierender und wachsender Volkswirtschaften mit jeweils eigenen Währungen als Leistungsmaßstab und Erfolgsbarometer, der den Brüsseler Moloch ersetzt.[61] Die europäischen Länder könnten ihre alten Währungen samt Wechselkurs wieder einführen. Die Folge wäre keinesfalls ein Zusammenbruch unserer Wirtschaft, wie uns immer wieder suggeriert wird, sondern das Gegenteil:

Zunächst einmal würden wir mehr für unser Geld im Ausland bekommen. Importgüter würden billiger. Betriebswirtschaftlich gesehen: Im Einkauf gewinnt man mehr, als man später im Verkauf (vielleicht!) verliert, oder anders gesagt: Man kauft die Güter viel billiger ein als den Verlust, den man später wegen der stärkeren Währung (vielleicht) erleidet.

Importgüter würden billiger.

Schließlich verkaufen wir keine Tomaten, sondern Know-how, Technologieinnovationen und kluge Köpfe, die man überall auf der Welt braucht, gerade jetzt! Beweis dafür sind wir selbst, denn trotz »starker« D-Mark nahmen unsere Exportstärke und Exportüberschüsse immer mehr zu. Deutschland gehörte schon *immer* zu den Aufwertungsländern und war seit jeher eine der exportstärksten Nationen der Welt.

Zudem würden jährlich gigantische Milliardenüberweisungen nach Brüssel sowie Garantien von Hunderten von Milliarden für de facto zahlungsunfähige EU-Staaten entfallen. Dieses Geld könnte man in unsere Sozialsysteme und in die Realwirtschaft investieren und so durch Steuerentlastungen mehr Konsum generieren, der sich wiederum im Wirtschaftswachstum niederschlagen würde. So aber hängen wir am EU-Tropf und geben mehr, als wir erhalten. Die von uns erwirtschafteten Leistungsbilanzüberschüsse *finanzieren* den *größten* Teil der EU.

Deutschlands Leistungsbilanzüberschüsse finanzieren den größten Teil der EU.

Oder wie der britische Europa-Investmentchef von *Allianz Global Investors* sich einmal ausdrückte: »Europa ist ein einfaches Spiel: 27 Nationen sind dabei, am Ende zahlen immer die Deutschen«.[62]

»Am Ende zahlen immer die Deutschen!«

Die Wahrheit ist also: *Ohne* Deutschlands Exportüberschüsse und Leistungsbilanzstärke wäre der Euro schon längst Geschichte![63] Einen Rettungsschirm für Deutschland wird es niemals geben, dazu ist die

Volkswirtschaft zu groß. Wir werden also *immer* das größte Geberland bleiben und das ist schlecht für Deutschland.

Deutschland wird immer das größte Geberland bleiben.

Was auf Sie zukommen kann

Die Grundlage für die Zahlungsunfähigkeit eines Staates bildet seine gigantische Staatsverschuldung – und diese haben wir nicht nur in Deutschland, sondern in (fast) allen Ländern der Welt. Die Verschuldungen sind jetzt schon so groß, dass sie erst in vielen Generationen abgetragen sein werden, sofern man ab sofort rigoros spart. Die Gefahr einer Währungsreform schlummert also latent und kann für Deutschland auf die Jahre 2020 bis 2030 prognostiziert werden.[64]

Aus den mir vorliegenden Informationen, Prognosen, makroökonomischen Daten und verschiedenen anderen Parametern habe ich folgende Szenarien entwickelt, was in der nächsten Zeit auf Sie zukommen könnte:

- Steigende Arbeitslosigkeit
- Höhere Inflation[65]
- Zusammenbruch des Europäischen Währungssystems
- Immer höhere Verschuldungen der Staaten
- Neue staatliche Garantien zur Stützung des Bankensektors
- Drastische Steuererhöhungen und Einsparungen bei staatlichen Dienstleistungen
- Beschränkung der Sozialsysteme auf Grundsicherungen
- Staatlicher Zugriff auf das Privatvermögen der Bürger
- Unsicherheiten bei der angesparten Altersvorsorge

Ein Staat, der vor dem Bankrott steht, wird alles tun, um an das Privatvermögen seiner Bürger zu kommen und die Staatsschulden zu verringern. Folgendes ist denkbar:

- Währungsreform (raus aus dem Euro, rein in die Deutsche Mark) und dadurch Abwertung der Währung um bis zu 50 Prozent (oder mehr): Das bedeutet Reallohn- und Kaufkraftverlust.
- Inflation/Deflation
- Zwangsverstaatlichung der privaten Altersvorsorge, beziehungsweise Abschöpfung und Umverteilung der privat angesparten Altersvorsorge in das gesetzliche Rentensystem (siehe Ungarn, Irland)
- Höhere Steuern
- Niedrigere Sozialleistungen
- Lohnkürzungen
- Rentenkürzungen

Währungsreform, Inflation, Steuererhöhungen, Lohn- und Rentenkürzungen

Von einer möglichen Währungsreform wären Sie ebenso stark betroffen. Die Durchführung vergangener Währungsreformen hat uns Folgendes gelehrt, das Sie bitte niemals vergessen sollten:

- Wir sind der Willkür der Regierung *schutzlos* ausgeliefert.
- Währungsreformen können bis kurz vor der Umsetzung *geheim* gehalten werden, aus Angst vor Umtausch in eine Fremdwährung.
- Schulden können in einem Verhältnis von 1 : 1 bleiben (siehe unten).
- Sparkonten können 10 : 1 oder mit einer anderen Quote abgewertet werden.
- Die Verwendung des abgewerteten Geldes auf den Sparkonten kann begrenzt werden, etwa 50 Prozent dürfen gleich abgehoben werden, die anderen werden auf eine bestimmte Zeit hin »eingefroren«.
- (Staats-) Anleihen sind nicht mehr viel oder gar nichts mehr wert.
- Mit Preissteigerungen ist zu rechnen.
- Die Höhe des Betrags, der von der alten in die neue Währung umgetauscht werden soll, kann von der Regierung begrenzt werden.

- Der Wert von Lebensversicherungen und Bausparverträgen kann implodieren.
- Eine Vermögenssonderabgabe, ein »sozialer Lastenausgleich« auf das gesamte Vermögen könnte erhoben werden; staatliche Zwangshypotheken auf der Grundlage eines Lastenausgleichsgesetzes könnten folgen.

Der Wert von Lebensversicherungen und Bausparverträgen kann implodieren.

Daraus folgere ich:

❶ Eine Währungsreform kann so »plötzlich« kommen, dass man sich nicht darauf vorbereiten kann.
❷ Bargeld oder Sparkonten sind für die Zukunft nicht sicher.
❸ Hände weg von Staatsanleihen, denn sie können schnell nichts mehr wert sein.
❹ Ablagen in Sachwerte sind zu bevorzugen.

Tatsache bleibt, die Schulden in Billionenhöhe, die die Staaten angehäuft haben, können nur mit folgenden Maßnahmen getilgt werden:

- Inflation
- Währungsreform
- Staatsbankrott

Aber egal, welche dieser Maßnahmen letztendlich durchgeführt werden, für Sie bedeutet das *immer* eine Minderung oder gar einen Verlust Ihres Vermögens.

Machen Sie keine Schulden!

Meine Einstellung ist folgende: Ich gebe nie *mehr* Geld aus, als ich verdiene, und das rate ich Ihnen auch. Leben Sie im Rahmen Ihrer finanziellen Möglichkeiten und kontrollieren Sie Ihre Ausgaben. Legen Sie einen Notgroschen für unvorhersehbare Notsituationen zurück (etwa drei bis vier Monatsgehälter).

Geben Sie nie mehr aus, als Sie verdienen!

Denn Schulden sind wie ein Mühlstein um Ihren Hals, sie nagen am Unterbewusstsein und können sogar zu einem gesundheitlichen Problem werden. Dabei geht es nicht immer um eine Haushypothek oder einen Autokauf, sondern meist um ganz »normale« Konsumschulden: Der britische Erfolgsautor Richard Templar gibt folgenden Tipp: »Wenn Sie etwas sehen, von dem Sie meinen, dass Sie es unbedingt brauchen, warten Sie erst einmal eine Woche lang ab. Brauchen Sie es dann wirklich noch? Es ist sehr wahrscheinlich, dass der Drang wieder vergeht, wenn Sie ihn vergehen lassen. Machen Sie es sich schwer, indem Sie der Versuchung nicht gleich nachgeben, sondern erst einmal abwarten.«[66]

Sie glauben, dass wenn der Staat seine Schulden abwertet, Sie dann ebenso Ihre Schuldenlast verringern können und sagen vielleicht: »Eine Währungsreform ist doch eine gute Sache, dann werde ich billig meine Schulden los!« Aber das ist ein Irrtum, wie uns die Vergangenheit gezeigt hat:

- Bei der Währungsreform 1948 wurden die Schulden 100 zu zehn abgewertet, aber die Guthaben mit 100 zu 6,5.
- Bei einer Währungsreform wird der Gesetzgeber nicht die Schulden erlassen, sondern mit Faktor X auf die neue Währung umstellen.
- Die Schulden bleiben (wenn auch an die neue Währung angepasst), das Vermögen ist größtenteils weg.

- Privatschulden können auch per Gesetz nachträglich aufgewertet werden.
- Beispiel Argentinien 2001: Hier wurden zunächst die Schulden bei 1 : 1 belassen, die Guthaben jedoch abgewertet.
- Auch 2005 in der Türkei, als die neue Lira eingeführt wurde, wurden Privatschulden nicht im gleichen Maß wie Guthaben abgewertet.
- Ein Staat mit eigener (neuer) Währung legt das Geld für alle Verbindlichkeiten fest, die öffentlichen wie die privaten.
- Davon unberührt bleiben Fremdwährungsschulden. Nach der Abwertung verteuern sich diese in eigener Währung, weswegen der Abwertung meist der Antrag auf Schuldenstreckung (Moratorium) folgt – siehe Argentinien, Ukraine et cetera.

Niemand soll also glauben, dass man in der Währungsreform mit billig inflationiertem Geld aus den Hypotheken- beziehungsweise Grundschulden herauskommt. Das werden Banken und Regierung zu verhindern wissen. Der Weg dazu: Ein neues Aufwertungsgesetz wie im Jahre 1925. Damals wurden die Hypothekenschulden aus der Weimarer Republik *nachträglich* aufgewertet.[67] Zudem wurde 1952 das sogenannte »Lastenausgleichsgesetz«[68] erlassen. Die Umverteilung erfolgte dadurch, dass diejenigen, denen erhebliches Vermögen verblieben war (insbesondere Immobilienbesitzer), die Hälfte ihres Vermögens nach dem Stand vom 21. Juni 1948 in 120 vierteljährlichen Raten, also verteilt auf 30 Jahre, in einen Ausgleichsfonds einzahlen mussten. Zu diesem Zweck wurden eine Vermögensabgabe, eine Hypothekengewinnabgabe und eine Kreditgewinnabgabe eingeführt. Diese Gesetze sind also schon einmal da gewesen, wieso sollen sie, wenn der Staat mit dem Rücken zur Wand steht, nicht wieder erlassen werden?

Aufwertungs- und Lastenausgleichsgesetze drohen!

Der Nennwert der Schulden kann also gleichbleiben oder sogar noch höher werden, während die Lebenshaltungskosten rasch ansteigen können und so einen immer größeren Teil Ihres verfügbaren Vermögens aufzehren. Für den eigentlichen Schuldendienst bleibt dann immer weniger übrig. Machen Sie daher keine Schulden und reduzieren Sie die alten so schnell wie möglich.

ÜBERLEGUNGEN

Geld- oder Sachanlagen?

Was ist der Unterschied zwischen Geldwert und Sachwert? Der Volksmund sagt: »Geldwert verliert bei Inflation, Sachwert steigt.« Schauen wir mal, ob das auch stimmt.

Geld sollte (auch) als Wertaufbewahrungsmittel dienen. Im Idealfall sollte mit einem bestimmten Geldbetrag später noch die gleiche Warenmenge gekauft werden können. Doch wenn Preise steigen, verliert das Geld an Kaufkraft. Zudem entwertet der Staat durch seine Schuldenpolitik das Geld mehr und mehr (siehe Kapitel »Das müssen Sie über die Inflation wissen!« und »Trauen Sie dem Euro immer noch?«). Auch die Gefahr einer drohenden Währungsreform schlummert latent, wie ich in meinen Publikationen *Der Staatsbankrott kommt!* und *Europa vor dem Crash*[69] hinreichend belegt habe.

Wenn Preise steigen, verliert das Geld an Kaufkraft.

Bevor also eine neue (alte) Währung wieder eingeführt werden kann und das Geld weitgehend wertlos wird, sollten Sie Ihre Geldvermögensanlagen abbauen und in Sachvermögen umwandeln. In welchem Verhältnis Sie das tun, kommt auf Ihre individuelle Situation an. Ich werde Ihnen in Teil 2 und 3 Tipps dazu geben.

Zu den Geldanlagen gehören:

- Bargeld
- Tagesgeld
- Termingeld
- Festverzinsliche Wertpapiere
- Sparbücher
- Alle Arten von Zertifikaten
- Die meisten Lebens- und privaten Rentenversicherungen

Zu den Sachanlagen gehören:

- Aktien
- Aktienfonds
- Immobilien/Grundstücke
- Edelmetalle
- Rohstoffe
- Strategische Metalle
- Schmuck, Antiquitäten et cetera (mit Einschränkungen)
- Kunst- und Sammlerobjekte (mit Einschränkungen)
- Langlebige Konsumgüter (mit Einschränkungen)

Doch trotz der Eurokrise investieren die Bundesbürger vor allem in Geldanlagen. Natürlich werden Banken bis zum Schluss die Sicherheit und Wertbeständigkeit ihrer Produkte beschwören, dazu gehören vor allem Sparbücher, Bankanleihen und Festgeldkonten.

Trotz der Eurokrise investieren die Bundesbürger vor allem in Geldanlagen.

Was Inflation und die Verteilung der europäischen Schulden vornehmlich auf den deutschen Steuerzahler für die Geldwertstabilität bedeuten, habe ich bereits erläutert: Der Euro wird immer weniger wert.

Doch *alle* Vermögensanlagen haben auch Nachteile, das will ich an dieser Stelle nicht verheimlichen. Das gilt auch für Sachanlagen (mehr dazu in Teil 3: »Alternative Anlagen«):

- Erzielbare Renditen sind nicht immer klar ersichtlich.
- Renditen sind nicht garantiert.
- Rückwandlung in Geld ist (oft) aufwendig.
- Bei Verkauf kann es zu Wertverlusten kommen.

Langlebige Konsumgüter werden (von manchen Weitsichtigen) in inflationären Zeiten gekauft, weil sie einen Preisanstieg befürchten. Eingeschränkt sind diese also auch als Vermögensanlage zu betrachten. Vor allem dann, wenn sie später zu einem höheren Preis verkauft werden können.

Für alle Sachanlagen gilt: Je stärker die Inflation anzieht und je bedrohlicher die finanz- und wirtschaftspolitische Lage sich entwickelt, desto hektischer reagieren die Märkte für Sachanlagen. Handeln Sie deshalb frühzeitig und nicht erst dann, wenn es zu spät ist.

Handeln Sie frühzeitig!

Bei Inflation, Staatsbankrott und Währungsreform ist der bessere Werterhalt der Sachanlagen gegenüber den Geldanlagen eindeutig.

PRAXIS

Das Doppelgesicht der Banken

Kennen Sie den Spruch: »Eine Bank leiht Ihnen bei schönem Wetter einen Regenschirm und verlangt ihn bei Regen dann wieder zurück«? Naja, das ist ein wenig ironisch gemeint, aber im Grunde genommen denken viele so über das Geschäftsgebaren von Banken, die sich in den Augen der Menschen auf Kosten der Steuerzahler bereichern. Das muss natürlich nicht so sein, aber verschiedene Medien publizieren immer wieder Fälle, die in diese Richtung gehen.

»Eine Bank leiht Ihnen bei schönem Wetter einen Regenschirm und verlangt ihn bei Regen dann wieder zurück.«

Hier ein Beispiel, das genau diesen Vorurteilen gegenüber Banken Vorschub leistet und auch so in den Köpfen bleibt: Manche sind der Ansicht, Banken hätten die größte Finanz- und Schuldenkrise seit über 60 Jahren hervorgerufen und ausgerechnet diese würden ungeschoren davonkommen. Da nützt auch die lächerliche Bankenabgabe nichts. Aber jeder Steuerzahler muss durch höhere Steuern und Abgaben und geringere Leistungen der Kommunen und der Sozialversicherung die rasant gestiegenen Schulden der öffentlichen Hand begleichen, damit die Regierung die Banken mit immer mehr Milliarden stützen kann.

Hier die schlimmsten deutschen Krisen- und Pleitebanken aus der ersten Bankenkrise 2009/2010:

- IKB: Staatshilfen von rund zehn Milliarden Euro plus Garantien von zehn Milliarden Euro
- LBBW: Staatshilfen fünf Milliarden Euro plus 12,7 Milliarden Euro Garantien
- *Hypo Real Estate:* Staatshilfen von 7,7 Milliarden Euro Kapitalhilfe plus 100 Milliarden Euro Garantien
- WestLB: Staatshilfen von drei Milliarden Euro stillen Einlagen plus 14 Milliarden Euro Garantien
- Commerzbank: Staatshilfen von 18,9 Milliarden stillen Einlagen und Eigenkapital plus fünf Milliarden Euro Garantien
- HSH Nordbank: Staatshilfen von drei Milliarden Euro Eigenkapital plus 27 Milliarden Euro Garantien
- BayernLB: Staatshilfen von zehn Milliarden Euro Eigenkapital plus 9,6 Milliarden Euro Garantien

Ein weiteres Beispiel aus der jüngsten Vergangenheit zeigt, wie die Finanzinstitute in den Augen der Bevölkerung die Steuerzahler übers Ohr hauen – und das noch alles »legal« und mit Hilfe der Politik:

Eigentlich musste die Commerzbank für das Geschäftsjahr 2010 Zinszahlungen an den Staat leisten, da dieser eine stille Einlage mit einem Volumen von 16,4 Milliarden Euro zur Verfügung gestellt hatte. Die Zinsen von neun Prozent sind nämlich dann fällig, wenn ein Gewinn anfällt. Laut den *International Financial Reporting Standards* (IFRS), den internationalen Rechnungslegungsvorschriften, die in zahlreichen Ländern für kapitalmarktorientierte Unternehmen vorgeschrieben sind, hatte die Commerzbank 2010 einen Gewinn von etwa einer Milliarde Euro erzielt. Doch die Bank konnte völlig legal »tricksen«, weil in diesem Falle der Jahresabschluss nach dem Handelsgesetzbuch (HGB) galt, und dieser wies aufgrund einer Abschreibung keinen Gewinn mehr, sondern einen Verlust aus. Somit war der Steuerzahler um die Zinsen »geprellt«.

Doch der eigentliche Skandal ist nicht, dass der Staat mithilfe der Steuerzahler die Banken rettet und diese aufgrund von Bilanzvorschriften Gewinne in Verluste »umwandeln« können, um keine Zinsen zu bezahlen. Nein, das eigentlich Verwerfliche ist die Tatsache, dass die Banken niedrige Guthabenzinsen zahlen, aber die Kunden (also gerade jene, die die Finanzinstitute mit ihren Steuergeldern retten) auch noch horrend hohe Schuldzinsen zahlen müssen. Beispielhaft seien hier die hohen Dispozinsen genannt, wenn das Konto innerhalb des vereinbarten Rahmens überzogen wird. Im Durchschnitt berechnen Kreditinstitute elf Prozent Dispozinsen, in der Spitze sogar 15 Prozent. Im Gegenzug können sich die Banken Geld von der EZB zu einem Leitzins von 1,5 Prozent ausleihen. Die Gewinnmarge ist also riesig.[70] Und genau das macht viele Menschen wütend.

Die Tricks der Berater

Meine persönliche Devise lautet: »Mache keine Geschäfte mit Leuten, denen du nicht trauen kannst.« Dabei höre ich auf meine innere

Stimme, auf meine Intuition. Aber Bauchgefühl hin oder her, wir *alle* sind beeinflussbar.

»Kostenlose Beratung« – haben Sie das auch schon einmal von Ihrem Finanzberater gehört? Tatsächlich ist die Beratung häufig mit keinen Kosten verbunden, aber sobald Sie einen Vertrag abschließen, werden Sie dafür zur Kasse gebeten – und zwar kräftig. Dann zahlen Sie nämlich über die Provision auch für jene »kostenlosen« Beratungsgespräche mit, bei denen kein Vertrag zustande kam. Beratungskosten sind also in den allermeisten Fällen bei jedem Abschluss bereits einkalkuliert. Viele sogenannte »Berater« sind in Wirklichkeit also »Verkäufer«, auch das sollten Sie wissen.

Wir alle sind beeinflussbar.

Immer mehr Berater stehen zudem unter einem enormen Druck. Bankkaufleute müssen Umsatzquoten erfüllen und Monat für Monat bestimmte Produkte an den Mann oder die Frau bringen. Freie Berater sind noch mehr auf Provision angewiesen, weshalb sie gerne Produkte anbieten, bei denen sie die maximale Vergütung erhalten. Meist sind das Lebensversicherungspolicen. Deshalb Achtung: Lassen Sie sich nicht austricksen. Ich weiß, das ist einfacher gesagt als getan, denn schließlich sind Sie ja kein Finanzexperte. Trotzdem kann man sich einige Gedanken machen und auch nachfragen:

- Wer ist der Verkäufer?
- Welche Qualifikation besitzt er?
- Weshalb hat er Kontakt aufgenommen?
- Analysiert er zunächst meine finanzielle Situation?
- Ist er wirklich an meinen Zielen interessiert?
- Wie wird mein Bedarf mit dem angebotenen Produkt gedeckt?
- Ist er wirklich »unabhängig« oder nur Produktverkäufer einer Versicherung, Bausparkasse oder Investmentgesellschaft?

Aber auch Sie *selbst* müssen sich schon *vor* dem Gespräch über folgende Punkte im Klaren sein:

- Was erwarten Sie von der Beratung?
- Wie ist Ihre derzeitige finanzielle Situation?
- Was haben Sie als Nächstes vor?
- Was sind Ihre langfristigen Ziele?
- Haben Sie sich und Ihre Familie gegen Risiken abgesichert?

Viele Berater sind in Wirklichkeit Verkäufer.

Tipps zum Umgang mit einem Berater:

- Seien Sie wachsam.
- Machen Sie Notizen über das Gespräch.
- Lassen Sie auch den Berater dafür unterschreiben.
- Testen Sie den »Berater« (der es seinen Aussagen nach ja eigentlich gut mit Ihnen meint) und schließen Sie beim ersten Treffen *keinen* Vertrag ab. Wie ist seine Reaktion? Freundlich, verständnisvoll oder verärgert, weil er wieder kommen muss und heute keine Provision verdient hat?

Noch mehr Tipps für Sie:

- Errechnen Sie, ob Sie sich das angebotene Produkt oder die Geldanlage überhaupt »leisten« können.
- Errechnen Sie Ihren »Wert«: Ziehen Sie die Schulden von dem ab, was Sie besitzen.
- Achten Sie auf das Kleingedruckte.
- Prüfen Sie Gebühren und Kosten.

Errechnen Sie Ihren Wert.

Bundesbürger verlieren durch schlechte Finanzberatung jährlich rund 30 Milliarden Euro.[71] Doch der Verbraucherschutz beschränkt sich zurzeit auf Folgendes:

❶ *Beratungsprotokolle:* Berater müssen seit Anfang 2010 über ihre Beratungsgespräche umfangreiche Protokolle erstellen und sie dem Kunden aushändigen. Dadurch sollen Falschberatungen minimiert werden. Problem: Viele Kunden unterschreiben die Protokolle, obwohl sie nicht wirklich verstanden haben, um was es geht.

❷ *Produktinformationsblätter:* Seit Mitte 2010 müssen Produktinformationsblätter bei Anlageprodukten ausgehändigt werden. Darin soll über Kosten, Risiken und Chancen informiert werden. Problem: Papier ist geduldig, die Informationsblätter werden von den Anbietern selbst erstellt.

❸ *Beratungsregister:* Berater müssen künftig in einem Register geführt werden, das von der Finanzaufsicht beaufsichtigt wird. Hierin werden Kundenbeschwerden vermerkt.

Trotzdem gibt es noch genügend »Fallen«, mit denen Sie sich später vielleicht auseinandersetzen müssen:

- Geringfügige Zinsen
- Nichtbeachtung von Inflation und Steuern
- Teilweise hohe, versteckte Kosten
- Produkte sind bei Abschluss bereits ein Verlustgeschäft
- Lange Laufzeit
- Falsche Renditeversprechen
- Keine zielgerichtete Beratung
- Stornierung ist mit enormen Kosten verbunden
- Häufig falsche Widerrufsbelehrungen
- Häufig falsche Rückkaufswertberechnungen

Haben Sie »dubios« investiert?

Auf dem kaum kontrollierten »Grauen Kapitalmarkt« tummeln sich etliche unseriöse Unternehmen und Finanzdienstleister, die nicht immer von vornherein zu erkennen sind. Hat man auch Ihnen unseriöse Finanzprodukte aufgeschwatzt? *Stiftung Warentest*[72] demaskiert windige Vermittler und Gauner auf einer Warnliste.

Aktien, Fonds, Immobilien, Schiffsbeteiligungen und vieles mehr: Die Deutschen haben Riesensummen auf dem Grauen Kapitalmarkt investiert. Die Vermittler sind aber keinesfalls nur windige Ein-Mann-Unternehmen oder Gauner, nein, auch Kreditinstitute, Bausparkassen, Emissions- und Fondshäuser sind darunter.

Hat man Ihnen auch unseriöse Finanzprodukte aufgeschwatzt?

Viele Investoren verstehen überhaupt nicht, was ihnen da »angedreht« wurde. Auch eine staatliche Kontrolle fehlt weitestgehend. Die Palette reicht von Schrottimmobilien zu betrügerischen Bankgarantiegeschäften, verlustreichen Termingeschäften, unrentablen geschlossenen Immobilienfonds, riskanten Schiffsfonds und dubiosen stillen Beteiligungen.

Die *Stiftung Warentest* stellt dem Verbraucher eine Warnliste zur Verfügung, die ihn darüber informiert, welche Geldanlagen, Anbieter und Vermittlerfirmen in den letzten zwei Jahren negativ in Erscheinung getreten sind. Die Liste wird monatlich aktualisiert.[73]

Darüber hinaus informiert die *Stiftung Warentest* auch über die typischen Angebote des Grauen Kapitalmarkts und zeigt, welches Risiko Investoren mit welchen Finanzprodukten eingehen. Hier einige Beispiele:

- *Liquidität durch Immobilienerwerb:* WERBUNG: Bargeldrückfluss – auch Kickback – zwischen 15 und 30 Prozent des Nettokaufpreises beim Kauf einer Immobilie, Steuervorteile, Finanzierung durch Mieteinnahmen. RISIKEN: Kaufpreis und Darlehenssumme völlig überhöht, 100-prozentige Fremdfinanzierung, schlechte Lage, niedrige Mieteinnahmen, Verschuldung steigt. WERTUNG: Reines Verlustgeschäft, Immobilien regelmäßig total überteuert.

- *Bruchteilseigentum (mehrere Anleger teilen sich den Kauf einer vermieteten Eigentumswohnung):* WERBUNG: Inflationsschutz, zusätzliche Rente. RISIKEN: Hohe weiche Kosten, überhöhte, kaum marktgerechte Kaufpreise, klägliche anfängliche Nettomietrendite, gefährliche Anteilsfinanzierung, hohe Zinsen über Personalkredit, schwierige Auflösung der Bruchteilsgemeinschaft, Verkauf von Bruchteilen sehr schwierig. WERTUNG: Verlustreiche Anlage.

Verlassen Sie sich nicht auf Werbeaussagen!

- *Anlagediamanten:* WERBUNG: Krisensichere Anlage mit tollen Wertzuwächsen. RISIKEN: Regelmäßig überhöhter Kaufpreis, nahezu unverkäuflich, da es keinen privaten Verkaufsmarkt gibt, unseriöse Garantien. WERTUNG: Grundsätzlich Verluste.
- *Bankgarantien:* WERBUNG: 30, 50, 100 Prozent und mehr jährliche Rendite. RISIKEN: Sicherer Totalverlust. WERTUNG: Betrug.
- *Systemspiele:* WERBUNG: Riesengewinne. RISIKEN: Schneeballsystem, das zusammenbricht, wenn keine neuen Mitspieler mehr gefunden werden, hohes Verlustrisiko, trügerische Sicherungsfonds. WERTUNG: Unseriös, begrenztes Schneeballsystem.[74]

Verlassen Sie sich also nicht auf Werbeaussagen, die unrealistische Renditen ohne Risiko versprechen und nur eines im Sinn haben: Ihre Gier nach noch mehr Geld zu befriedigen. Schalten Sie den normalen Menschenverstand ein und prüfen Sie alles ganz genau. Sollten Sie dazu selbst nicht in der Lage sein, gibt es unabhängige Experten.

Schalten Sie den normalen Menschenverstand ein und prüfen Sie alles ganz genau!

Tipp: Fragen Sie einmal Ihren »unabhängigen« Berater, ob er die Ihnen angebotenen Produkte selbst auch abschließen und vor allem, *warum* er das tun würde. Sie werden staunen!

Kompetente Beratung – gibt es die überhaupt?

Mit einem Wort ausgedrückt: »Ja«. Es gibt gute Berater, die engagiert sind und optimale Lösungen für ihre Kunden finden wollen. Nur sind sie sehr selten.

Eine kompetente Beratung ist so aufgebaut:

❶ Analyse der finanziellen Situation: Schon hier trennt sich die Spreu vom Weizen, denn die meisten sogenannten »Berater« interessieren sich nicht für Ihre bestehende Situation oder gar für Ihre Ziele, sondern wollen lediglich »schnell« ein Produkt verkaufen.
❷ Risikoschutz: Hierzu gehören Risikolebensversicherung, Haftpflicht-, Berufsunfähigkeits- und eventuell Krankenzusatzversicherung, denn Risikoabsicherung hat Vorrang vor Vermögensbildung.

Es gibt gute Berater, aber sie sind selten.

❸ Reserve: Drei bis vier Monatsgehälter »Notgroschen« sollten auf einem Tagesgeldkonto liegen, damit Sie bei unerwarteten finanziellen Engpässen gleich reagieren können, *ohne* das Girokonto zu überziehen oder gar einen Kleinkredit aufnehmen zu müssen.
❹ Schuldentilgung: Bevor Sie Kapital in eine Geldanlage stecken, sollten Sie zunächst Ihre Schulden tilgen, da Darlehenszinsen *immer* höher sind als Guthabenzinsen.
❺ Vermögensaufbau: Hier sind Ihre Ziele wichtig. Es gibt keine Pro-forma-Lösung, sondern nur die Individualität der Menschen. Wollen Sie ein Auto oder gar eine Immobilie erwerben oder für das Alter vorsorgen? Hier sind flexible Lösungen vorzu-

ziehen, da diese besser an veränderte Lebensumstände angepasst werden können.

Sie sehen an dieser Aufstellung, dass der *Vermögensaufbau* an die *letzte* Stelle der Beratungspyramide gehört. Aber wissen Sie was? Die meisten Berater fangen gerade mit diesem Punkt an und ignorieren Risikoabsicherung, Notreserve und Schuldentilgung. Warum? Ganz einfach: Mit den Punkten 1 bis 4 verdient man nur sehr wenig Provision.

Die höchste Wahrscheinlichkeit, eine kompetente Beratung zu erhalten, hat man mit sogenannten »Honorarberatern«. Diese kosten allerdings auch Geld: 70 bis 100 Euro die Stunde. Diese Berater finanzieren sich also nicht über Vertriebsprovisionen, sondern über direkte Gebühren der Kunden. Sie sind keine Produktverkäufer, sondern in der Regel völlig unabhängige Experten, die Ihre Situation objektiv einschätzen. Aber auch hier gibt es schwarze Schafe, da die Bezeichnung »Honorarberater« rechtlich nicht geschützt ist.[75]

Zwischen einem Honorarberater und einem Produktanbieter sollte demnach auch keine wirtschaftliche Verflechtung bestehen. Mir persönlich ist es lieber, wenn ich 300 oder 500 Euro für eine unabhängige Beratung bezahle, als mir eine »kostenlose« Beratung aufschwatzen zu lassen, an deren Ende fast *immer* nur der Verkauf von provisionsträchtigen und einseitigen Angeboten steht. Doch für einen Honorarberater wollen viele Menschen kein Geld ausgeben, da sie in diesem Fall so engstirnig oder gutgläubig sind und den Versprechungen Glauben schenken, »kostenlos« beraten zu werden. Das, obwohl sie dies bei Vertragsabschluss doppelt und dreifach bezahlen müssen und dann auch noch eine produktgeleitete Beratung erhalten. Dazu kann ich nur das alte Sprichwort zitieren: »Wer nicht hören will, muss fühlen« – und genau das haben viele Menschen in den letzten Jahren getan, weil sie erkannt haben, dass die Produkte, die man ihnen verkauft hat, nur dem Berater nützen, nicht aber ihnen selbst.

Wer nicht hören will, muss fühlen.

HINTERGRÜNDE

Börsen

Anleihen, Aktien, Wertpapiere und Derivate entscheiden heute über das Wohl der Wirtschaft, der Regierungen und auch der einzelnen Bürger. Die Entwicklungen an den internationalen Finanzmärkten brachten Segen und Fluch, machten Menschen steinreich, aber auch bettelarm.

Finanzmärkte machten Menschen steinreich, aber auch bettelarm.

Das wirft die Frage auf: *wie* kann man die Entwicklungen an den Finanzmärkten messen? – Dafür gibt es verschiedene Indizes, also Kennzahlen für die Entwicklung von ausgewählten Aktienkursen an Börsen. Sie dokumentieren die Entwicklung auf einem Teilmarkt des weltweiten Finanzgeschehens.

Ausgangspunkt für die Berechnung eines Aktienindex ist eine ganz bestimmte Basisperiode. Die Änderungen der Kennzahl (Punkte) im Zeitablauf spiegeln anschließend die vergangenheitsorientierte Wertentwicklung (Performance) der Aktien wider. Aktienindizes eignen sich als Stimmungsbarometer für einzelne Volkswirtschaften beziehungsweise bestimmte Wirtschaftsbereiche.

New York Stock Exchange (Wall Street)

Mit der Wall Street beherbergen die Vereinigten Staaten von Amerika neben der Londoner Börse *das* Epizentrum der internationalen Finanzmärkte.

Der wichtigste Index ist der *Dow-Jones-Index* (eigentlich *Dow Jones Industrial Average*, DJIA) an der New Yorker Börse *(New York Stock Exchange*, NYSE). Er ist einer der ältesten noch bestehenden Aktienindizes der USA und setzt sich heute aus 30 der größten US-Unternehmen zusammen.[76]

Die tägliche Entwicklung der Kurse an der New Yorker Börse beeinflusst die gesamte globale Finanzarchitektur. Kursausschläge machen sich in Windeseile auf der ganzen Welt bemerkbar. Deshalb will ich Ihnen zunächst eine historische Übersicht über die Entwicklung des *Dow-Jones-Index,* des »Stimmungsbarometers« der US-Wirtschaft, geben.

Der Indexstand des *Dow Jones* wird ausschließlich aufgrund der Aktienkurse ermittelt.[77] Die Berechnung erfolgt anhand der Aufsummierung der einzelnen Aktienkurse und der anschließenden Division durch die Anzahl der Aktien im Index und wird während der NYSE-Handelszeit (9:30 Uhr bis 16:00 Uhr Ortszeit) jede *Sekunde* aktualisiert. Die Kennzahlen der Indexeröffnungs- und Schlusswerte werden in »Punkten« dargestellt. Dadurch ist ein Vergleich verschiedener Zeitperioden möglich.[78]

Wichtige historische Dow-Jones-Kursstände (in Punkten):

26.05.1896	(Eröffnungswert):	40,94
03.09.1929	(Höhepunkt des 20er-Jahre-Booms):	381,17
23.10.1929	(»Schwarzer Freitag«):	305,85
08.07.1932	(Tiefpunkt in der Weltwirtschaftskrise):	41,22
11.01.1973	(Höhepunkt des Nachkriegsbooms):	1 051,70
06.12.1974	(Tiefpunkt in der Ölkrise):	577,60
19.10.1987	(»Schwarzer Montag«):	1 738,74
14.01.2000	(Höhepunkt des Internetbooms):	11 722,98
09.10.2002	(Tiefstand der letzten Rezession):	7286,27
09.10.2007	(Bisheriger historischer Höchststand):	14 164,53
09.03.2009	(Tiefstand in der Finanzkrise 2009/2010):	6547,05[79]
11.08.2011	(Tiefstand der Schuldenkrise 2011):	10 729,85

Der *Dow Jones* gibt Auskunft für eine langfristige Betrachtung der Kursentwicklung der beinhalteten Aktien und dient, wie schon beschrieben, als wichtiges Stimmungsbarometer der amerikanischen Wirtschaft. Er ist *der* Leitindex der Welt.

Die Frankfurter Wertpapierbörse

Einer der wichtigsten Börsenplätze in Europa – wenn nicht sogar *der* wichtigste, ist die Frankfurter Wertpapierbörse. Rund 250 000 verschiedene Wertpapiere, darunter Aktien, Fonds, Zertifikate und Anleihen, werden an ihr tagtäglich gehandelt.[80]

Der Deutsche Aktienindex (DAX) ist der »deutsche *Dow-Jones-Index*«. Hier sind 30 deutsche Unternehmen gelistet, die einen hohen Börsenwert (Marktkapitalisierung) aufweisen.[81]

Der historische Höchststand des DAX wurde am 17. Juli 2007 mit 8151 Punkten erreicht, der Tiefststand am 24. Oktober 1962 mit 316,62 Punkten.[82]

Neben der Wertpapierbörse in Frankfurt existieren in Deutschland noch weitere Börsenplätze: Berlin, Düsseldorf, Hamburg, Hannover, München, Leipzig und Stuttgart. Sie werden auch als »Regionalbörsen« bezeichnet, weil sie unter anderem Aktien regionaler Unternehmen handeln. Einige dieser Regionalbörsen haben sich allerdings auf einzelne Marktsegmente spezialisiert, so etwa die Börse in Stuttgart, die vor allem Derivatehandel betreibt.[83]

Andere internationale Börsen

Andere wichtige Handelsplätze sind die Börsen in Tokio (Leitindex: Nikkei 225), London (Leitindex: FTSE, *Financial Times Stock Exchange Index*), Paris (Leitindex: CAC40, *Cotation Assistée en Continu*), Hongkong (Leitindex: *Hang Seng*), Toronto (Leitindex: TSX60, *Toronto Stock Exchange*) und Schanghai (Leitindex: SCI, *Shanghai Composite Index*).[84]

Wie ein Kurs zustande kommt

Auch an den Börsen bestimmen Angebot und Nachfrage den Preis eines Wertpapiers. Hier treffen Käufer und Verkäufer aufeinander. Der Käufer will zu einem möglichst niedrigen Wert kaufen, der Verkäufer hingegen zu einem möglichst hohen Preis verkaufen. Vereinfacht ausgedrückt: Die »Einigung« auf einen Preis, mit dem beide leben können, nennt man »Kurs«.

Ein Beispiel aus dem sehr gut recherchierten Buch *Crashkurs Börse:* »Käufer A ist bereit, 100 Stück der Aktie X für maximal 9,80 Euro zu kaufen. Verkäufer B ist bereit, 100 Stück der Aktie X für minimal 10,20 Euro zu verkaufen. Im Fachjargon sagt man also: ›Bei Aktie X stehen 100 Stück für 9,80 auf der Geldseite und 100 Stück für 10,20 auf der Briefseite.‹ In diesem Fall kommt zunächst natürlich kein Kurs zustande. Angenommen, Käufer C ordert nun 80 Stück der Aktie X unlimitiert, dann kauft er zum aktuellen Briefkurs von 10,20. In diesem Moment ist eine Transaktion und somit ein Kurs zustande gekommen.«[85]

Ziel: möglichst hohe Rendite

Die Aufgabe der Börsenmakler ist es, Kauf- und Verkaufsaufträge zusammenzubringen. Auch Unternehmen nutzen die Börse als Finanzierungsinstrument. Für sie ist es wichtig, dass der Kurs ihrer Aktien möglichst hoch steht, das Unternehmen also viel wert ist. Banken hingegen bringen die Aktien der Unternehmen an die Börse (Emission) und erhalten dafür ein entsprechendes Salär. Eine weitere wichtige Gruppe, die an der Börse spekuliert, sind professionelle und private Investoren. Professionelle Anleger (»Institutionelle«) handeln oft im Auftrag von Versicherungen, Pensionsfonds oder Investmentgesellschaften. Alle diese »Börsianer« eint natürlich ein Ziel: eine möglichst hohe Rendite zu erwirtschaften.[86]

Wichtige Börsenbegriffe

Die Börsianersprache ist eine Fachsprache für sich. An dieser Stelle ist kein Platz, diese ausführlich zu erläutern. Aber ein paar wenige Ausdrücke sind doch wichtig für den Laien, damit er wenigstens die Finanznachrichten beurteilen kann:

»Bulle«:	Dieses Wort bezeichnet an der Börse optimistisch gestimmte Anleger. Sorgen diese für steigende Kurse, nennt man dies »Bullenmarkt« oder »Hausse«.
»Bären«:	Pessimistische Anleger, die Aktien verkaufen und für fallende Kurse sorgen, nennt man »Bären«. Rote Zahlen auf dem Parkett nennt man »Bärenmarkt« oder »Baisse«.
»Rallye«:	Ein besonders steiler Anstieg der Aktienkurse heißt »Rallye« oder »Kursrallye«.
»Performance«:	Bezeichnet die Wertentwicklung eines Investments. »Performance 20« heißt beispielsweise, dass ein Börsianer mit einer Aktie einen Gewinn von 20 Prozent gemacht hat.

Zinsen, Wertzuwachs, Rendite

Viele Laien können nicht unterscheiden zwischen Zinsen, Wertzuwachs und Rendite. Deshalb möchte ich auch diese Begriffe kurz erläutern.

Zinsen

Der Ausdruck »Zins« wird vom lateinischen »census« (Vermögensschätzung) abgeleitet. Der Zins ist das Entgelt für ein über einen bestimmten Zeitraum überlassenes Gut oder Geld. Zinsen zahlt also der Empfangende (Schuldner) dem Überlasser (Gläubiger).

Es gibt verschiedene Arten von Zinsen. Auf Geldkapital etwa den Geldmarktzins, Leitzins oder Kapitalmarktzins, auf Sachkapital Miete, Pacht oder Erbbaurechtszins.[87]

Leitzinsen

Die Zentralbanken legen den Leitzins für ihren Währungsraum fest. Dieser ist für die *Geschäfts*banken interessant, da sie sich regelmäßig Geld bei der Zentralbank leihen. Steigt der Leitzins, wird also die Kreditaufnahme für die Geschäftsbanken teurer. Diese höheren Kosten werden dann an ihre Kunden weitergegeben. Das sind Unternehmen, die ebenfalls Kredite aufnehmen, um zu investieren. Gestiegene Zinsen aber machen es den Unternehmen schwer, neues Kapital in Geschäftserweiterungen et cetera anzulegen. Volkswirtschaftlich gesehen führt ein höherer Leitzins also zu weniger Wertschöpfung, zu weniger Unternehmensgewinnen, zu niedrigeren Aktienkursen und zu einem Anstieg der Arbeitslosigkeit, weil die Bereitschaft, neue Mitarbeiter einzustellen, sinkt.[88]

Zinseszins

Der sogenannte »Zinseszins-Effekt« bewirkt, dass ein kleiner Betrag, der über viele Jahre hinweg gespart wird, zu einer großen Summe anwächst, sofern alle Zinszahlungen immer wieder reinvestiert werden.[89]

Die Verdopplung des Anlagebetrages einfach im Kopf berechnen: Es gibt eine Regel, in welchem Jahreszeitraum sich die Geldanlage aufgrund des Zinseszinses verdoppelt: 72 geteilt durch den Zinssatz der Anlage.[90]

Beispiel: 4 Prozent Zinsen. Also 72 : 4 = 18. Also alle 18 Jahre *würde* sich Ihr Kapital verdoppeln. Aber Achtung: Vergessen Sie nicht die Inflation, denn dann sieht das Ganze gleich ganz anders aus: Vier Prozent Zinsen abzüglich einer angenommenen Inflationsrate von circa 2,5 Prozent ergibt eine Realrendite von 1,5 Prozent. Ihre Kapitalanlage würde sich also in 48 Jahren verdoppeln, und da ist ja auch noch Vater Staat, der eventuell Steuern von Ihnen möchte. Sie sehen also, wirklich *rentabel* sind nur wenige Geldanlagen (siehe Teil 2 und Teil 3).

Einer der größten Kritiker des Zinseszins-Systems ist wohl Bernd Senf, von 1973 bis 2009 Professor für Volkswirtschaftslehre an der Fachhochschule für Wirtschaft Berlin.[91] Für ihn ist der Zins der »Krebs des sozialen Organismus« und die Weltfinanzkrise kein Blitz aus heiterem Himmel, sondern die logische Konsequenz am Ende einer langen Kette, ausgelöst durch die »zerstörerische Kraft des Zinses«.[92]

Der Zins als »Krebs des sozialen Organismus«

Seiner Auffassung nach lässt der Zinseszins die Geldvermögen in beschleunigtem Maße anwachsen. Bei fünf Prozent Zinseszins verdoppelt sich ein Geldvermögen jeweils alle 15 Jahre, entsprechend der Folge 1 – 2 – 4 – 8 – 16 – 32 – und so weiter. Je höher der Zins, desto kürzer ist der jeweilige Verdoppelungszeitraum. Doch wenn das Geldvermögen wächst, muss auch die Verschuldung im Gesamtsystem wachsen – und zwar in gleicher Höhe.

Professor Senf konstatiert weiter, dass das Geldvermögen demnach nur wachsen kann, wenn es Schuldner gibt, die entsprechende Zinsen auf Kredite zahlen. Anders ausgedrückt: Das steigende Geldvermögen der einen wird so zu den Schulden der anderen. Aber genau das bringt verschiedene Tendenzen hervor, die sich immer weiter zuspitzen:

- *Wirtschaft:* Die Produktion kann nicht so schnell wachsen, wie das Geldvermögen steigt, da die Ressourcen begrenzt sind. Schwächt sich das Wirtschaftswachstum ab, geraten die verschuldeten Unternehmen immer mehr in die Schuldenklemme.

Das steigende Geldvermögen der einen wird zu den Schulden der anderen.

- *Gesellschaft:* Auch derjenige in der Gesellschaft, der *nicht* verschuldet ist, muss *indirekt* Zinsen zahlen, da die Unternehmen die

Belastungen durch aufgenommene Kredite in der Preiskalkulation ihrer Waren und Dienstleistungen berücksichtigen. Der Anteil des Zinses an den Preisen macht bis zu 40 Prozent aus.
- *Staat:* Durch die stetig wachsende Verschuldung und die zu zahlenden Zinsen kommt der Sozialstaat immer mehr in Finanzierungsnöte. Im Extremfall könnte die Regierung sogar zu einer Neuverschuldung gezwungen sein, nur um die Zinsen für die bisherigen Schulden tilgen zu können, wobei die Steuerlast der Bürger immer höher steigt.

Zwar werden diese Probleme nicht *allein* durch den Zins verursacht, so Professor Senf, aber zumindest wesentlich verstärkt. Er ist davon überzeugt, dass die Dynamik des Zinses und des Zinssystems ausreichen werden, um Krisen hervorzurufen.

Nur etwa 50 Jahre dauert es, bis die wachsende Verschuldung des Staates, der privaten Unternehmen und der privaten Haushalte den Organismus einer Gesellschaft so stark mit Zinszahlungen belasten, dass ein Zusammenbruch unumgänglich ist. Finanz- und Weltwirtschaftskrisen werden sich demnach so lange wiederholen, wie das Zinseszins-System besteht.[93]

Wertzuwachs und Rendite

Es ist ein weitverbreiteter Irrtum zu glauben, Wertzuwachs und Rendite seien ein und dasselbe. Der feine Unterschied:

- *Rendite* zeigt den Gesamterfolg einer Kapitalanlage. Dies können folgende Erträge sein: Zinsen, Dividenden, Mieterträge, Kurs- oder Währungsgewinne beziehungsweise -verluste. Sie werden ins Verhältnis zum eingesetzten Kapital gesetzt. Die Rendite wird in Prozent ausgedrückt, stellt also die Verzinsung des Kapitals dar.
- *Rentabilität* bedeutet dasselbe wie Rendite.
- *Wertzuwachs* (auch *Wertentwicklung*) wird oft dazu verwendet, um eine hohe Rendite vorzutäuschen. Werner Bareis und Niels Nauhauser beschreiben das in ihrem *Lexikon der Finanzirrtümer*[94] so:

> »Eine Bank bietet zum Beispiel an, aus angelegten 10 000 Euro in 20 Jahren 20 000 Euro zu machen. Das entspricht einem Wertzuwachs von 100 Prozent. Viele Anleger dividieren nun den Wertzuwachs durch die Anzahl der Jahre. Auf diese Weise glauben sie, die Rendite errechnet zu haben: fünf Prozent pro Jahr. Doch das ist nicht die Rendite. Der Gedankenfehler: Diese Berechnungsweise würde davon ausgehen, dass Jahr für Jahr fünf Prozent Zinsen auf den ursprünglichen Anlagebetrag gezahlt würden. Wenn man aber die Zinseszinsen berücksichtigt, beträgt die tatsächliche Rendite in unserem Beispiel nur 3,5 Prozent jährlich.«[95]

Lassen Sie sich also kein X für ein U vormachen und fragen Sie bei einer Anlageentscheidung ganz genau nach den verschiedenen Kennzahlen. Meiden Sie Anbieter, die nur den Wertzuwachs, nicht aber die Rendite angeben.

Lassen Sie sich kein X für ein U vormachen!

Steuern und Abgaben auf Vermögen

Gleich vorab: Dieses Buch will und kann keine steuerliche Beratung in Sachen Anlagevermögen geben, weshalb ich mich nur auf bestimmte Teilaspekte dieser sehr komplexen Materie beschränke. Bei Fachfragen wenden Sie sich bitte an Experten wie Steuerberater oder Wirtschaftsprüfer.

Der Staat ist sehr kreativ, wenn es darum geht, Kapitalanlagen zu versteuern. Ich nenne hier nur die wichtigsten Steuer- und Abgabenarten, wenn es darum geht, Anlagen zu kaufen, zu verkaufen oder Geld anzulegen:

- Abgeltungssteuer
- Einkommenssteuer
- Mehrwertsteuer/Umsatzsteuer

- Solidaritätszuschlag
- Kirchensteuer
- Erbschaftssteuer
- Reichensteuer

Der Staat ist sehr kreativ, wenn es darum geht, Kapitalanlagen zu versteuern.

Und zukünftig vielleicht zusätzlich:

- Finanzmarkttransaktionssteuer
- Vermögenssteuer
- Gold- oder Edelmetallsteuer (?)

Die wichtigste Steuer in diesem Zusammenhang ist vielleicht die

Abgeltungssteuer

Seit dem 1. Januar 2009 müssen alle Kapitalanleger eine Abgeltungssteuer von 25 Prozent bezahlen. Sie summiert sich allerdings mit Solidaritätszuschlag und Kirchensteuer auf über 28 Prozent. Doch in Wirklichkeit ist diese inflationsbereinigt noch viel höher, wie das Beispiel aus dem *Lexikon der Finanzirrtümer* zeigt:

84 Prozent Abgeltungssteuer!

»Nehmen wir einmal an, mit Anleihen fährt ein Anleger 4,5 Prozent Rendite ein. Zieht man 28 Prozent Abgeltungssteuer ab, schrumpft die Rendite auf 3,2 Prozent, nach Abzug der Inflationsrate von drei Prozent bleibt dem Anleger eine Minirendite von nur noch 0,2 Prozent übrig. Würde keine Abgeltungssteuer erhoben, wären es nach Abzug der Inflationsrate 1,5 Prozent Rendite. Nur diese 1,5 Prozent sind für den Anleger ein wirklicher Ertrag, aber davon gehen eben 1,3 Prozent (das ist die Differenz zwischen den 4,5 und den 3,2 Prozent) an den Fiskus – und nur 0,2 Prozent verbleiben ihm. Der Steuersatz auf die echten, inflationsbereinigten Erträge liegt demnach bei unserem Beispiel bei erschreckenden 84 und nicht bei rund 28 Prozent.«[96]

Einkommenssteuer

Sie ist fällig auf Kapitalerträge wie Zinsen, Dividenden und Kursgewinne. Ausnahme: Aktien und ähnliche Anlagen, wenn Anleger die Papiere länger als ein Jahr halten.

In Teil 2 und 3 gehe ich an den Beispielen Lebensversicherungen und Edelmetallanlagen noch einmal genauer auf dieses Thema ein.

Steuern, Steuern, Steuern – was uns blühen kann

Man kann dieses Mal nicht sagen, wir wüssten nicht, was auf uns zukommen wird, wenn die SPD 2013 die Regierung übernehmen wird! Peer Steinbrück, Sigmar Gabriel und Frank-Walter Steinmeier, das Führungstrio der SPD – adrett lächelnd und händereibend – sahen im September 2011 in die Kameras, nachdem sie das neue »Finanzkonzept« ihrer Partei vorgestellt hatten.

Konkret will die SPD für den Zeitraum 2012 bis 2016 folgende Maßnahmen ergreifen, die einen Horror für jeden Anleger bedeuten:

- *Erhöhung* der Einkommenssteuer. Zwei Varianten sind vorgesehen. Variante 1: Der Spitzensteuersatz soll ab einem Einkommen von 100 000 Euro (Alleinstehende) beziehungsweise 200 000 Euro (Ehepaare) auf 49 Prozent steigen. Variante 2: *Erhöhung* des Spitzensteuersatzes von derzeit 42 Prozent linear auf 45 Prozent bei einem zu versteuernden Einkommen ab etwa 60 000 Euro für Alleinstehende.

- *Abschaffung* des Ehegattensplittings. Dies soll »für künftige Ehen durch eine Individualbesteuerung mit Unterhaltsabzug umgestaltet« werden.
- *Reichensteuer* ab einem Einkommen von 125 000 (250 000) Euro in Höhe von drei Prozent (der Grenzsteuersatz erhöht sich also auf 48 Prozent).
- *Wiedereinführung* der Vermögenssteuer.
- *Reform* der Erbschaftssteuer.
- *Erhöhung* der Abgeltungssteuer von derzeit 25 auf 30 Prozent.
- *Einführung* einer Finanzmarkttransaktionssteuer in Höhe von 0,05 Prozent.
- *Systematisierung* der Mehrwertsteuersätze (genauere Angaben erfolgen nicht).[97]

Sagen Sie nicht, Sie hätten nicht gewusst, was auf Sie zukommen kann – ich habe Sie gewarnt!

Nachdem Sie einige wichtige Hintergrundinformationen erhalten haben, geht es jetzt ans »Eingemachte«. Im nächsten Teil beschäftige ich mich mit konventionellen Kapitalanlagen samt ihren Vor- und Nachteilen.

TEIL 2
Traditionelle Anlagen

Vielen Millionen Menschen geht es darum, im Alter ausreichend abgesichert zu sein – Ihnen sicherlich auch, oder? Doch dieser fromme Wunsch ist aufgrund der heutigen sozial-, finanz- und wirtschaftspolitischen Kapriolen gar nicht so einfach zu erfüllen. Viele wissen gar nicht, wie sie die »Versorgungslücke« überhaupt berechnen sollen.

HABEN AUCH SIE EINE »VERSORGUNGSLÜCKE«?

Als »Versorgungslücke« bezeichnet man ganz einfach ausgedrückt die Lücke zwischen dem jetzigen Einkommen und dem Lebensstandard, den man im Alter erreichen und auch halten möchte.

Doch wie viel Geld wollen Sie im Alter überhaupt auf der Seite haben? Schon mal darüber nachgedacht? Ihre staatliche Rente wird mehr als mager ausfallen, ich prognostiziere sogar nur noch eine Grundrente für alle (egal wie lange und wie viel jeder einbezahlt hat) von 500 Euro. Was Sie auf Ihrem Rentenbescheid lesen können, ist sowieso eine mehrfach beschönigte Aussage Ihrer zukünftigen Rente. Aber das ist ein anderes Thema.

Was Sie auf Ihrem Rentenbescheid lesen, ist mehrfach beschönigt.

Normalerweise sollten Sie Ihre Immobilie bis zum Rentenalter abbezahlt haben, sonst könnten Sie Probleme bekommen. Andererseits benötigen Sie aber auch noch Rücklagen für Ihre Wohnung oder Ihr Eigenheim. Renovieren muss man immer wieder, denn auch die Heizung oder das Dach muss vielleicht mal erneuert werden.

Bei all den Überlegungen müssen Sie aber *immer* die Inflation mit einrechnen. Wie ich im Kapitel »Das müssen Sie über die Inflation wissen!« bereits erwähnt habe, kann auch eine schleichende Inflation von »nur« zwei Prozent über die Jahrzehnte hinweg verheerende Auswirkungen auf Ihr Kapital haben. Also müssen Sie sich zunächst mal Gedanken darüber machen, wie hoch die Inflation in den nächsten

30 oder 40 Jahren im Durchschnitt ausfallen könnte (so lange eben, bis Sie in Rente gehen wollen). Gehen Sie realistisch von zwei bis drei Prozent aus (vielleicht sogar noch einen Prozentpunkt höher).

Wenn Sie also Ihrem Rentenbescheid glauben wollen (ich würde es nicht), dann ziehen Sie diesen Betrag von Ihrem jetzigen Einkommen ab. Wenn Sie vielleicht noch eine betriebliche Rente erhalten oder sonst irgendwie vorgesorgt haben, müssen Sie auch diesen Betrag abziehen, und dann erhalten Sie in etwa Ihre Versorgungslücke. Aber vergessen Sie nicht: Es fallen auch noch Steuern und Sozialabgaben auf die bezogenen Renten an, die Sie natürlich auch noch abziehen müssen, und (wie schon erwähnt) die Inflation. So wird Ihre Rentenlücke garantiert immer größer.

Ihre Rentenlücke wird garantiert immer größer.

Es gibt zudem verschiedene Faktoren, die Sie leider *nicht* beeinflussen können:

❶ Wie hoch wird die Inflation in der Zeit bis zum Renteneintritt sein?
❷ Wie wird der Staat die Steuern- und Abgabenregelung bis dahin verändern?
❸ Wie werden sich die Preise und die Zinsen bis dahin verändern?
❹ Wie werden sich Ihre persönlichen Lebensumstände verändern (Heirat, Scheidung, Nachwuchs, et cetera)?
❺ Benötigen Sie das für das Alter angesparte Kapital vielleicht für Notfälle?
❻ Werden Sie immer Arbeit haben?

Sie sehen also, egal, was Ihnen Berater erzählen, *fast alle* Annahmen sind etwa so passgenau wie der Blick in eine Kristallkugel.

LEBENSVERSICHERUNGEN

Es wird uns jeden Tag gepredigt (sicherlich können Sie das auch nicht mehr hören): Die staatliche Rente wird im Alter nicht mehr ausreichen, und deshalb müssen wir dringend privat vorsorgen. Dabei sind Kapitallebensversicherungen nach wie vor der Klassiker und sehr beliebt. Immerhin halten die Deutschen rund 95 Millionen Lebensversicherungspolicen.

Das alleine zeigt, wie groß das Vertrauen in diese Anlage ist. Sicherlich sind auch Sie darunter, wetten?

Die Deutschen halten rund 95 Millionen Lebensversicherungspolicen.

Die Verkaufsstrategie war/ist dabei ganz einfach: man geht wegen des Garantiezinses kein Risiko ein. Aber ist das wirklich so?

Kapitallebensversicherungen

Ehrlich gesagt fällt es mir schwer, gegenwärtig noch Vorteile für diese Form der Kapitalanlage zu finden. Ich habe keine Vorurteile, aber was ich damit meine, erfahren Sie weiter unten. In der *Vergangenheit* waren das die Vorteile:

Pro

- Sichere Sparform
- Garantiezins
- Absicherung der Hinterbliebenen im Todesfall
- Hohe Steuer- und Sozialversicherungsvorteile für Arbeitnehmer, wenn der Vertrag über eine Gehaltsumwandlung getätigt wurde (siehe dazu aber unten das Kapitel »Direktversicherung«)
- Alternative oder zusätzliche Altersversorgung zur staatlichen Rente
- Günstige Besteuerung, da nach einer Mindestlaufzeit von zwölf

Jahren und nach Vollendung des 60. Lebensjahres nur die Hälfte des Ertrags versteuert werden muss.[98]

Das sind im Großen und Ganzen auch schon die Argumente, mit denen Finanzberater Millionen von Lebensversicherungen an den Mann oder an die Frau gebracht haben. Ich weiß, auch Sie werden sich betroffen fühlen.

Doch die Policen bringen zum Verdruss vieler Menschen seit Jahren weniger Erträge, weil der Garantiezins sinkt und Überschussbeteiligungen immer niedriger ausfallen. Waren es vor zehn Jahren noch etwa sieben Prozent, die Policen an Rendite erwirtschafteten, sind es derzeit nur noch rund vier Prozent. Tendenz fallend. Das kann bei einem Vertrag mit längerer Laufzeit einige zehntausend Euro Verlust bedeuten.

Überschussbeteiligungen und der Garantiezins sinken

Hoffentlich wird so eine Lebensversicherung nicht zur Tilgung eines Darlehens oder einer Hypothek benutzt, denn dann könnte es ein böses Erwachen geben. Ich hoffe inständig, dass es Ihnen nicht so ergeht.

Contra

Probleme haben die Versicherer vor allem mit ihren ehemals als »risikolos« bezeichneten Kapitalanlagen. Die Anlage der Kundengelder ist zur Zitterpartie geworden: Pfandbriefe, Staats- und Bankanleihen, in die die Versicherungen über zwei Drittel investiert haben, entpuppen sich angesichts der staatlichen Bankenstützungen und De-facto-Staatsbankrotte europäischer Länder immer mehr als unsichere Anlagen.

Die Anlage der Kundengelder ist zur Zitterpartie geworden.

Doch um die relativ hohen Garantiezinsen älterer Verträge noch bezahlen zu können, müssen die Versicherer immer mehr Kapital auf die Seite legen. Die Lage scheint sehr ernst zu sein, denn wohl nicht umsonst hatte die Finanzaufsicht BaFin die Anbieter bereits Ende letzten Jahres dazu aufgefordert, die Rückstellungen für einen Teil der Verträge für 2011 aufzustocken.

So treiben die Niedrigzinsphase und die Unsicherheit bei Anleihen die Versicherer immer mehr in die Enge. Einerseits wollen sie nicht noch mehr Kapital in Bonds maroder Staaten oder Banken investieren, andererseits sind hohe Zinsen am Kapitalmarkt derzeit nur mit Papieren »unsicherer« Länder zu erwirtschaften.

Der Garantiezins sinkt immer weiter

Seit 2012 sinkt die garantierte Verzinsung von Lebensversicherungen wieder einmal. Die Deutsche Aktuarvereinigung (DAV) hatte dem Finanzministerium zwar empfohlen, den Garantiezins für Neuverträge ab dem 1. Januar 2012 von derzeit 2,25 auf nur 2,0 Prozent herabzustufen, aber das Bundesfinanzministerium beschloss, ihn noch radikaler auf 1,75 Prozent abzusenken.[99] Jetzt besteht sogar die Gefahr, dass Sie (sollten Sie einen Neuvertrag abschließen) nach Ablauf Ihrer Versicherung weniger zurückerhalten, als Sie einbezahlt haben. Und auch die so hochgelobten Riesterverträge werden noch unattraktiver, denn um die staatliche Förderung zu erhalten, müsste man dann 15 bis 20 Jahre lang einbezahlen. Der Grund: Der Gesetzgeber verlangt, dass der Sparer nach Renteneintritt mindestens Leistungen in Höhe seiner einbezahlten Beträge erhält. Doch Sie zahlen in den ersten Jahren vor allem die Kosten, und so dauert es bei einer niedrigen Verzinsung deutlich länger, bis die vom Staat vorgeschriebene Summe angespart ist (siehe auch das Kapitel »Riester-Rente«).

Aber die neuerliche Absenkung des Garantiezinses könnte noch nicht das Ende der Fahnenstange sein. Der Gesetzgeber schreibt nämlich vor, dass das Bundesfinanzministerium eine Zinsgarantie festlegen muss, die nicht mehr als 60 Prozent der »Anleihen des Staates« betragen darf. Da die Renditen der Staatsanleihen voraussichtlich weiter sinken werden, könnte auch der »neue« Garantiezins von 1,75 Prozent in absehbarer Zeit schon wieder Makulatur sein.

Riesterverträge werden immer unattraktiver!

Versicherungsunternehmen dürfen Ihnen jedoch keine höhere als die Garantieverzinsung[100] zusagen. So soll – zumindest in der Theorie – verhindert werden, dass die Unternehmen wegen zu hoher Zinsversprechen in Niedrigzinsphasen in Schwierigkeiten geraten.

Die Begründung der DAV zur Senkung des Garantiezinses ist beunruhigend: Die Rendite der Anleihen von Staaten mit guter Bonität sei deutlich gesunken. Aber gerade sie sind ein wichtiger Pfeiler bei der Kapitalanlage von Lebensversicherungen und privaten Rentenversicherungen. Ups! Diese Entwicklungen habe ich in meinem Buch *Der Crash der Lebensversicherungen* bereits im Jahr 2009 (!) prognostiziert und musste mir damals den Vorwurf gefallen lassen, ein Crashprophet zu sein.

Versicherer und Staatsanleihen

Griechenland, Irland und Portugal, mehr und mehr EU-Länder können sich selbst nicht mehr refinanzieren und brauchen die Unterstützung anderer Mitgliedsstaaten, um ihre eigene Zahlungsunfähigkeit zu verhindern. Immer größere Rettungspakete werden geschnürt, damit die EU nicht auseinanderfällt wie ein Kartenhaus.

Deshalb herrschen Panik, Angst und Unsicherheit hinter den Kulissen der politisch Verantwortlichen, denn es geht nicht nur um das Überleben der Staaten, sondern vor allem auch um das überleben der Banken und Versicherungen. Doch wie lange wird Spanien noch durchhalten, Großbritannien oder Italien? Wie sieht es mit den Iren aus, kann deren Bankensektor gerettet werden? Wird Portugals Zahlungsunfähigkeit Spanien mit in den Abgrund reißen, das immerhin mit rund 70 Milliarden Euro in seinem Nachbarland engagiert ist?

Es herrscht Panik, weil die EU wie ein Kartenhaus zusammenbrechen könnte.

Der Haircut (also der teilweise Schuldenerlass) Griechenlands ist eine Umschuldung auf Kosten der Bürger und zwar in zweifacher Hinsicht. Erstens wird das Steuergelder kosten, und zweitens wird dies auch unmittelbare Auswirkungen auf die Liquidität der Versicherer und Banken haben.

Untersuchen wir also, was die Lebensversicherer mit unserem Geld tun und wie sie es tatsächlich angelegt haben:

Laut Gesamtverband der Deutschen Versicherungswirtschaft e.V. (GDV) hat die Assekuranz das Kapital der Versicherten zu gut 85 Prozent in festverzinsliche Papiere investiert, also in Anleihen und Darlehen von Banken. Darlehen an Staaten machen rund 30 Prozent aus, Darlehen an Banken etwas über 60 Prozent und die direkte Anlage in Staatsanleihen 2,5 bis drei Prozent. Es gibt allerdings keine Gesamtzahl, die das Investment in Staatsanleihen beziffert, oder eine genaue Aufteilung, denn Staatstitel können auch in Fonds enthalten sein.[101] Dementsprechend ist nicht nur das Investment in Staatsanleihen wichtig, sondern auch die Darlehensvergabe an marode Länder. Sollten diese nicht zurückgezahlt werden, hätte auch dies erhebliche Auswirkungen auf die Liquidität der Kreditgeber.

Neuere Zahlen – und zwar von Mitte 2011 – gibt es von der Allianz, die demnach Staatsanleihen aus Griechenland, Portugal und Irland über rund 2,2 Milliarden Euro hielt. Dazu kamen spanische Anleihen im Wert von 5,1 Milliarden Euro und italienische mit einem Volumen von 29,2 Milliarden Euro.[102] *Generali* soll sogar italienische Anleihen im Wert von 50 Milliarden Euro halten.[103]

Die Versicherer wollen eine Abschreibung der Staatsanleihen in ihrem Portfolio aber erst dann vornehmen, wenn es eine offizielle Umschuldung gibt, also wenn feststeht, dass der Rückzahlbetrag der Anleihen zahlungsunfähiger Staaten um eine bestimmte Summe gekürzt oder gar nicht mehr getilgt wird.[104] Dies müssen sie im Falle Griechenlands jetzt tun, was die Kunden einen Teil der Überschussbeteiligung kosten wird.

Der Treppenwitz der Geschichte: EU-Staatsanleihen werden offiziell immer noch als »risikolos« angesehen. Das heißt, Banken und Versicherungen müssen keine »risikoadäquate Eigenkapitalunterlegung« bei Staatsanleihen vornehmen. Kurz: Eine risikogerechte Bilanzierung von Staatsanleihen ist nicht vorgeschrieben.

EU-Staatsanleihen werden offiziell immer noch als »risikolos« angesehen.

Dabei werden die EU-Bonds immer unsicherer. Die FDP-Bundestagsfraktion hatte bereits im Mai 2011 einen Entwurf für einen Entschließungsantrag vorgelegt, in dem es hieß, dass Banken und Versicherer die Risiken aus den EU-Staatsanleihen in ihren Bilanzen abbilden müssen. Dies hätte aber verheerende Auswirkungen auf die Assekuranz: Erstens müssten in der sowieso schon angeschlagenen Branche neue Milliarden aufgebracht werden, um das Eigenkapital zu erhöhen, und zweitens würde das Vertrauen der Bevölkerung wohl bei jenen Versicherungen schwinden, die allzu stark in EU-Bonds investieren, beziehungsweise Anleihen von Banken in ihren Büchern haben, die portugiesische, griechische oder irische Bonds halten.

Die europäische Versicherungsaufsicht EIOPA wollte sich zu dieser Problematik bisher nicht äußern. Die deutsche Aufsichtsbehörde BaFin erklärte gegenüber dem *Handelsblatt*, man habe sich vor Jahren festgelegt, europäische Staatsanleihen nicht mit Kapital zu unterlegen, weil man davon ausgegangen sei, dass es bei diesen Anleihen keine Risiken gebe. Wenn man das nun ändern wolle, sei dies Sache der Politik.[105]

Doch Mitte November 2011 riefen die Lebensversicherer selbst um Hilfe, da »Luftgewinne« auf Staatsanleihen Sorgen bereiten. Die Assekuranz will künftig weniger Rücklagen an ihre Kunden auszahlen, was da heißt: die Überschussbeteiligung soll geringer werden. Doch noch steht in den Sternen, ob die Lebensversicherer mit dieser Forderung bei der Bundesregierung durchkommen.[106]

Aufsichtsbehörde kommt Lebensversicherern entgegen

Nach wie vor ist die Lebensversicherung ein wichtiger Bestandteil der Vorsorge und Absicherung bei den Bürgern. Umso wichtiger scheint ein unabhängiges Kontrollorgan in Zeiten von Finanz-, Wirtschafts- und Schuldenkrisen zu sein, das den Versicherern auf die Finger schaut. Die Bundesanstalt für Finanzdienstleistungsaufsicht, kurz BaFin genannt, übt diese wichtige Funktion im öffentlichen Interesse aus. Ihr Hauptziel ist es, ein funktionsfähiges, stabiles und integres deutsches Finanzsystem zu gewährleisten. Bankkunden, Versicherte und Anleger sollen dem Finanzsystem vertrauen können.[107]

Bereits im BaFin-Jahresbericht aus dem Jahr 2009 hieß es ohne Umschweife: »Versicherer leiden ebenfalls unter den steigenden Unternehmensinsolvenzen und der zunehmenden Arbeitslosigkeit. Schwächere Beitragseinnahmen, ein wachsender Schadenaufwand und höhere Stornoquoten sind die Folge [...] Als Folge der Finanz- und Wirtschaftskrise wurden bereits im Jahr 2008 mehrere deutsche Versicherungsunternehmen bezüglich ihrer Finanzstärke herabgestuft. Dieser Trend setzte sich im Jahr 2009 fort. Wieder standen den Rating-Verbesserungen (Upgrades) mehr Herabstufungen (Downgrades) gegenüber. Zudem sind die Rating-Ausblicke für einige deutsche Versicherer negativ. Inwieweit sich die negativen Ausblicke in zukünftige Herabstufungen niederschlagen, hängt entscheidend von den weiteren Auswirkungen der Finanz- und Wirtschaftskrise ab [...]«[108]

Damit gibt die BaFin zu, dass die Lebensversicherer ebenfalls unter der Weltschuldenkrise zu leiden haben – und diese ist ja noch gar nicht zu Ende, sondern verschärft sich seit 2009 noch weiter. Höchste Vorsicht ist also geboten.

Aber dennoch lockerte die Aufsichtsbehörde die Anlagevorschriften für die Assekuranz, um die Stabilität der Finanzmärkte zu erhöhen. Notverkäufe von vor allem griechischen Staatsanleihen sollten verhindert werden.

Höchste Vorsicht ist geboten!

Das *Handelsblatt* meldete: »Die Finanzaufsicht BaFin kommt Versicherern entgegen und beugt Notverkäufen von Staatspapieren im Zuge der Schuldenkrise vor. Deshalb erweiterte die Behörde ›bis auf Weiteres‹ die Anlagegrenzen für Versicherer. Die Gesellschaften dürfen nun mehr als fünf Prozent Hochzinsanleihen in ihren Kapitalanlagen halten [...] Dazu zählen auch griechische Anleihen und Darlehen, in die deutsche Versicherer etwa zehn Milliarden Euro investiert haben. Die Aufseher reagieren mit der Lockerung auf die Ratingherabstufung von Griechenland. Die Anleihen des Landes gelten nun an den Märkten nicht mehr als solide Anlage, sondern als Ramsch.«[109]

Im Klartext: Die BaFin sorgte dafür, dass die Lebensversicherer ihre Anleihen von de facto bankrotten Staaten wie Griechenland als Kapitalanlagen behielten, obwohl sie an den Märkten nur noch als »Junk« (Ramsch) gehandelt werden.

Auslöser für dieses nicht gerade kundenfreundliche Verhalten waren wohl die massiven Umschichtungen des belgisch-niederländischen Versicherers *Ageas* (vormals *Fortis*), der schon im ersten Halbjahr 2010 Staatsanleihen aus Portugal, Italien, Griechenland und Spanien im Wert von 8,8 Milliarden Euro verkauft hatte.[110] Dass auch deutsche Versicherer so handeln, wollte die BaFin wohl verhindern.[111]

Versicherer betrachteten Staatsanleihen aus dem Euroraum also bisher als »Null-Risiko« und selbst im neuen Versicherer-Regelwerk *Solvency II* (das ab 2013 gelten soll) muss für Staatsanleihen kein Eigenkapital als Sicherheit zurückgelegt werden.[112] Sogar der Präsident des Gesamtverbandes der Deutschen Versicherungswirtschaft (GDV), Rolf-Peter Hoenen, forderte bereits vor längerer Zeit, dass Staatsanleihen entsprechend ihrem Risiko bewertet werden müssen.[113]

Argumente der Versicherungen – widerlegt

Die Assekuranz hat immer dieselben Argumente, warum ihr Geschäftsmodell auch in der Zukunft noch »sicher« und »tragfähig« sein soll. Ich möchte diesen Behauptungen meine Argumente gegenüberstellen, sodass Sie sich selbst ein Bild machen können:

- *»Versicherer haben regelmäßige Prämieneinnahmen, sodass sie keine Refinanzierungsprobleme haben.«*
Gegenargument: Immer mehr Policen werden gekündigt oder zumindest beitragsfrei gestellt.

- *»Im Gegensatz zu ausländischen Konkurrenten dürfen deutsche Versicherer keine Bankgeschäfte betreiben.«*
Gegenargument: Viele Versicherungen sind durch ihre Kapitalanlagen (zum Beispiel Anleihen, Darlehen, Pfandbriefe und so weiter) so mit Banken verbunden, dass Schieflagen »ihrer« Banken gleichzeitig auch Auswirkungen auf ihre eigenen Kapitalanlagen haben dürften.

- *»Produkte, die den Ausbruch der Krise in den USA verursacht haben, sind von den deutschen Versicherungsunternehmen weder im nennenswerten Umfang gekauft, noch garantiert oder versichert worden.«*
Gegenargument: Die Versicherer selbst haben sich mit toxischen Papieren zurückgehalten, allerdings nicht die Banken, von denen die Versicherer Anleihen und Pfandbriefe in Milliardenhöhe in ihren Büchern haben.

- *»Versicherungen legen ihre Kapitalanlagen nach den von der Bundesanstalt für Finanzdienstleistungsaufsicht (BaFin) vorgegebenen Anlagegrundsätzen – Sicherheit, Rentabilität, Liquidität, Mischung und Streuung – an. Diese Vorschriften haben sich in der aktuellen Finanzmarktkrise bewährt.«*
Gegenargument: Wie schon erläutert, machen Darlehen an Kreditinstitute, Darlehen an Staaten, Pfandbriefe und Anleihen einen großen Teil (etwa zwei Drittel) der Kapitalanlagen der Versicherer aus. Doch Pfandbriefe, Bank- und sogar Staatsanleihen sind nicht mehr sicher. Die Lebensversicherer sind also am Risiko der Banken und der Staaten direkt beteiligt. Beispiele für Schieflagen von Kreditinstituten: praktisch alle deutschen Landesbanken und die HRE, die nur durch Verstaatlichung vor dem Bankrott gerettet werden konnte. Weithin unbekannt: Die BaFin hat ihre Regeln gegenüber Versicherern massiv gelockert, um keine Panik an den Börsen auszulösen, was die objektive Sicht auf die Unternehmen eher beschönigt.

Lebensversicherer sind am Risiko der Banken und Staaten direkt beteiligt.

- *»Darüber hinaus sind alle deutschen Lebensversicherer beim gesetzlichen Sicherungsfonds ›Protektor AG‹ Pflichtmitglied, sodass im Sicherungsfall jeder Lebensversicherungsvertrag gesetzlich geschützt ist. Für den Fall, dass ein deutsches Lebensversicherungsunternehmen in finanzielle Schieflage gerät und seine Geschäfte nicht fortführen kann, springt der gesetzliche Sicherungsfonds ein. Alle betroffenen Lebensversicherungsverträge werden dann auf die Protektor AG übertragen und von ihr fortgeführt. Die Erfüllung der Lebensversicherungsverträge und damit verbundene Garantieversprechen sind daher sicher.«*

Gegenargument: Die Auffanggesellschaft Protektor gibt zwar eine »relative« und »begrenzte« Sicherheit bei der Pleite eines Versicherungsunternehmens. Gehen jedoch mehrere Unternehmen zeitgleich in die Insolvenz, wäre die Auffanggesellschaft schnell überfordert. Protektor kann die Auszahlungen zudem um fünf Prozent kürzen und ein temporäres Kündigungsverbot verhängen, was bedeuten würde, dass Kunden ihre Policen dann nicht einmal mehr zum Rückkaufswert in Bargeld umwandeln könnten.

Kunden dürfen ihre Lebensversicherungen nicht mehr kündigen.

- *»Festverzinsliche Anlagen und Papiere sind ›sicher‹.«*

Gegenargument bei Schuldscheindarlehen und Namensschuldverschreibungen: Der hohe Konzentrationsgrad in Schuldscheindarlehen und Namensschuldverschreibungen deutscher Banken stellt ein erhebliches Investitionsrisiko dar. Die Beinaheinsolvenz der *Hypo Real Estate* hat gezeigt, dass der deutsche Einlagensicherungsfonds keine Garantie bei einem Systemrisiko darstellt.

Gegenargument bei Pfandbriefen: Die Grundschulden, die hinter den Pfandbriefen stehen, werden auf 60 Prozent des festgestellten Immobilienwertes begrenzt. Dazu kommt noch ein Sicherheitsabschlag des Gutachters. Ausschlaggebend jedoch ist, wie hoch die *tatsächlich* erzielbaren Verkaufspreise von Gewerbeimmobilien oder Häusern/Wohnungen, die durch Pfandbriefe gesichert sind, wirklich sind. Selbst das Bundesfinanzministerium, allen voran der damalige Finanzminister Peer Steinbrück, sah deshalb wohl auch die Notwendigkeit, den Pfandbriefmarkt zu »stabilisieren«.

Der Beleihungswert von Pfandbriefen ist ebenso problematisch. Insbesondere die Immobilien in den östlichen Bundesländern zeigen, dass hier im Durchschnitt nur circa ein Viertel bis ein Fünftel des ursprünglichen Wertes realisiert werden kann.

Der Beleihungswert von Pfandbriefen ist problematisch.

Das heißt, bis zu 80 Prozent der jeweiligen Hypotheken sind wertlos. Die Erlöse würden hier also keinesfalls ausreichen, um Pfandbriefgläubiger zu befriedigen.

Was Bank- und Staatsanleihen anbelangt: Auch Staaten können pleitegehen, ganz zu schweigen von Banken. Deshalb sind deren Anleihen meiner Meinung nach nicht »sicher«. Deutsche Bankwerte werden in den Bilanzen in der Regel mit 100 angesetzt. Tatsächlich haben wir heute aber einen sehr illiquiden Markt, sodass der tatsächliche Marktwert nur zwischen 70 und 80 Prozent liegen würde. Das meinen jedenfalls Experten.[114]

Deutschland gilt zwar nach wie vor als einer der »sichersten« Schuldner der Welt, aber durch die Finanzkrise ist ein Paradoxon aufgetreten: Die Banken, die bisher die deutschen Staatsanleihen übernahmen, erhalten nun selbst staatliche Hilfe aus den durch die Staatsanleihen gewonnenen Mitteln. Sie werden also selbst zu direkten Kapitalempfängern. Weltweit erhalten die Hauptabnehmer-Banken deutscher Staatsanleihen Hilfe von Hunderten von Milliarden der jeweiligen Länder. Wir sind also noch die Besten von den Schlechtesten. Kann das auf Dauer gut gehen?

Wir sind die Besten von den Schlechtesten.

Risiken und Probleme

Folgende »Risikomodule« müssen Versicherer bei ihren als so »sicher« klassifizierten Kapitalanlagen (also dem Geld ihrer Kunden) berücksichtigen:

- Kreditrisiko
- Spreadrisiko
- Immobilienrisiko
- Zinsänderungsrisiko
- Aktienpreisrisiko
- Währungsrisiko
- Inflationsrisiko

Aber die Assekuranz hat noch viele andere Probleme, die ich folgend punktuell anführen möchte:

- Höhere Stornoquoten reduzieren die Risikotragfähigkeit der Versicherer und stellen ein größeres Liquiditätsrisiko dar. Jährlich werden rund eine Million Versicherungsverträge vorzeitig gekündigt.[115]
- Das Neugeschäft ist bei vielen Versicherern rückgängig, was zu weiteren Einnahmeverlusten führen dürfte.
- Es wird immer schwieriger, am Markt eine Rendite zu erwirtschaften, die den durchschnittlichen Garantiezins von 3,4 Prozent[116] übersteigt. Hält die Niedrigzinsphase noch lange an, werden manche Versicherungsunternehmen Liquiditätsprobleme bekommen, da sie über 60 Prozent ihrer Anlagen in festverzinslichen Papieren anlegen. Das heißt, die Überschussbeteiligung wird niedriger. Betroffen von sinkenden Gutschriften wären rund 40 Millionen Haushalte in Deutschland.

Hält die Niedrigzinsphase an, werden manche Versicherer Probleme bekommen.

- Die Differenz zwischen dem, was die Lebensversicherer an Rendite erwirtschaften, und dem, was sie als Zins garantieren, liegt im Durchschnitt nur noch bei etwa 0,4 Prozent. Die Frage ist, wie viele Unternehmen über ausreichend Puffer verfügen, um die Zeit der niedrigen Nettoverzinsung ihrer Kapitalanlagen zu »überstehen«.
- Jetzt schon lösen manche Versicherer ihre Rücklagen auf, um die Verzinsung des Sparanteils zu gewährleisten.
- Das Risikokapital der Lebensversicherer, das zur Überbrückung von Ergebnisschwankungen (Jahre, in denen die Summen aus Prämien und Erträgen geringer sind als alle Kosten) benötigt wird, ist in den letzten Jahren um 63 Prozent geschrumpft.
- Eine Studie des DFSI (Deutsches Finanz-Service Institut) enthüllte schon vor zwei Jahren, dass bis zu 25 Lebensversicherer aufgrund ihrer schlechten Kapitaladäquanz (Adressatenausfallrisiko) auf der »Kippe« stehen können.[117]

25 Lebensversicherer stehen auf der »Kippe«.

- Schon in der Vergangenheit machten die Lebensversicherer Milliardenverluste, die kompensiert werden müssen.
- Der Großteil der als »sicher« eingestuften Kapitalanlagen der Versicherer ist mit dem Risiko der Banken verbunden, da Pfandbriefe und Anleihen nicht mehr generell als sicher gelten können. Dr. Carsten Zielke, der Managing Director und Senior Insurance ALM Analyst (Strategic Institutionals) der *Société Générale* bestätigte schon vor einiger Zeit, dass etwa 60 Prozent der Kapitalanlagen deutscher Versicherer entweder direkt oder indirekt mit Bankrisiken behaftet sind. Dies stellt einen zu hohen Anteil dar.[118]

- Im europaweiten Vergleich hatten die deutschen Banken die meisten faulen Kredite (Non-Performing Loans) in ihren Büchern. Bis heute ist der Großteil von ihnen noch nicht »gehandelt«. Die Wirtschaftsprüfungsgesellschaft *PricewaterhouseCoopers* (PwC) legte schon 2010 eine dementsprechende Studie vor, die Erschreckendes offenbarte: Der Bestand an Problemkrediten in Deutschland war weit höher als in den anderen europäischen Staaten. Zum Vergleich (in Milliarden Euro): Deutschland: 213; Großbritannien: 155; Spanien: 97; Italien: 59. Als »Problemkredite« definiert PwC jene Darlehen, die von den Schuldnern nicht mehr bedient werden können oder bei denen in absehbarer Zeit ein Zahlungsausfall droht.[119]
- Im Oktober 2011 warnte die Ratingagentur *Standard & Poor's:* »Wir sehen viele Risiken, die zu einer Verschlechterung des Ratings führen könnten« und: Der Druck auf die Anbieter werde weiter zunehmen, wenn sich die Schuldenkrise verschärfe.[120]

Die Zeichen stehen demnach denkbar schlecht: Langfristige Zinsen gehen zurück, Aktienkurse fallen, einst als »sicher« eingestufte Anleihen entpuppen sich als Zeitbombe, Banken sind pleite, viele Zertifikate wertlos, offene Immobilienfonds geschlossen und Versicherungskonzerne schreiben Verluste in Milliardenhöhe.

Einst als »sicher« eingestufte Anlagen entpuppen sich als Zeitbombe.

Warum Sie § 89 des Versicherungsaufsichtsgesetzes unbedingt kennen müssen!

Viele Policen-Inhaber sind zu gutgläubig und dazu schlecht informiert, denn der Abschluss einer Lebensversicherung ist noch mit einem anderen Ausfallrisiko behaftet. Das wissen allerdings nur wenige und ich wette, dass dies Ihr Versicherungsvertreter auch nicht weiß.

Fragen Sie ihn einfach mal, ob er Paragraf 89 des Versicherungsaufsichtsgesetzes kennt und Ihnen diesen dann auch noch *vor* Abschluss einer Lebensversicherung erläutern kann, denn das, was dort drin steht, ist schlichtweg der Hammer.

Der Gesetzestext lautet folgendermaßen (Hervorhebungen durch mich):

»§ 89 Zahlungsverbot; Herabsetzung von Leistungen

(1) Ergibt sich bei der Prüfung der Geschäftsführung und der Vermögenslage eines ***Unternehmens,*** *dass dieses für die Dauer* ***nicht mehr imstande ist, seine Verpflichtungen zu erfüllen, die Vermeidung des Insolvenzverfahrens aber zum Besten der Versicherten geboten erscheint, so kann die Aufsichtsbehörde das hierzu Erforderliche anordnen,*** *auch die Vertreter des Unternehmens auffordern, binnen bestimmter Frist eine Änderung der Geschäftsgrundlagen oder sonst die Beseitigung der Mängel herbeizuführen.* ***Alle Arten Zahlungen, besonders Versicherungsleistungen, Gewinnverteilungen und bei Lebensversicherungen der Rückkauf oder die Beleihung des Versicherungsscheins sowie Vorauszahlungen darauf, können zeitweilig verboten werden.*** *Die Vorschriften der Insolvenzordnung zum Schutz von Zahlungs- sowie Wertpapierliefer- und -abrechnungssystemen sowie von dinglichen Sicherheiten der Zentralbanken und von Finanzsicherheiten finden entsprechend Anwendung.*

(2) Unter der Voraussetzung in Absatz 1 Satz 1 ***kann die Aufsichtsbehörde,*** *wenn nötig,* ***die Verpflichtungen eines Lebensversicherungsunternehmens aus seinen Versicherungen dem Vermögensstand entsprechend herabsetzen.*** *Dabei kann die Aufsichtsbehörde ungleichmäßig verfahren, wenn es besondere Umstände rechtfertigen, namentlich wenn bei mehreren Gruppen von Versicherungen die Notlage des Unternehmens mehr in einer als in einer anderen begründet ist. Bei der* ***Herabsetzung werden, soweit Deckungsrückstellungen der einzelnen Versicherungsverträge bestehen, zunächst die Deckungsrückstellungen herabgesetzt und danach die Versicherungssummen neu festgestellt, sonst diese unmittelbar herabgesetzt. Die Pflicht der Versicherungsnehmer, die Versicherungsentgelte in der bisherigen Höhe weiterzuzahlen, wird durch die Herabsetzung nicht berührt.«***

Das heißt im Klartext: Wenn die Insolvenz eines Versicherungsunternehmens droht, kann die Aufsichtsbehörde Dienstleistungen dieses Unternehmens verbieten, auch die Auszahlung von Geldern oder Policendarlehen und sogar die Versicherungssummen neu festlegen. Dennoch muss der Versicherungsnehmer, also Sie, die Beiträge in der bisherigen Höhe weiterbezahlen und das, obwohl keine Leistungen mehr erfolgen!

Sie müssten Beiträge weiterbezahlen, obwohl Sie keine Versicherungsleistungen mehr erhalten!

Wer also seine Altersversorgung auf eine Kapitallebensversicherung stützt, muss sehr vorsichtig sein, denn wie beschrieben sind die Versicherer nicht zu Auszahlungen verpflichtet, wenn sie selbst in Insolvenzgefahr sind. Selbst »Protektor«, die Auffanggesellschaft der Assekuranz, dürfte schnell an ihre Grenzen geraten, wenn ein oder mehrere größere Versicherungsunternehmen in Schieflage geraten würden.

Hintergrund:
Das Versicherungsaufsichtsgesetz (VAG) (Gesetz über die Beaufsichtigung der Versicherungsunternehmen) regelt die staatliche Beaufsichtigung der Versicherer und Pensionsfonds. Es beinhaltet vor allem staatliche Vorgaben für die Aufnahme und Fortführung des Geschäftsbetriebs. Von Bedeutung sind hierbei besonders Vorschriften zur Sicherung der dauernden Erfüllbarkeit der Verträge und konkreter zum Schutz der Kunden. Die Aufsicht obliegt im Wesentlichen der Bundesanstalt für Finanzdienstleistungsaufsicht (BaFin).

Kapitallebensversicherungen sind ein Minusgeschäft

Nicht allein, dass der Garantiezins immer weiter sinkt, viele Menschen realisieren zudem nicht, dass beispielsweise von 100 Euro monatlichem Versicherungsbeitrag nach Abzug von Vermittlerprovisionen, Verwaltungs- und Risikokosten oft nur 75 bis 85 Euro übrig bleiben. Nur dieser sogenannte »Sparanteil« wird mit dem Garantiezins verzinst. Allein das bedeutet schon einen riesigen Renditeverlust.

Nur der Sparanteil wird verzinst.

Dazu kommt eine steigende Inflation. Sie beträgt rund 2,6 Prozent. Apropos Inflation: Bei der großen Inflation 1923 gehörten die Lebensversicherer zu den Verlierern. Wer beispielsweise 1901 jahrelang hohe Prämien in seine Versicherung eingezahlt hatte, bekam zwanzig Jahre später nur noch den Wert eines Brotlaibes dafür.[121]

Auch wenn die Europäische Zentralbank die Zinsen erhöhen würde, um die Geldentwertung zu bekämpfen, würden die Lebensversicherer Verluste machen, denn dann verlören die festverzinslichen Wertpapiere an Wert. Weil die Assekuranz nur einen geringen Teil in Sachwerten angelegt hat, besteht auch von dieser Seite her nur ein minimaler Inflationsschutz.

Vergessen darf man als Lebensversicherungsbesitzer auch nicht die Abgeltungssteuer von 25 Prozent, den Solidaritätszuschlag von 1,375 Prozent und die Kirchensteuer (bei acht Prozent) von 1,9608 Prozent. Daraus ergibt sich eine Gesamtsteuer auf Kapitalerträge von 28,3358 Prozent. Ebenfalls ein riesiger Renditekiller.

Riesige Renditekiller!

Weitere steuerliche Einschränkungen wurden vom Gesetzgeber in den letzten Jahren erlassen, auf die ich im Einzelnen nicht eingehen möchte.[122] Und wenn Sie dann die Lebensversicherung vorzeitig kündigen, ist der Rückkaufswert meist lächerlich und Sie müssen von dem vorhandenen Guthaben auch noch Stornoabschläge abziehen.

Die Gefahr besteht also, dass Sie nach Ablauf ihrer Versicherung steuer-, inflations- und kostenbereinigt weniger zurückerhalten, als Sie eingezahlt haben.

Hinzu kommt, dass Kapitalleistungen aus Policen, die 2011 abgeschlossen worden sind, mit Erreichen des 60. Lebensjahrs ausbezahlt werden können. Für alle Verträge ab 2012 gilt die Auszahlungsfrist, analog Riester- und Rürup-Renten, erst ab dem 62. Lebensjahr.

Fondsgebundene Lebensversicherungen

Die fondsgebundene Lebensversicherung (Fondspolice) vereinigt das Investmentsparen (zum Beispiel in Aktienfonds) mit denen der Kapitallebensversicherung (Hinterbliebenenabsicherung und Einmal-Auszahlung). Die Gelder werden in einen oder mehreren Investmentfonds angelegt, wodurch die Rendite des eingesetzten Kapitals steigen soll.

Pro

- Sparplan mit Hinterbliebenenschutz
- Steuerfreie Auszahlung bei einer Mindestlaufzeit von zwölf Jahren und mindestens fünf Jahren regelmäßiger Einzahlungen
- Zusatzversicherungen wie zum Beispiel Berufsunfähigkeitsversicherung möglich
- Beitragsaussetzung möglich
- Bei manchen Versicherern ist eine Umwandlung der Auszahlung in eine lebenslange Rente möglich
- Oft »höhere« Renditen als bei der Kapitallebensversicherung
- Während der Ansparzeit kann (noch) steuerfrei zwischen den Fonds umgeschichtet werden

Zusätzlich zu meinen oben angeführten Punkten bei der Kapitallebensversicherung gibt es noch Folgendes zu beachten:

Contra

- Die Beiträge sind steuerlich nicht absetzbar
- Keine sichere Auszahlung, da die Ablaufleistung an die Entwicklung der Finanzmärkte gekoppelt ist
- Die Auswahl der Fonds entscheidet über den Kapitaleinsatzerfolg
- Bei manchen Versicherern ist die Auswahl der Fonds beschränkt
- Zum Teil hohe Kosten: Ausgabeaufschlag (je nach Anbieter zwei bis fünf Prozent)
- Bei »No-Load-Funds« (Fonds ohne Ausgabeaufschlag) oft höhere Verwaltungsgebühren
- Andere Kosten: Transaktionskosten, Managementgebühren, Verwaltungsgebühren, Depotbankvergütungen
- Feste Laufzeit
- Der Todesfallschutz (Risikoanteil) reduziert die Auszahlungssumme
- (Fast immer) Gesundheitsprüfung erforderlich
- Hohe Steuerbelastung durch Abgeltungssteuer
- Beispielrechnungen zur Ablaufleistung sind noch schwieriger möglich als bei der Kapitallebensversicherung, da die Volatilität (Schwankungsbereich von Kursen während eines bestimmten Zeitraums) nicht vorhersehbar ist.

Direktversicherungen

Unsere Krankenkassen sind de facto bankrott. Um das Gesundheitssystem noch irgendwie zu retten und um die höher steigenden Kosten noch aufzufangen, werden Sie (ja, auch Sie!) immer wieder zur Kasse gebeten. Aber das ist nicht alles: Auch bei denjenigen, die (eigentlich) für ihr Alter vorsorgen wollen, greift die Krankenkasse zu. Doch das wissen die meisten im Voraus gar nicht.

Viele Versicherte haben sich bei der Auszahlung ihrer Direktversicherung schon verwundert die Augen gerieben. Ich bekomme fast jede Woche Briefe und Mails zu diesem Thema. Gehören Sie etwa auch dazu? Dann muss ich Ihnen etwas Unangenehmes mitteilen: **Kapitalauszahlungen aus einer betrieblichen Lebensversicherung (Direktversicherung) sind in der Kranken- und Pflegeversicherung als Versorgungsbezug *voll beitragspflichtig!***

> *Beispiel:*
> Bei der Auszahlung einer Direktversicherung in Höhe von 50 000 Euro und einem angenommenen Beitragssatz in der Krankenversicherung von 14,9 Prozent, in der Pflegeversicherung von 1,95 Prozent (Kinderlose 2,2 Prozent), müssen insgesamt 8425 Euro (8550 Euro) an die Krankenkasse abgeführt werden. Das Ganze wird über zehn Jahre (120 Monate) gestreckt, was einer monatlichen Zahlung an die Krankenkasse von 70,20 Euro (71,25 Euro) entspricht.

Diese Pflicht gilt selbst für Beiträge, die nach einem *Ausscheiden* beim Arbeitgeber privat weiter in die Versicherung eingezahlt wurden. Es ist egal, ob die Beiträge zur Direktversicherung Arbeitslohn sind, der über der Beitragsbemessungsgrenze liegt, und zum Beispiel aus Weihnachtsgeld und Urlaubsgeld bezahlt wurden. Auch wenn der Empfänger der Kapitalauszahlung zum Zeitpunkt der Auszahlung schon den Höchstbeitrag an die Krankenkasse zahlt, gilt die Beitragspflicht in der gesetzlichen Krankenkasse.

Wetten wir, dass die meisten Versicherungsvertreter das gar nicht wissen? Testen Sie auch in diesem Fall, ob Ihr »Berater« fit ist und wirklich nur das Beste für Sie will. Wenn ja, müsste er Ihnen das *vor* Abschluss sagen, oder?

Wetten wir, dass das die meisten Versicherungsvertreter nicht wissen?

Übrigens, Menschen, die privat krankenversichert sind, fallen *nicht* unter diese Regelung, da sich ihre Beiträge zur Krankenversicherung nicht am Einkommen orientieren.

Hintergrund:
Mit dem Gesetz zur Modernisierung der gesetzlichen Krankenkasse zu Beginn des Jahres 2004 war die Krankenkassenpflicht aus einer betrieblichen Altersvorsorge neu geregelt worden. Durch einen Satz im SGB ist die Krankenkassenpflicht von laufenden Renten auf Kapitalauszahlungen erweitert worden. Dies geschah damals heimlich, still und leise und wurde selbst vom Gesamtverband der Deutschen Versicherungswirtschaft erst nach einigen Wochen erkannt.

Viele Einsprüche gegen solche Beitragsbescheide wurden gemacht, weil es Musterprozesse geben sollte, die das Ganze vielleicht noch hätten kippen können. Inzwischen ist einige Zeit ins Land gegangen und in einer der letzten bekannten Entscheidungen eines Gerichts wurde beschlossen, dass eine *doppelte* Krankenkassenpflicht, bei der Beitragszahlung als auch bei der Kapitalauszahlung, gesetzlich *nicht* verboten ist. Weitere Prozesse sind anhängig.

Eine *doppelte* Krankenkassenpflicht ist gesetzlich *nicht* verboten.

Fazit zu Lebensversicherungen allgemein: Aufgrund meiner Ausführungen rechne ich damit, dass ein Crash der Lebensversicherungen mittelfristig bevorsteht. Die Risiken durch die häufig sehr enge Verzahnung der Versicherer mit maroden Banken und die instabile Weltfinanzlage sind einfach zu groß. Zudem stellt die Kapitallebensversicherung aufgrund der Inflation, niedrigen Garantiezinses und steuerlicher Einschränkungen in meinen Augen ein Minusgeschäft dar und ist daher ungeeignet für einen Vermögensaufbau.[123] Kurz gesagt: Eine Lebensversicherung ist zu unflexibel, zu intransparent und zu renditeschwach.

Ich rechne mit einem mittelfristigen Crash der Lebensversicherungen.

PRIVATE RENTENVERSICHERUNGEN

Die private Rentenversicherung ist ähnlich aufgebaut wie eine Lebensversicherung. Im Gegensatz dazu erhalten Sie aber eine lebenslange monatliche Rente. Bei vielen Anbietern haben Sie zudem das Recht, sich das angesparte Kapital auf einmal auszahlen zu lassen. Sofern die Laufzeit nicht mindestens zwölf Jahre beträgt und vor dem 60. (beziehungsweise 62.) Lebensjahr ausgezahlt wird, müssen Sie den gesamten Betrag versteuern. Ein weiterer Unterschied: Eine Rentenversicherung ist eine Altersvorsorge ohne Todesfallschutz.

Es ist auch möglich, eine »Garantiezeit« für die Rente zu vereinbaren. Das heißt, die Hinterbliebenen bekommen im Todesfall des Versicherungsnehmers so lange die Rente ausgezahlt, bis die Garantiezeit voll ist.[124]

Man unterscheidet zwischen Anspar- und Rentenphase:

Ansparphase: Stirbt der Versicherungsnehmer während der Sparphase, erhalten die begünstigten Personen die bis dahin eingezahlten Beiträge zurückerstattet (abzüglich Kosten). Das nennt man »Beitragsrückgewähr«. Schließen Sie diese Option aus, erhalten Sie bei Ablauf des Vertrages höhere Kapital- oder Rentenleistungen.

Rentenphase: Meist können Sie wählen, ob das Kapital auf einmal oder verteilt auf eine lebenslange Rente ausgezahlt werden soll.

Pro

- Keine Gesundheitsprüfung
- Garantiezins

- Lebenslange garantierte Rente
- Je länger man lebt, desto rentierlicher
- Rendite ist höher als bei einer klassischen Lebensversicherung, da der Todesfall nicht abgesichert werden muss
- Nur Ertragsanteilsbesteuerung

Contra

- Analog Lebensversicherungen (siehe oben)
- Lange Vertragslaufzeiten
- Die jährlichen Kosten reduzieren auch ohne Absicherung des Todesfallrisikos die Rendite um bis zu zwei Prozent.[125]
- Abschlusskosten sind hoch (rund vier Prozent der Beitragssumme, die in der Regel in den ersten fünf Jahren zu bezahlen sind, egal ob der Vertrag bis zum Ende erfüllt wird)[126]
- Unflexibel
- Schlechte Transparenz
- Nicht inflationsgeschützt

Hintergrund: Rentenversicherungen und Rendite
Die Autoren Werner Bareis und Niels Nauhauser geben in ihrem *Lexikon der Finanzirrtümer* zu bedenken: »Selbst wenn der Versicherer vor Kosten fünf Prozent Rendite erwirtschaftet, dauert es rund zehn Jahre, bis der Kapitalstand den eingezahlten Beiträgen entspricht. Wer zumindest drei Prozent verdienen möchte, muss rund 18 der vereinbarten 30 Jahre warten«.

Fondsgebundene Rentenversicherungen

Sie werden auch »Fondspolicen« genannt und gehören zu den beliebtesten Produkten der Vermittler. Sie ahnen schon warum: Richtig, hier werden sehr hohe Provisionen bezahlt.

Eine fondsgebundene Rentenversicherung soll durch die Investition des Sparanteils in Investmentfonds eine höhere Rendite als bei der klassischen Rentenversicherung erwirtschaften. Zudem sind die Erträge niedriger zu versteuern. So weit, so gut.

Meist wird jedoch in sogenannte »Dachfonds« investiert, und das macht die Sache richtig teuer. In der Regel fallen bei der beliebten Fondspolice folgende Kosten an: Vermittlerprovision, Kosten der Versicherungsgesellschaft, Verwaltungskosten des Dachfonds und Verwaltungskosten der Fonds. Nach einer Untersuchung des Instituts für Finanz- und Aktuarwissenschaften in Ulm verschlingen die Kosten bei Fondspolicen im schlimmsten Fall bis zu zwei Drittel (!) der Marktrendite, und die Verbraucherzentrale in Bremen erwähnt, dass die Fondspolicen (trotz Steuervorteil) schlechter abschneiden als reine Fonds.[127]

Fazit: Eine Rentenversicherung würde sich sowieso nur für den lohnen, der auch tatsächlich ein hohes Alter erreicht. Aber wer kann das schon voraussagen? Ähnlich wie die Lebensversicherung stellt auch die private Rentenversicherung aufgrund der Inflation, niedrigen Garantiezinses und steuerlicher Einschränkungen ein Minusgeschäft dar und ist in meinen Augen daher ungeeignet für einen Vermögensaufbau.

RIESTER-RENTE

Ist die Riester-Rente *das* staatliche Produkt gegen Altersarmut? Das jedenfalls will Sie die Regierungspropaganda glauben machen. Traurig ist jedoch, dass Sie überhaupt so eine staatliche Zusatzversorgung brauchen, um als Rentner nicht zu verhungern. Denn immerhin gehen von jedem Arbeitnehmerlohn Monat für Monat fast 20 Prozent für die Rentenversicherung ab. Doch wenn schon der Staat offiziell zugibt, dass man eine Zusatzversorgung braucht, dann wissen Sie, was die Stunde geschlagen hat. Und wenn nicht, dann wird Sie der folgende Exkurs sicherlich überzeugen.

Exkurs: Was geben unsere Sozialsysteme noch her?

Im Jahr 2011 wurden 32 Prozent des Bruttoinlandsprodukts und rund zwei Drittel aller öffentlichen Ausgaben für die Sozialkassen verwendet. Damit liegt Deutschland in Europa im Spitzenbereich. Den größten Anteil der Sozialausgaben, nämlich 40 Prozent, macht die »Alters- und Hinterbliebenenversorgung« aus.

Rund zwei Drittel aller öffentlichen Ausgaben werden für die Sozialkassen verwendet.

In den vergangenen zehn Jahren sind die Ausgaben für Arbeitslose um 38 Prozent, für die Pflegeversicherung um 36 Prozent, für die Krankenkassen um 30 Prozent und für die Renten um elf Prozent gestiegen.[128]

Die gesetzliche Rentenversicherung

Noch gibt es keine unmittelbaren Folgen der Weltschuldenkrise für die gesetzliche Rentenversicherung. Das System selbst wird gegenwärtig nur noch von wenigen Kritikern infrage gestellt, weil es sich in Krisenzeiten wohl »bewährt« habe. Das meinen zumindest die Befürworter und lassen dabei außer Acht, dass der Staat über 80 Milliarden Euro Steuergelder in die gesetzliche »Zwangs«-Rentenversicherung zuschießen musste,[129] was fast ein Drittel der Steuereinnahmen ausmacht.[130] Für mich ist dies ein klarer Beweis dafür, dass das Umlageverfahren (aufgrund der Alters- und Bevölkerungsentwicklung) jetzt schon nicht mehr funktioniert und nur noch mittels jährlicher Notzuschüsse aller Steuerzahler künstlich am Leben gehalten wird. Mit steigenden Beiträgen und langfristig sinkenden Renten ist auf jeden Fall zu rechnen.

Mit steigenden Beiträgen und sinkenden Renten ist zu rechnen.

Das Deutsche Institut für Altersvorsorge (DIA) stellte bereits Mitte 2010 in einer Studie eine immer größere »Rentenlücke« fest. Schon in jungen Jahren soll deshalb konsequent Geld fürs Alter zurückgelegt werden, um die drohenden »Kaufkraftverluste« auszugleichen. Beispiele werden auch gleich genannt: Wohnungseigentümer sollen acht Prozent und Mieter gleich neun Prozent ihres Bruttoeinkommens zusätzlich zu den Rentenbeiträgen sparen.

Der Studie zufolge wird zukünftig auch die Kaufkraft der gesetzlichen Rentenzahlungen durch Zusatzbelastungen im Alter – speziell in den Bereichen Gesundheit und Pflege – viel stärker schrumpfen als die restlichen Einkommen der Bevölkerung. »Rentnerspezifische Güter und personalintensive Dienstleistungen« werden teurer und ihre Kosten werden schneller steigen als die Inflationsrate. Und genau das ist es, was zusätzliche Lücken in die Lebenshaltungskosten und »Einkommen« der Rentner reißen wird, mit denen kaum einer rechnet, von denen fast keiner etwas weiß.[131]

Folgende Zahlen verdeutlichen, wie »krank« das System der gesetzlichen Rentenversicherung in Wirklichkeit ist:

Anzahl der Renten:	24,7 Millionen
Anzahl der Beitragszahler:	39,7 Millionen

Jeder Beitragszahler trägt also schon jetzt im Schnitt die Kosten von mehr als einem »halben« Rentner pro Monat.

Gesamtausgaben der Rentenversicherung:	240,1 Milliarden Euro
davon Kosten für Beamte:	104,5 Milliarden Euro
Kosten für Pensionäre:	67,5 Milliarden Euro[132]
Tendenz:	steigend

Die Prognosen für die nächsten Jahre zeigen, dass immer mehr Rentner in die Nähe der Grundsicherung kommen, auch wenn sie 45 Jahre lang in die gesetzliche Rentenversicherung eingezahlt haben. Sie sind dann trotzdem de facto ein Sozialfall. Selbst die Anhebung des Renteneintrittsalters auf 67 Jahre ist nichts anderes als eine Rentenkürzung, denn wer früher aufhört zu arbeiten, muss Abzüge von 3,6 Prozent pro Jahr in Kauf nehmen.

Wie schlimm die Lage der gesetzlichen Rentenversicherung in Wirklichkeit ist, enthüllte bereits im Jahr 2009 das Argumentationspapier des Bundesministeriums der Finanzen so erschreckend ehrlich, dass ich es Ihnen nicht vorenthalten möchte: »Mit rund 80,7 Milliarden Euro machen die Leistungen des Bundes an die Rentenversicherung wie bereits in den vergangenen Jahren den größten Ausgabenblock im Bundeshaushalt aus. Mittlerweile liegt sein Anteil an den Bundesausgaben bei rund 24,6 Prozent. 1984 waren es noch rund 13 Prozent. Das heißt: Nominal haben sich die Ausgaben des Bundes für die Rentenversicherung innerhalb eines Vierteljahrhunderts fast verfünffacht, während sich die Ausgaben der Rentenversicherung seither fast verdreifacht haben. Mit anderen Worten trägt der Bundeshaushalt eine immer größere Last.«[133]

Die Ausgaben des Bundes für die Rentenversicherung haben sich innerhalb eines Vierteljahrhunderts fast verfünffacht!

Bis zum Jahr 2050 erwarten Experten Verluste in der GRV von 200 Milliarden Euro[134] – eine riesige Summe!

Deshalb wird den kommenden Regierungen nichts anderes übrig bleiben, als die Renten immer mehr zu kürzen und die Beiträge zu erhöhen, ansonsten droht der Zusammenbruch des gesamten staatlichen Alterssicherungssystems.

Bisher wurden folgende Maßnahmen zur gesetzlichen Rente politisch beschlossen:

❶ Senkung des Rentenniveaus
❷ Rente mit 67
❸ Gekürzte beziehungsweise gestrichene Anrechnung von Ausbildungszeiten
❹ Gekürzte Beiträge für ALG-II-Bezieher

Daran sehen wir, dass die gesetzliche Rentenversicherung für die Zukunft alles andere als sicher ist.

Lassen Sie sich von Politikern nicht hinters Licht führen!

Pensionen

In Deutschland gibt es rund 1,9 Millionen Beamte und 1,5 Millionen Pensionäre.[135] Diese bekommen eine Pension in Höhe von bis zu 75 Prozent (im Durchschnitt 69 Prozent) des letzten Dienstgehalts. Zudem eine Beihilfe, nämlich 70 Prozent Zuschuss zu ihren Krankheitskosten. Pensionen sind überdies nicht mit Sozialabgaben belastet.

Ich möchte das an einem Beispiel für eine durchschnittliche Beamtenpension demonstrieren:

Die Pension eines Studienrats von etwa 2500 Euro monatlich kostet den Staat bei einem 25-jährigen Bezug einen Betrag von 750 000 Euro zuzüglich 150 000 Euro (500 Euro monatlich) Krankenkostenzuschuss, also insgesamt 900 000 Euro.

Sie können sich selbst ausrechnen, welche Milliardenbeträge der Staat zukünftig ausgeben muss, nur um für die Pensionen seiner Bediensteten aufkommen zu können. Doch woher soll das Geld kommen? Dafür wurde bisher nämlich kein einziger Cent als Rücklage angespart. Doch die monatlichen Pensionszahlungen verschlingen bereits jetzt zehn bis zwölf Prozent der Bundeseinnahmen.[136]

Woher soll das Geld kommen?

Die Staatsausgaben für die Zahlungen für Pensionen werden in den kommenden Jahren sprunghaft ansteigen, denn jedes Jahr gehen neue Beamte in den Ruhestand. Im Jahr 2018 wird es dann erstmals mehr Pensionäre als Beamte geben.[137] Die Bundesregierung rechnet in ihrem Versorgungsbericht damit, dass die Versorgungsausgaben für Beamte und Pensionäre im Jahr 2050 auf über 90 Milliarden Euro ansteigen werden.[138]

Doch schon heute sind die Altersansprüche der Beamten plus der Ansprüche der noch aktiven Beamten auf drei Billionen Euro gestiegen. Dies überfordert vor allem die Haushalte der Länder, die rund 75 Prozent der Beamten beschäftigen. Insgesamt geben sie derzeit über 20 Milliarden Euro für deren Altersversorgung aus. Der Bund der Steuerzahler fordert deshalb nicht umsonst drastische Einsparungen, doch die Politik traut sich nicht, die Privilegien ihrer »Diener« zu beschneiden, denn während das Rentenniveau eines Normalbürgers bei 46,4 Prozent des Bruttoverdienstes liegt, erhalten Beamte 71,75 Prozent. Die »Pension mit 67« ist aber kein Tabu mehr. So würde die Schuldenlast um 30 Prozent verringert.[139] Wie dem auch sei, klar ist: Auch bei den Beamtenpensionen tickt eine Zeitbombe.

Das Rentenniveau eines Normalbürgers liegt bei 46,4 Prozent des Bruttoverdienstes, Beamte erhalten eine Pension von 71,75 Prozent des letzten Dienstgehalts.

Fazit: Ohne staatliche Hilfe geht schon lange nichts mehr. Der Steuerzahler trägt die Kosten des (überteuerten) Sozialstaates also in dreifacher Hinsicht:

❶ Steuern
❷ Sozialversicherungsbeiträge
❸ Geringere Leistungen

Vergleich der Steuern und Sozialabgaben in den letzten 31 Jahren:

	1979:	2012:
Mehrwertsteuer	12 %	19 %
Sozialabgaben	28 %	40 %
Pflegeversicherung	–	1,95 %[140]
Arbeitslosenversicherung	2 %	2,8 %
Staatsschuld (Bund)	103 Mrd. €	2200 Mrd. €

Allein diese einfache Gegenüberstellung zeigt, wie es mit unserem Staat beschaffen ist: immer höhere Steuern und Sozialabgaben, immer weniger Sozialleistungen, drastische Erhöhung der Staatsschulden und ein ebenso drastischer Anstieg der Zinsen zur Tilgung der Schulden. Und das in nur einer Generation!

Und die Steuer- und Abgabenquote steigt und steigt: Obwohl die Bundesregierung in der Vergangenheit immer wieder eine Entlastung verkündet hatte, sind die Belastungen für die Bundesbürger gestiegen, selbst wenn man die Mehrwertsteuererhöhung von 2006 unberücksichtigt lässt.

Die Steuer- und Abgabenquote steigt und steigt.

Laut Angaben des Statistischen Bundesamtes haben sich die Abzüge vom Bruttoeinkommen für den deutschen Durchschnittshaushalt zwischen 2003 und 2008 um neun Prozent auf 793 Euro im Monat erhöht.[141] Die monatlichen Abzüge für Einkommen-, Kirchensteuer und Solidaritätszuschlag stiegen im Schnitt um 46 auf 416 Euro. Die Belastung mit Sozialabgaben erhöhte sich zugleich um 19 auf 377 Euro. Die privaten Haushalte führten im Schnitt 21,4 Prozent ihrer Bruttoeinkommen an Staats- und Sozialkassen ab. Somit zahlt der Durchschnittshaushalt pro Monat 65 Euro mehr als noch im Jahr 2003.[142]

Ich möchte einen zweiten Vergleich heranziehen, um das Dilemma, in dem sich unser Sozialstaat befindet, noch mehr zu verdeutlichen.

Verhältnis zwischen Erwerbstätigen und Nichterwerbstätigen (Zahlen gerundet):

Einwohner Deutschland:	80 Millionen
Erwerbstätig:	**40 Millionen**
Nichterwerbstätig: (25 Millionen Rentner, acht Millionen Arbeitslose/Hartz-IV-Empfänger)	33 Millionen
Erwerbstätig, aber vom Steuerzahler finanziert: (1,9 Millionen Beamte, 1,5 Millionen Pensionäre)	3,4 Millionen
Nichterwerbstätig beziehungsweise vom Steuerzahler finanziert:	**36,4 Millionen**

Rund 40 Millionen Erwerbstätigen stehen also über 36 Millionen Menschen gegenüber, die vom Staat finanziert werden. Das heißt nichts anderes, als dass bereits jeder, der arbeitet, (fast) einen anderen Menschen mitfinanzieren muss!

Zwar haben die Rentner ein Leben lang in die Rentenkasse eingezahlt, aber dieses Geld ist in dem Monat schon ausgegeben, in dem es eingezahlt wird. Aufgrund des Umlageverfahrens ernähren diejenigen, die jetzt arbeiten, die Rentner von heute. Auch Kinder werden über Kinderfreibeträge, Kindergeld, Kindertagesstätten und so weiter durch die Gemeinschaft finanziert.[143]

Jeder, der arbeitet, muss einen anderen Menschen mitfinanzieren!

Sogar ein Laie kann sich vorstellen, dass die Lösung nur darin bestehen kann, drastische Kürzungen bei den Sozialleistungen oder Steuererhöhungen oder beides vorzunehmen. Das aber werden sich die Menschen nicht so einfach gefallen lassen. Ich frage Sie also: Welche Regierung wird sich solche radikalen Einschnitte trauen, welche Partei, die wiedergewählt werden will? – Keine!

Dadurch wird das Problem Jahrzehnt um Jahrzehnt verschleppt, bis es zu spät ist. So laufen die Sozialversicherungssysteme immer weiter aus dem Ruder und werden auch in Zukunft immer höhere Zuschüsse des Staates benötigen. Geld, das er (eigentlich) gar nicht hat.

Die Grundsatzfrage, wie viele soziale Wohltaten sich so ein hoch verschuldeter Staat wie Deutschland in Zukunft noch leisten kann, bleibt bisher von allen Parteien und politisch Verantwortlichen unbeantwortet. So lebt unser Sozialstaat immer mehr auf Pump und steht vor dem Kollaps, wenn nichts Einschneidendes geschieht.

Nach diesem kleinen »Horrorausflug« wieder zurück zur zusätzlichen staatlichen »Vorsorge«, der Riester-Rente.

Riester-Rente

Offiziell ist die Riester-Rente, die 2000/2001 eingeführt wurde, »eine vom Staat durch Zulagen und Sonderausgabenabzugsmöglichkeiten geförderte, privat finanzierte Rente«. Das Ziel: Alle zulagenberechtigten Personen sollen eine private Altersvorsorge mit staatlicher Unterstützung aufbauen.[144]

Um die volle Förderung zu erhalten, müssen Sie vier Prozent Ihres Bruttojahreseinkommens in einen Riester-Vertrag einzahlen. Der Mindesteigenbetrag pro Jahr liegt seit 2008 bei stolzen 2100 Euro. Wer weniger einzahlt, dem wird die Förderung anteilig gekürzt. Der Einzahlbetrag setzt sich aus Ihren eigenen Beiträgen sowie der staatlichen Förderung zusammen.

Gegenwärtig erhält man folgende Förderungen:

- Vertragsinhaber: 154 Euro
- Pro Kind: 185 Euro (bis zu 2007 geboren), 300 Euro (ab 2008 geboren)[145]
- Die Förderung besteht aus zwei Komponenten: der Altersvorsorgezulage und dem Sonderausgabenabzug.

- Günstigerprüfung: Das Finanzamt prüft, was günstiger ist – Zulage oder Sonderausgabenabzug. Eine zusätzliche Steuerersparnis kann dann entstehen, wenn die steuerliche Absetzbarkeit höher ist als der Zulagenanspruch. Ergibt sich ein Differenzbetrag, wird dieser dann über die Einkommensteuerrückerstattung überwiesen. Die Zulage wird aber immer dem Vorsorgevertrag gutgeschrieben.[146]

Beispiel:
Sven Schmidt, alleinstehend, 35 Jahre, mit einem jährlichen Bruttoeinkommen von 52 500 Euro, muss 30 Prozent Einkommensteuer bezahlen. Zahlt er 2100 Euro in einen Riester-Vertrag ein, erhält er zunächst einen Zuschuss von 154 Euro. Zudem kann er die Einkommensteuer für die 2100 Euro, die in den Riester-Vertrag eingeflossen sind, zurückfordern, was eine Steuerersparnis von rund 630 Euro bedeutet. Anstatt 2100 Euro zahlt er in Wahrheit also nur 1470 Euro Riester-Beitrag.

Wohnriester

Die Zahlungen, die in einen Riester-Rentenvertrag fließen, können auch als Eigenmittel für einen Immobilienkauf angespart werden. So können die staatlichen Zuschüsse direkt zur Tilgung eines Kredits benutzt werden. Andererseits kann aber das angesparte Geld in einem Riester-Vertrag für Altersvorsorge ebenfalls für den Kauf oder Bau einer Immobilie verwendet werden.[147]

Fondsgebundener Riester-Vertrag

Einen fondsgebundenen Riester-Vertrag kann man in verschiedenen Varianten wählen, die auch miteinander kombinierbar sind. Etwa die freie Auswahl von Fonds oder vorgegebene Fonds. Dabei gilt die altbekannte Regel: Je höher der Aktienfondsanteil, desto höher das Risiko, aber auch die Renditechancen. Doch dies ist natürlich abhängig von der Anlagestrategie, den Kosten und der Summe der Überschussbeteiligung.[148] Für kurzfristigeres Sparen ist diese Variante nicht geeignet.[149]

Riester-Rente und Grundsicherung

Geringverdiener, die nur eine minimale Rente zu erwarten haben, müssen dringend vorsorgen, und so wirkt die staatliche Propaganda: Rund zwölf Millionen Deutsche haben bereits einen Riester-Vertrag abgeschlossen, darunter viele Geringverdiener. Die geförderten Sparpläne versprechen im Alter eine »Zusatzrente«, weil die gesetzliche Rente nicht mehr ausreicht.

Die Banken und Versicherungen buhlen gerade bei den »Geringverdienergruppen« um den Abschluss einer Riester-Rente. Was viele jedoch nicht wissen: In Deutschland gibt es nach dem Sozialgesetzbuch (SGB) eine durchschnittliche Altersgrundsicherung von 701 Euro im Monat, auf die jeder Anspruch hat. Geht jemand in Rente und seine Rente liegt darunter, kann diese – auf Antrag – bis zur Grundsicherung aufgefüllt werden, wenn sein eigenes Vermögen verbraucht ist.

Wer allerdings einen Riester-Vertrag abgeschlossen hat, dem wird diese mühsam angesparte Zusatzrente angerechnet. So kann es passieren, dass jemand jahrelang in die Riester-Rente einzahlt und trotzdem nicht mehr als die Grundsicherung bekommt.

Die Riester-Rente wird bei der Grundsicherung angerechnet.

Das gilt gerade für Geringverdiener, um die die Versicherungsbranche so kämpft. Darunter fallen durchschnittliche Einkommen bis 1900 Euro, also auch niedrig bezahlte Sozialjobs, Teilzeitkräfte und so weiter. Zudem müssen die Auszahlungen »nachgelagert« versteuert werden, das heißt, es erfolgt eine Besteuerung der Riester-Rente in voller Höhe. In früheren Zeiten hätte man dazu wohl »Straßenraub« gesagt, heute ist das schon nahe an einem organisierten Betrug an den Bürgern.

Die Prognosen für die nächsten Jahre zeigen, dass immer mehr Rentner in die Nähe der Grundsicherung kommen, auch wenn sie 35 Jahre in die gesetzliche Rentenversicherung eingezahlt haben, de facto aber dann ein Sozialfall sind. Ruheständler sind immer öfter auf Hartz-IV-Niveau. Im Vergleich zum Vorjahr stieg die Zahl der Bezieher der Grundsicherung im Jahr 2011 um 4,3 Prozent. Rund 790 000 Menschen erhalten bereits diese »Sozialhilfe«.[150]

Nach 44 Beitragsjahren trotzdem arm

Menschen mit so geringen Rentenerwartungen gibt es jetzt schon immer mehr. Ulrich Schneider vom Paritätischen Wohlfahrtsverband: »Wenn nicht politisch ganz deutlich gegengesteuert wird, müssen wir davon ausgehen, dass die Quote derer, die auf Grundsicherung im Alter angewiesen sein wird, von jetzt gerade mal 2,7 Prozent in den nächsten zehn Jahren hochschnellen wird auf über zehn Prozent.«

Wer 1900 Euro brutto verdient, landet trotz 35 Beitragsjahren in der Grundsicherung. Wer nur 1500 Euro verdient, nach 44 Jahren.[151]

Beispiel:
Sie erhalten laut Bescheid eine monatliche Rente von 640 Euro. Das liegt unter der durchschnittlichen Grundsicherung im Alter von 701 Euro. Eigentlich müssen Sie bei diesem niedrigen Betrag vorsorgen. Also sparen Sie jetzt einen Riester-Vertrag pro Monat an, der später eine Zusatzrente gewährleisten soll. Aber diese Zusatzeinnahmen werden später auf die Grundsicherung angerechnet. Je nachdem, wie hoch die monatliche Zusatzrente also ausfällt, hat man nur zum Teil etwas oder gar nichts davon. Warum sollte man dann in eine Riester-Rente einzahlen, wenn man vermutlich nichts mehr davon hat? Das kann bedeuten, dass derjenige, der jetzt vorsorgt, am Ende genauso wenig hat, wie der, der nichts tut.

Pro

- Staatliche Förderung
- Steuerersparnis
- Anlagen sind durch die Riester-Gesetze vor dem Konkurs geschützt
- Zahlungen können bei Wohnriester auch für Immobiliendarlehen verwendet werden
- Zu Beginn der Auszahlungsphase muss mindestens die Summe der eingezahlten Beiträge (Eigenleistung + staatliche Zulage) garantiert werden
- Übertragung des vorhandenen Kapitals auf einen anderen Tarif beim selben Anbieter oder auf einen anderen Anbieter ist möglich
- Die Finanzierung einer Wohnung oder selbstgenutzten Immobilie ist auch im EU/EWR-Ausland möglich. Das steuerlich geförderte Altersvorsorgevermögen kann hierfür genutzt werden. Es handelt sich dabei um die 27 EU-Staaten sowie Island, Liechtenstein und Norwegen – nicht jedoch die Schweiz oder die Türkei. Die Förderung bleibt auch im Falle eines Wegzugs ins EU/EWR-Ausland erhalten.[152]
- Flexibler Rentenbeginn (zwischen 60 und 67)
- Vertraglich garantierte lebenslange Mindestrente
- Kapitalwahlrecht (bis zu 30 Prozent)
- Pfändungsschutz
- Hartz-IV-Sicherheit[153]

Contra

- Wird bei der Altersgrundsicherung angerechnet (siehe oben)
- Volle Versteuerung im Rentenalter (nachgelagerte Besteuerung)
- Die Altersvorsorgezulage geht nicht direkt an den Beitragszahler
- Die Altersvorsorgezulage muss beantragt werden
- Der Anspruch auf die Zulage verfällt in vier Jahren
- Renten dürfen frühestens ab dem 60. Lebensjahr in Anspruch genommen werden
- Die Zulagen und die Steuervorteile müssen zurückgezahlt werden, wenn der Vertrag vorzeitig gekündigt wird, wenn der Anspruchs-

berechtigte vor Rentenbeginn verstirbt (NUR der Ehepartner kann das Vertragsguthaben übernehmen, wenn auch er einen Riester-Vertrag abgeschlossen hat), wenn das Wohneigentum nicht der Altersvorsorge dient oder wenn die unbeschränkte Einkommensteuerpflicht in Deutschland endet

- Riester-Gesetze sind kompliziert
- Sehr hohe Kosten (I): Bei manchen Anbietern liegen die Gebühren sogar über den staatlichen Zulagen[154]
- Hohe Kosten (II): Trotz Förderung schneiden Aktienindexfonds ähnlich ab, weil Ausgabeaufschläge, Verwaltungs- und Garantiekosten bei Riester-Fonds deutlich höher sind[155]
- Häufig ist die Förderung kein »Geschenk« des Staates, sondern dient nur dazu, eine doppelte Besteuerung zu verringern (zum Beispiel bei Doppelverdienerehepaaren)[156]
- Freiwillig Versicherte in der gesetzlichen Krankenversicherung: Hier findet eine Doppelverbeitragung statt, da sich der Beitrag in der Krankenversicherung der Rentner am Gesamteinkommen bis zur Beitragsbemessungsgrenze bemisst, das heißt einschließlich der Auszahlung aus der Riester-Rente.[157]

Fazit: Wer früh stirbt, für den ist die Riester-Rente ein Minusgeschäft. Klaus Jaeger, emeritierter Professor für Wirtschaftstheorie an der Freien Universität Berlin, hat errechnet, dass ein heute 30-jähriger Mann mindestens 92 Jahre alt werden muss, um seine eingezahlten Beträge samt Zinsen zurückzubekommen. Laut Statistischem Bundesamt haben Männer aber nur eine durchschnittliche Lebenserwartung von 78 Jahren. Die Riester-Rente lohnt sich auch nicht für Geringverdiener und für Personen, die längere Zeit beschäftigungslos waren, da alle Einkünfte aus der Riester-Rente nach der derzeitigen Rechtslage mit der Grundsicherung im Alter verrechnet werden. Wer es nach 35 Beitragsjahren nicht über 700 Euro Rente schafft, für den ist die Riester-Rente ein Verlustgeschäft.[158] Werner Bareis und Niels Nauhauser kommen im *Lexikon der Finanzirrtümer* zu folgender Beurteilung: »Viele Riester-geförderte Produkte sind so teuer, dass jedweder Vorteil von den Vertragskosten aufgefressen wird.«[159]

Für die meisten ist die Riester-Rente ein Verlustgeschäft.

BAUSPARVERTRÄGE

Viele Anleger erwägen den Abschluss eines Bausparvertrags, um sich in der gegenwärtigen Niedrigzinsphase später ein zinsgünstiges Darlehen zu sichern. An und für sich ist diese Idee nicht schlecht, ich gebe jedoch zu bedenken, dass bei einem »Niedrig-Darlehenszins-Bausparvertrag« auch die Guthabenzinsen sehr niedrig sind.

Doch bevor ich Sie über das Prinzip des Bausparens aufkläre, noch ein paar Worte zur Tilgung.

Tilgung

»Tilgung« nennt man den Betrag, den ein Kreditnehmer aufbringen muss, um seine Schulden zurückzuzahlen, oder ganz finanztechnisch: die Rückführung einer Geld- beziehungsweise Kapitalschuld. Je höher die Tilgung, desto schneller ist ein Darlehen zurückgezahlt.

Im Zusammenhang mit Bausparverträgen interessiert uns an dieser Stelle die Tilgung einer Immobilienfinanzierung.

Annuitätendarlehen

Die verbreitetste Form der Kreditrückzahlung ist das Annuitätendarlehen: Der Kreditnehmer zahlt in diesem Fall eine *gleichbleibende* Rate, die Zinsen und Tilgung enthält. Der Zinsanteil wird von der entsprechenden Bank vorgegeben und ist in der Regel von der Laufzeit abhängig (etwa fünf, zehn, 15, 20, 25 oder 30 Jahre). Je länger die Zinsfestschreibung, desto höher der Zinssatz. Die Zinsfestschreibungsdauer kann entweder über einen Teilzeitraum sein oder über die gesamte Dauer.

Je länger die Zinsfestschreibung, desto höher der Zinssatz.

Die Tilgung beträgt normalerweise ein Prozent. Das wird Ihnen der Finanzierer auch vorschlagen. Warum? Na klar, je geringer die Tilgung, desto länger bezahlen Sie auch an die Bank. Niemand hat ein Interesse an einer schnellen Tilgung, außer Ihnen selbst natürlich, denn es geht ja schließlich um Ihr Geld.

Der Zinsanteil wird bei fortschreitender Rückzahlung also immer geringer und dafür der Anteil der Tilgung höher. Das Darlehen nimmt demnach kontinuierlich ab. In der Regel kann ein Annuitätendarlehen wegen der Zinsfestschreibungsphase nicht vorzeitig abgelöst werden. Ein Vorteil natürlich, wenn der Marktzins steigt, ein Nachteil, wenn er unter den Zinssatz des Annuitätendarlehens sinkt. Die Unkündbarkeit schränkt zwar die Flexibilität ein, gibt aber andererseits eine gewisse Planungssicherheit, weil man weiß, was all die Jahre an Verbindlichkeiten auszugleichen ist.

Schneller zurückzahlen können Sie ein Darlehen, wenn Sie den Tilgungssatz erhöhen. Oft kann auch eine Sondertilgungsklausel vereinbart werden (zum Beispiel die Möglichkeit, pro Jahr 5000 oder 10 000 Euro Sondertilgung leisten zu dürfen).[160]

Mein Tipp: Vereinbaren Sie *immer* die Möglichkeit zu einer Sondertilgung! Sie wissen ja nie, ob Sie mal unverhofft zu Geld kommen, und so sind Sie Ihre Schulden schneller los. Je höher die Sondertilgung, desto besser. Aber Achtung: Viele Berater lassen sich auf das Spiel ein, dafür müssen Sie dann aber mehr Zinsen bezahlen oder umgekehrt. Verhandeln Sie also und holen Sie mehrere Angebote ein.

Vereinbaren Sie immer die Möglichkeit zu einer Sondertilgung!

So lange dauert die Tilgung in Jahren:

Anfängliche Tilgung	4 % Zinsen	5 % Zinsen	6 % Zinsen	7 % Zinsen
1 %	40,3	35,8	32,5	29,8
2 %	27,5	25,1	23,1	21,5
3 %	21,2	19,6	18,3	17,2
5 %	14,7	13,8	13,2	12,5[161]

Bei vier Prozent Zinsen und einem Prozent Tilgung haben Sie in den ersten zehn Jahren nur 13 Prozent Ihrer Verbindlichkeiten getilgt. Wer bei diesen Zinsen mit drei Prozent tilgt, reduziert in zehn Jahren seine Schuld auf 61 Prozent, und wenn Sie dann noch jährliche Sondertilgungen schultern können: Herzlichen Glückwunsch![162]

Bei vier Prozent Zinsen und einem Prozent Tilgung sind in zehn Jahren erst 13 Prozent der Verbindlichkeiten getilgt!

Vorfälligkeitsentschädigung

Freuen Sie sich nicht zu früh, wenn Sie Ihre Schulden früher als geplant zurückzahlen können, denn die Kreditinstitute verlangen im Normalfall dafür eine sogenannte »Vorfälligkeitsentschädigung« als Ausgleich für die Gewinne, die ihnen dadurch entgangen sind, dass Sie nicht noch Jahre lang Zinsen an sie bezahlen. Ihre Chancen stehen schlecht, sich dieser Vorfälligkeitsentschädigung zu verweigern. Dennoch gibt es im BGB (Bürgerliches Gesetzbuch) § 489 zwei Ausnahmen, die ich Ihnen nicht vorenthalten möchte:

❶ Bei Kreditverträgen *ohne* Zinsfestschreibungen (Kündigungsfrist hier: drei Monate)

❷ Bei Kreditverträgen mit einer Zinsfestschreibung von *über* zehn Jahren (Sonderkündigungsrecht hier: sechs Monate)[163]

Bausparverträge

In Deutschland gibt es etwa 20 Millionen Bausparverträge.[164] Sie werden hauptsächlich für die Finanzierung von wohnwirtschaftlichen Maßnahmen verwendet. Das Prinzip ist simpel: Die vereinbarte Bausparsumme wird bis zu einem bestimmten Prozentsatz angespart, der fehlende Teil wird als Bauspardarlehen gewährt. Über die vermögenswirksamen Leistungen kann man Arbeitnehmersparzulage und/oder Wohnungsbauprämie erhalten.

Entscheidend ist der Bauspartarif, in dem Spar- und Darlehenszinsen, Anspar- und Tilgungszeiten und das Mindestguthaben (40 oder 50 Prozent der Bausparsumme) für die Zuteilung vereinbart werden. Die Abschlussgebühr (oft ein Prozent der Bausparsumme) wird bereits bei Vertragsabschluss fällig. Die Laufzeit beträgt – je nach Tarif – bis zu 20 Jahre, wobei davon etwa acht Jahre Ansparzeit sind. Die Zahlung des Regelsparbeitrages (je nach Tarif monatlich zwischen drei und zehn Promille der Bausparsumme) ist vertraglich bestimmt.

Als »Zuteilung« wird die Freigabe des Bauspardarlehens durch die Bausparkasse bezeichnet. Wichtig in diesem Zusammenhang ist die Bewertungszahl, nach der die Zuteilungsreihenfolge festgelegt wird. Diese wird an festgelegten Stichtagen (31. März, 30. Juni, 30. September, 31. Dezember) aus den Sparbeiträgen, den angefallenen Zinsen und der Laufzeit errechnet und der Höhe nach geordnet. Der Bausparvertrag, der eine größere Bewertungszahl hat, wird auch schneller zugeteilt.

Ist der Bausparvertrag noch nicht zuteilungsreif, kann über ein Vorausdarlehen zwischenfinanziert werden. Das Bauspardarlehen kann jederzeit ganz oder teilweise zurückgezahlt werden. Dabei fällt *keine* Vorfälligkeitsentschädigung an, obwohl Bauspardarlehen Annuitätendarlehen sind. Das Todesfallrisiko kann durch den Abschluss einer Risikolebensversicherung oder durch die Abtretung anderer Versicherungen abgesichert werden.

Der Bausparvertrag, der eine größere Bewertungszahl hat, wird auch schneller zugeteilt.

Pro

- Bei liquider Bausparkasse/Bank relativ hohe Sicherheit
- Rechtsanspruch auf Bauspardarlehen
- Vererbbar
- Extra-Einzahlungen möglich
- Beleihung bis zu 80 Prozent möglich
- Nachrangige Eintragung im Grundbuch
- Je nach Anbieter günstige Darlehenszinsen (zum Beispiel 1,95 Prozent)
- Förderung durch Arbeitnehmersparzulage und Wohnbauprämie bei einem zu versteuernden Einkommen unter 20 000 beziehungsweise knapp über 25 000 Euro (vermögenswirksame Leistungen)
- Bauspardarlehen kann jederzeit ganz oder teilweise zurückgezahlt werden
- Keine Vorfälligkeitsentschädigung
- Keine Anschlussfinanzierung notwendig

Contra

- Ungeeignet bei kurzfristigem Immobilienwunsch
- Eventuell hohe finanzielle Belastung wegen kurzer Tilgungsdauer
- Geringe Guthabenzinsen in der Ansparphase
- Unübersichtlichkeit bei Bauspartarifen
- Relativ lange Ansparzeit (in der Regel sieben bis zehn Jahre)
- Kündigungsfrist drei bis sechs Monate
- Zuteilungszeitpunkt ist nicht garantiert, was zu langen Wartezeiten führen kann
- Manchmal zusätzliche Kontoführungsgebühren
- Abschlussgebühr[165]
- Bis zu zwei Prozent Darlehensgebühren

Fazit: Bausparverträge sind nicht geeignet für die Altersvorsorge oder für die reine Geldanlage. Lassen Sie sich alternative Varianten errechnen, denn verschiedentlich kann auch ohne den Abschluss eines Bausparvertrags günstig finanziert werden. Objektiv betrachtet kann man Hypothekendarlehen und Bausparverträge aber überhaupt nicht miteinander vergleichen, da die einzelnen Annahmen und Parameter zu unterschiedlich sind. Dennoch sollten Sie sich in Zeiten niedriger Hypothekenzinsen genau überlegen, ob ein Bausparvertrag sinnvoll ist. Bei niedrigen Zinssätzen und entsprechenden Beleihungsgrenzen kann eine Bankfinanzierung vor der Bausparfinanzierung liegen. Für den Bausparvertrag spricht jedoch der konstante Zinssatz. Wenn eine Beleihungsgrenze von 60 Prozent bereits erreicht ist, kann ein Bausparvertrag ebenso sinnvoll sein, da Bauspardarlehen nachrangig gewährt werden und hier eine Beleihungsgrenze von 80 Prozent gilt.[166]

AKTIEN

Im Kapitel »Hintergründe« (Seite 58 ff.) habe ich Ihnen bereits Informationen darüber gegeben, wie Börsen arbeiten und wie ein Kurs zustande kommt. Und ich habe wichtige Börsenbegriffe erläutert. Deshalb geht es jetzt gleich ohne Umschweife ans Eingemachte:

Eine Aktie ist eine Urkunde, die ihrem Inhaber einen Anteil am Gesamtvermögen einer Aktiengesellschaft (AG) verbrieft und den Aktionär zum Miteigentümer an einem Unternehmen macht. Dieser ist dadurch am Risiko (aber nur mit seiner Aktieneinlage) und Gewinn (durch Dividenden) beteiligt.[167]

Eine Aktie repräsentiert also einen Anteil am Eigentum eines Unternehmens. Aus Sicht des Aktionärs ist sie eine Forderung, aus Sicht des Unternehmens eine Verbindlichkeit.[168]

Eine Aktie repräsentiert einen Anteil am Eigentum eines Unternehmens

Dabei unterscheidet man zwischen der *Inhaberaktie,* die durch Weitergabe übertragen wird (Normalform einer Aktie) und der *Namensaktie,* die namentlich auf den Inhaber ausgestellt wird und bei Besitzwechsel eine Änderung im Aktienbuch des Unternehmens erfordert. Als *Stamm-*

aktie bezeichnet man eine Aktie, die dem Inhaber das Recht einräumt, auf Hauptversammlungen der AG abzustimmen. Die *Vorzugsaktie* wiederum bietet eine etwas höhere Dividende, dafür aber kein Stimmrecht. Vergessen wir jedoch nicht den psychologischen Effekt: Eine Aktie macht den Anleger zu einem *Visionär.*

Im Zusammenhang mit der Anlage in Aktien wird oft von sogenannten »Blue Chips« gesprochen. Dies sind Aktien erstklassiger Unternehmen mit hervorragender Marktpositionierung und gutem Erfolg. Im Aktienindex DAX befinden sich die meisten deutschen Blue-Chip-Unternehmen.[169] Durch Angebot und Nachfrage entsteht der »Preis« (Kurs) für eine Aktie (siehe ebenfalls das Kapitel »Hintergründe«). Um Aktien handeln zu können, brauchen Sie ein Wertpapierkonto bei der Bank. Vorteilhaft ist es, dort auch ein Girokonto zu haben, über das die finanzielle Abwicklung läuft. Gebühren für ein Abwicklungskonto können aber sehr hoch sein (besser bei einem Onlinebroker eröffnen).

In Deutschland gibt es »nur« noch rund 3,7 Millionen Anleger, also weniger als fünf Prozent der Gesamtbevölkerung. Vor zehn Jahren waren es noch sechs Millionen.[170] Und das, obwohl Aktien eigentlich eine »gute« Sache für die Wirtschaft sind, denn durch ihre Ausgabe verschaffen sich die Unternehmen Eigenkapital, das sie wiederum in Arbeitsplätze und neue Technologien investieren und so zum Wohlstand der Gesellschaft beitragen.

Das »böse« Unternehmen oder der »böse« Aktionär existiert makroökonomisch gesehen gar nicht.

Die erste Aktiengesellschaft der Welt

Ende des 16. Jahrhunderts stiegen die Niederlande als Kolonial- und Handelsmacht auf, gründeten Handelsniederlassungen und unterwarfen die Inselgruppen des heutigen Indonesien. So entstand die Kolonie Niederländisch-Indien. Vor allem der Handel mit Gewürzen, Tee, Seide, Porzellan, Teppichen und Muskatnüssen, die damals mehr wert waren als Gold, entpuppte sich als sehr lukratives Geschäft.

Die einzelnen Kaufmannsfamilien besaßen aber nicht genug Geld, um eine eigene Hochseeflotte auszurüsten, und die Risiken des Kolonialhandels waren sehr hoch. Dadurch entstand folgende Idee: Wenn man Kapital von möglichst vielen Menschen sammeln und ihnen als Anreiz dafür eine Rendite (Dividende) anbieten würde, könnte das Risiko auf mehrere Schultern verteilt werden und auch breite Bevölkerungsschichten würden Anteile (Aktien) erwerben können, was das Kapital vervielfachen würde. So entstand die erste Aktiengesellschaft der Menschheitsgeschichte: Am 20. März 1602 wurde die »Vereenigde Oostindische Compagnie« (Ostindien-Handelsgesellschaft), kurz VOC genannt, gegründet. Jeder Bürger konnte Anteile erwerben und sich ins Aktionärsbuch einschreiben. So gesehen war die VOC-Aktie die erste »Volksaktie« der Welt.

Dividenden bis zu 75 Prozent!

Jedes Jahr stachen rund 30 Schiffe in Richtung indonesische Inselwelt in See. Der Handel blühte. Zeitweise gab es für die Aktionäre Dividenden in Höhe von 75 Prozent ihrer Einlage, in manchen Jahren aber auch gar nichts, wenn die Schiffsverluste durch Unwetter und Piraten zu hoch waren. Die Ostindien-Handelsgesellschaft wurde so schnell zum größten Privatunternehmen ihrer Zeit, mit dem Recht, eigene Truppen aufzustellen, um ihre Handelsstützpunkte und Plantagen zu schützen.

Bis zu ihrer Auflösung am 1. Januar 1800 waren insgesamt 1772 Schiffe der VOC auf den Weltmeeren unterwegs, die 4789 Fahrten unternahmen. Aber Misswirtschaft und Korruption holten die Aktiengesellschaft ein und führten zum Bankrott. Die niederländische Krone übernahm daraufhin selbst die wirtschaftliche Kontrolle über das holländische Kolonialreich. Die erste Aktiengesellschaft der Welt war damit Geschichte.

Der Kurswert einer Aktie hat für sich genommen keine Aussagekraft

Genau das behaupten die beiden Finanzexperten Werner Bareis und Niels Nauhauser.[171] Ihre Begründung: Das Vermögen einer Aktiengesellschaft (AG) spielt beim Preis einer Aktie offensichtlich keine Rolle.

Der Kurswert einer Aktie hat für sich genommen keine Aussagekraft!

Vom Vermögen einer AG werden die Verbindlichkeiten abgezogen, wodurch man das Eigenkapital erhält. Teilt man dieses durch die Anzahl der ausgegebenen Aktien, bekommt man den *Buchwert* einer Aktie.

Das Vermögen ist aber oft mehr wert als das, was in den Büchern steht, da Grundstücke an Wert gewinnen können (stille Reserven). In der Bilanz werden diese in der Regel aber nur zu den Anschaffungskosten geführt. Buchwert und stille Reserven ergeben den *Substanzwert* einer Aktie. Entscheidend aber ist, wie gut es dem Unternehmen gelingt, *jährlich* neues Vermögen (sprich: Gewinne) zu erwirtschaften. Dies drückt sich dann im *Ertragswert* aus, der eigentlich wichtigen Größe.[172] Demnach folgern die Autoren: »Ob eine Aktie für Anleger attraktiv ist, hängt nicht von der Höhe des Kurswerts in Euro ab, sondern alleine von den in Zukunft erzielbaren Dividenden und Kursgewinnen. Die Kursgewinne wiederum hängen davon ab, ob sich die Geschäfte des Unternehmens besser oder schlechter entwickeln, als es der Markt bereits erwartet. Um das prognostizieren zu können, müssten Sie freilich hellseherische Kräfte besitzen.«[173]

Entscheidend ist, wie gut es dem Unternehmen gelingt, *jährlich* neue Gewinne zu erwirtschaften.

Lernen Sie vom »größten Investor aller Zeiten«

Dennoch haben verschiedene Anleger in der Vergangenheit *viel* Geld mit Aktien verdient. Einer davon ist Warren Buffett,[174] den man wohl den »größten Investor aller Zeiten« nennen kann. Er besitzt ein Privatvermögen von 50 Milliarden US-Dollar und ist der drittreichste Mann der Welt.[175] Über 30 Milliarden (!) Dollar seines Privatvermögens hat er für gute Zwecke verschenkt.[176]

Buffett lernte die Lektionen des Aktienkaufs und -verkaufs schon in sehr jungen Jahren. Hier ist seine Geschichte:

Mit elf (!) Jahren tat er sich mit seiner Schwester Doris zusammen und kaufte mit ihr drei Vorzugsaktien von *Cities Service* zum Preis von 114,75 Dollar, was also einem Aktienpreis von 38,25 Dollar entsprach. Doch kurz danach sank der Kurs auf 27 Dollar. Seine Schwester erinnerte ihn jeden Tag auf dem Schulweg daran, und Warren fühlte sich schrecklich dabei. Als sich die Aktie auf 40 Dollar erholte, verkaufte er sie schnell und realisierte so einen Gewinn von fünf Dollar. Doch der Kurs von *Cities Service* stieg in den nächsten Wochen auf stolze 202 Dollar.[177]

Hätte er die Aktien behalten, hätte sein Gewinn 492 Dollar betragen.[178] Dabei hatte er fünf Jahre gearbeitet,[179] um das Geld für den Aktienkauf aufzubringen und hätte so viel mehr an nur einem Tag verdienen können! Er vergaß diesen Fehler nie mehr in seinem Leben.

Buffett lernte daraus verschiedene Lektionen:

❶ Konzentriere dich nicht zu sehr darauf, wie viel du für eine Aktie bezahlst.
❷ Gehe nicht unüberlegt vor, nur um kleine Gewinne zu realisieren.
❸ Investiere nie mit dem Geld anderer Menschen.[180]

Ich erzähle Ihnen diese Geschichte nicht, um Ihnen vorzumachen, Sie könnten es auch zum Milliardär bringen, nein, mir geht es darum, dass diese Lektionen, die der kleine Warren Buffett mit elf Jahren gelernt hat, auch heute noch zu beachten sind. Für Sie übersetzt heißt das:

❶ Es ist nicht ausschlaggebend, wie hoch der Preis einer Aktie ist, sondern ob es das Unternehmen schafft, jährlich neue Gewinne zu erwirtschaften (siehe oben).
❷ Verkaufen Sie Ihre Aktien nie in Panikstimmung.
❸ Nehmen Sie niemals Geld von fremden Menschen oder sogar von einer Bank an, um Aktien zu kaufen.

Verkaufen Sie Aktien nie in Panikstimmung!

Besonders der letzte Punkt liegt mir sehr am Herzen: BITTE nehmen Sie NIEMALS einen Kredit auf, um in Aktien zu investieren. Hunderttausende von Menschen rund um den Erdball haben dadurch schon Haus und Hof verloren. Denken Sie an den Grundsatz, den ich Ihnen bereits in Teil 1 erläutert habe: »Geben Sie niemals mehr aus, als Sie verdienen«, kurz: Machen Sie keine Schulden.

Doch zurück zu Warren Buffett: Er brachte es nicht nur zum Millionär, wie er es mit zehn angekündigt hatte, sondern sogar zum Multimilliardär – und das mit Investmentanlagen. Bis heute beherzigt er folgende Prinzipien:

- Beobachte *nicht* die Börse, sondern die Unternehmen.
- Investiere nur in Firmen, die bewiesen haben, dass sie ihr Geschäft beherrschen und über viele Jahre gute Gewinnsteigerungen erzielen.
- Kaufe nur, wenn der Preis stimmt, denn auch für gute Unternehmen kann man zu viel bezahlen.
- Investiere nur in Aktien, deren Geschäfte du auch verstehst.
- Meide Massengüterhersteller, bei denen nur der Produktpreis für den Konsumenten eine Rolle spielt (zum Beispiel in der Agrar-, Stahl-, Holz- und Papierindustrie), denn der Konkurrenzkampf wird dort meist über den Preis ausgetragen, was langfristig niedrige Gewinne bringt.
- Investiere in Unternehmen mit kontinuierlich steigenden Gewinnen, die ein Verbrauchermonopol haben.[181]

Investieren Sie nur in Aktien, deren Geschäfte Sie auch verstehen.

Aktien und »Inflationsschutz«

Value-Aktien gelten zwar als »Substanzwerte«,[182] aber die Fachjournalisten Roland Leuschel und Claus Vogt warnen: »Leider ist diese vordergründig einleuchtende Sichtweise überaus problematisch. Denn die Finanzmarktgeschichte zeigt ohne Wenn und Aber, dass Aktieninvestments nur einen sehr beschränkten Inflationsschutz bieten.«[183]

Beispiel:
Die Entwicklung der Produzentenpreise, der Lebenshaltungskosten, des US-Dollars (der noch goldgedeckt war) und des Aktienindex während der Hyperinflation in Deutschland 1922 zeigen, dass die Aktienkurse damals um 1200 Prozent gestiegen sind. Sie denken wohl, das ist eine gute Sache? – Leider muss ich Sie enttäuschen: Im gleichen Zeitraum stiegen die Lebenshaltungskosten um 3300 Prozent. Inflationsbereinigt verlor der Aktionär also rund 80 Prozent seines Vermögens.[184] Aktionäre haben auch im Zeitraum von 1933 bis 1945 etwa die Hälfte ihres Vermögens verloren.[185]

Demzufolge versprechen Aktien keinen *absoluten* Schutz bei einer Hyperinflation. Aktien können also in Phasen hoher Inflation erhebliche Kursverluste erleiden.[186] Begründung: Inflation drückt Unternehmensgewinne, die Löhne sinken und der Konsum geht zurück; Investitionen werden risikoreicher, weil die Zinsen steigen, verunsicherte Anleger verlangen höhere Risikoprämien, Kurs-Gewinn-Verhältnisse nehmen ab.[187]

Doch wie bei allen Kapitalanlagen gibt es auch hier Licht und Schatten:

Pro

- In den letzten 100 Jahren haben Aktien (inflationsbereinigt) einen durchschnittlichen Ertrag von rund sieben Prozent erbracht[188]
- Über Jahrzehnte hinweg betrachtet war die Rendite bei Aktien am höchsten,[189] kurz- oder mittelfristig aber mit zum Teil enormen Risiken belastet
- Aussicht auf Dividende
- Man kann auch von Bezugsrechten profitieren, wenn Aktiengesellschaften ihr Kapital aufstocken
- Gute Liquidität: Börsentäglicher Handel möglich (aber Kursverlauf beachten!)
- Große Auswahl an Aktien
- Relativ wertbeständig und bestandshaltig
- Relativer Inflationsschutz bei Goldminen- und Silberaktien

Contra

- Wertpapierkonto wird benötigt, die Gebühren dafür können sehr hoch sein
- Transaktionskosten, Ausgabeaufschlag, Bestandsprovisionen (Managementgebühren) fallen bei Kauf und Verkauf an
- Ein Wertezerfall von Aktien ist nicht auszuschließen, wenn die produzierten Güter und Dienstleistungen schlechter absetzbar sind oder das Unternehmen schlecht geführt wird[190]
- Keine Sicherheit
- Viele unbekannte Variablen: Aktuelle Lage des Unternehmens; Zukunftsaussichten; Branchentrends; Konjunktur; wirtschaftlicher Erfolg, et cetera[191]
- Unternehmen können verstaatlicht werden
- Kurseinbrüche können oft erst nach vielen Jahren ausgeglichen werden
- Kein Konkursschutz

Fazit: Aktien sind für die Altersvorsorge nur eingeschränkt zu empfehlen. Für den Vermögensaufbau ist eine große Streuung von Vorteil. Mit Aktien solider Unternehmen lässt sich eine gute Rendite erwirtschaften. Seien Sie sich aber bewusst, dass die Geschäftsberichte der einzelnen Unternehmen immer nur deren Vergangenheit abbilden, Sie aber müssen für die Zukunft entscheiden.

Wer streut, rutscht nicht aus.

Auch bei Aktien stehen sich Rendite und Sicherheit gegenüber, und Sie müssen individuell abwägen, wie Sie Sicherheit und Risikobereitschaft aufteilen möchten. Aktien sind eine risikoreiche Kapitalanlage, das muss Ihnen bewusst sein. Den richtigen Einstiegs- und Ausstiegszeitpunkt zu treffen ist sehr schwierig, sonst wären Sie sehr reich. Wer also mit einzelnen Aktien Erfolg haben will, braucht Glück und Glück und Glück.

Den richtigen Einstiegs- und Ausstiegszeitpunkt zu treffen ist sehr schwierig.

AKTIENFONDS

Die Idee, die breite Bevölkerung mit kleinen Anlagesummen am Produktivkapital eines Unternehmens zu beteiligen, beziehungsweise Anteile an einem Korb aus mehreren Aktien anzubieten, gibt es schon lange. Die ersten Aktienfonds wurden bereits im 19. Jahrhundert in Schottland und England gegründet. Damals legten Investoren ihr Geld zusammen, um sich an den Eisenbahnprojekten in den Vereinigten Staaten zu beteiligen.[192] In den USA entstanden die ersten Fondshäuser nach 1918, in Deutschland erst 1949.[193] Ich habe weiter oben ausgeführt, dass es rund 3,7 Millionen Aktionäre in Deutschland gibt. Aktienfondsbesitzer gibt es hierzulande etwas mehr, etwa 4,6 Millionen.[194]

Gleich zu Beginn: Was geschieht, wenn eine Fondsgesellschaft in Insolvenz geht? Ich kann Sie beruhigen, das Fondsvermögen stellt ein

»geschütztes Sondervermögen« dar. Dies ist vor dem Zugriff der Gläubiger geschützt. Ausnahme: Verwaltungshonorare.[195] Somit bleiben Sie jederzeit Eigentümer Ihrer Anlage und können im Fall einer Insolvenz Ihre Fondsanteile kostenfrei auf ein beliebiges Depot übertragen.[196]

Insolvenzschutz für Aktienfonds

Das Thema Fonds ist so umfangreich, dass eine umfassende Darstellung den Rahmen dieses Buches sprengen würde. Deshalb soll Folgendes als erster Überblick dienen.[197] Punktuell werde ich aber einige Fondstypen herausstellen.

Sie werden sich wohl fragen: *wie* ermittelt man denn den Kurs eines Fonds? Dies ist ganz einfach: Wenn man den Wert aller im Fonds befindlichen Vermögenswerte durch die Anzahl der ausgegebenen Anteile dividiert, erhält man den »Net Asset Value« (NAV) eines Fondsanteils, der gleichzeitig den Kurs darstellt. Soweit die Theorie. Doch in der Praxis muss der Anleger häufig noch den Ausgabeaufschlag hinzurechnen (in der Regel vier bis fünf Prozent des NAV).[198]

Für jeden Fonds gibt es zwei Preise:

❶ Ausgabepreis: NAV + Ausgabeaufschlag (= Kurs des Fondsanteils)
❷ Rücknahmepreis: NAV (Rückgabepreis des Fonds an die Investmentgesellschaft)[199]

Einer der größten Vorteile eines Aktienfonds ergibt sich aus dem sogenannten »Cost-Average-Effekt« (CAE).[200]

Cost-Average-Effekt (Durchschnittskosten-Effekt)

Ganz einfach ausgedrückt: Bei einem Sparplan kauft man bei niedrigen Kursen *mehr* und bei hohen Kursen *weniger* Anteile und investiert so antizyklisch.[201] Kursschwankungen werden so gedämpft und der durchschnittliche Einstandskurs optimiert.

Ein Beispiel aus *Crashkurs Börse:*

> »Ein Fonds wird monatlich mit 100 Euro bespart. Steht [der Kurs, MGR] im Januar bei 20 Euro, so erwirbt der Sparer 5,0 Anteile. Im Februar fällt der Fonds auf 16 Euro, somit wandern automatisch 6,25 Anteile ins Depot. Im März, April und Mai bleibt der Fonds auf 16 Euro stehen und dreimal wandern 6,25 Fondsanteile ins Portfolio. Im Juni klettert der Kurs wieder auf 20 Euro und der Sparer kauft 5,0 Anteile. Unter dem Strich hat er somit 35 Anteile gekauft und dafür 600 Euro ausgegeben. Bei einem Fondskurs von 20 Euro sind diese Anteile bereits 700 Euro wert. Der Fonds steht zwar gerade wieder einmal so hoch wie am Jahresanfang, der Sparer ist aber im Gegensatz dazu schon 17 Prozent im Plus.«[202]

Ich möchte Ihnen nun wie versprochen einige Fonds vorstellen:

Offene Fonds

Offene Fonds sind weit verbreitet. Mit ihnen können folgende Anlageklassen abgedeckt werden:

- *Immobilienfonds* (weltweite oder regionale Investitionen in Immobilien, etwa hochwertige, gewerblich genutzte Bürohäuser, Einkaufszentren, Krankenhäuser, Wohnimmobilien)
- *Aktienfonds* (Aktien)
- *Mischfonds* (zum Beispiel Aktien/Anleihen)
- *Dachfonds* (investieren wiederum in andere Fonds)
- *Rentenfonds* (enthalten verschiedene festverzinsliche Wertpapiere/Anleihen oder bestimmte Währungen)
- *Altersvorsorge- und Altersvorsorge-Sondervermögen-Fonds/AS-Fonds* (Mischung aus Aktien, Anleihen und offenen Immobilien-

fonds, sind speziell für die Altersvorsorge konzipiert)

- *Hedgefonds* (Chancen an verschiedenen Märkten und mit den unterschiedlichsten Strategien, unterliegen keinen Anlagerichtlinien, zusätzlich in Währungen oder Rohstoffen sowie Optionen und Futures, Fremdkapital kann aufgenommen und Leerverkäufe getätigt werden; mehr dazu siehe unten)
- *Private-Equity-Fonds* (Private Unternehmensfinanzierungen, Beteiligungen an Übernahmen, Umbau und Wiederverkäufen von Unternehmen; mehr dazu siehe unten)
- *Garantiefonds* (garantieren, dass der Anleger mindestens einen bestimmten Prozentsatz des eingesetzten Kapitals zu einem festgelegten Zeitpunkt zurückerhält; mehr dazu siehe unten)[203]
- *Geldmarktfonds* (Tages- und Termingeld, Geldmarktpapiere, Schuldverschreibungen, Pfandbriefe/Kommunalobligationen, Öffentliche Anleihen, für Privatpersonen nur in Ausnahmefällen erlaubt, da mehrere Millionen Euro notwendig sind)[204]

Innerhalb dieser Aktienklassen gibt es wiederum Unterteilungen. Hier *einige* Beispiele:

- *Regionenfonds* (Asien, USA, Europa, Indien, et cetera)
- *Länderfonds* (Aktien eines bestimmten Landes)
- *Globalfonds* (Aktien aus mehreren Ländern)
- *Branchenfonds* (bestimmte Sektoren)
- *Themenfonds* (Spezialisierung auf ein bestimmtes Thema, etwa Biotechnologie, Lifestyle, Internet, Umwelt, Ökologie, Rohstoffe)
- *Indexfonds* (bilden in der Zusammensetzung einen Index nach)
- *Einkommensfonds* (Aktien von Unternehmen, die hohe Dividenden zahlen)
- *Wachstumsfonds* (Aktien von Unternehmen mit guten Wachstumschancen)
- *Value-Fonds* (Aktien von Unternehmen mit guten Substanzwerten und hohen Cash-Flows)
- *Blend-Fonds* (Mischung zwischen Value- und Wachstumsfonds)
- *Staatsanleihenfonds* (Staatsanleihen und Schuldverschreibungen)
- *Unternehmensanleihenfonds* (Unternehmensanleihen)[205]

Garantiefonds

»Garantie oder Rendite«, so oder so ähnlich könnte man diese Art von Fonds in drei Worten erklären. Garantiefonds erfreuen sich immer größerer Beliebtheit, je turbulenter es an den Börsen auf- und abgeht.

Garantie oder Rendite?

Sie können es sich sicherlich denken: »Garantie« hört sich zwar gut an, aber diese ist (fast) immer mit einer niedrigeren Rendite verbunden. Manche Garantiefonds legen den größten Teil ihres Vermögens in festverzinsliche Wertpapiere an, andere in Werte aus dem Aktienmarkt, die durch Optionsscheine oder Futures gegen Kursverluste abgesichert werden.[206] Deshalb ist ihre durchschnittliche jährliche Rendite nicht gerade der Hit, lediglich drei bis vier Prozent.[207] (Nicht vergessen: Davon müssen Sie auch noch die Inflationsrate abziehen!)

Von Garantiefonds gibt es zwei Varianten:

❶ *Laufzeitfonds:* Der Kapitalerhalt wird bis zum Ende der Laufzeit zugesichert.
❷ *Unbefristete Fonds:* Nur zu regelmäßigen Zeitpunkten greift die Garantieklausel.[208]

Diese Garantie ist aber keine »echte« Gesamtgarantie, denn ihre Höhe und Ausprägung kann stark variieren. Zudem gilt diese Garantie nur für bestimmte Stichtage oder gar erst am Ende der Laufzeit. Verkaufen Sie außerhalb dieser Tage, greift sie nicht. Die Garantie gilt sowieso nicht für 100 Prozent Ihres angelegten Kapitals, sondern häufig nur für 80 bis 90 Prozent. Als Faustregel gilt: Je niedriger die Kapitalgarantie, desto stärker profitiert der Anleger von den Kurszuwächsen.[209]

Eine »echte« Garantie bieten Garantiefonds nicht

Noch ein Wort zu den Kosten: Ihnen dürfte es dämmern, dass ein gewisser Kapitalschutz auch Geld kostet. Je nach Konstruktion werden Mehr oder Weniger des Fondsvermögens in Derivate investiert, die das Kapital absichern und die Renditechancen verringern. Zudem sind die Managementkosten bei einem Garantiefonds in der Regel höher als bei »normalen« Aktienfonds. Prüfen Sie also immer die Kosten und Gebühren und entscheiden Sie dann, ob Ihnen die »Sicherheit« das wert ist.[210]

Fazit: Garantiefonds sind für den Vermögensaufbau und die Altersvorsorge nicht wirklich zu empfehlen, denn ihre Rendite ist zu niedrig. Langfristig ist die Anlage in andere Aktienfonds besser geeignet. Eine Kombination aus Festgeld oder Tagesgeld und Aktienfonds kann eine gute Alternative zu einem Garantiefonds sein.[211]

Geschlossene Fonds

Die sogenannten »geschlossenen« Fonds werden meist aufgelegt, um ein bestimmtes Projekt zu finanzieren. Ist das Eigenkapital zusammen, wird der Fonds geschlossen. Beteiligungen an dieser Art von Fonds laufen normalerweise zehn Jahre und länger. Sie sollten also in der Lage sein, lange Zeit auf Ihre Einlage verzichten zu können. Letztes Jahr wurden so ingesamt 6,24 Milliarden Euro investiert, kumuliert seit 1993 insgesamt rund 200 Milliarden Euro.[212]

Sie sollten in der Lage sein, lange Zeit auf Ihre Einlage verzichten zu können.

Es gibt folgende Arten von geschlossenen Fonds:

- *Schiffsfonds*
- *Medienfonds*
- *Flugzeugleasingfonds*
- *Geschlossene Immobilienfonds*

- *Auslandsimmobilienfonds*
- *Leasingfonds*
- *Infrastrukturfonds*
- *Projektentwicklungsfonds*
- *Private-Equity-Fonds*
- *Solarfonds*
- *Windanlagen* (Dazu noch ein paar Worte, weil sie immer mehr in »Mode« kommen: Es gibt Unternehmen, die bieten als Inflationsschutz sogenannte »Genussrechte« an Windanlagen mit einer hohen jährlichen Verzinsung an. Geworben wird damit, dass die Anlagen inflationssichere Sachwerte seien. Das stimmt. Aber: Genussrechte sind riskant. Kommt der Herausgeber in Schwierigkeiten, kann es sein, dass Sie weniger Zinsen erhalten; im Insolvenzfall ist es fraglich, ob Sie Ihr Geld zurückbekommen. Wenn Sie Genussrechte kaufen, sind Sie an den Windanlagen nicht direkt beteiligt, sondern haben lediglich einen Zahlungsanspruch aus den Genussrechten.)[213]

Fazit: Lassen Sie sich nicht von steuerlichen Aspekten blenden, denn diese spielen im Gegensatz zu früher nur noch eine untergeordnete Rolle.

Lassen Sie sich nicht von steuerlichen Aspekten blenden!

Modelle mit hohen Sonderabschreibungen gibt es in dieser Form schon längst nicht mehr. Wenn Sie Anteile an geschlossenen Fonds erwerben wollen, sollten Sie am besten ein Vermögen im sechsstelligen Bereich besitzen und Ihr Kapital bereits »gestreut« haben. Und auch dann sollte der Anteil geschlossener Fonds maximal zehn bis 20 Prozent des Gesamtvermögens ausmachen, da das Risiko groß ist, seine Einlagen zu verlieren. Dennoch ist für viele diese Art von Fonds durch (mögliche) höhere Renditen sehr verlockend.

Vergleich offene und geschlossene Fonds:

	Offene Fonds	Geschlossene Fonds
Anlagevolumen	Unbegrenzt	Fondsschließung, sobald das Zielvolumen erreicht ist
Anlageobjekte	Viele verschiedene Objekte (Aktien, festverzinsliche Wertpapiere, Immobilien et cetera)	Meist ein Objekt (Immobilien, Schiffe, Flugzeuge, Solar-Windkraftanlagen et cetera)
Anlagedauer	Meist unbegrenzt	Zwölf bis 30 Jahre
Kosten	Niedrig bis mittel	Hoch (bis 25 Prozent des Anlagebetrags)
Gesetzlicher Schutz	Ausgeprägt	Minimal, kaum reguliert
Risiko	Kein Totalausfallrisiko	Totalausfallrisiko
Nachschusspflicht	Nein	Bei Fonds nach BGB kann Anleger zu Nachschüssen verpflichtet werden
Steuerliches	Einkünfte aus Kapitalvermögen	Einkünfte aus Vermietung und Verpachtung oder aus Gewerbebetrieb[214]

Da viele Anleger mit dieser Art von geschlossenen Fonds überfordert sind oder ihnen das Urteilsvermögen fehlt, hier einige Verhaltenstipps:

- Misstrauen Sie Anbietern, die zu hohe Renditen versprechen!
- Lesen Sie die Unterlagen genau durch!
- Recherchieren Sie im Internet zusätzliche Informationen!
- Halten Sie beim Abschlussgespräch einen Zeugen bereit!
- Fragen Sie nach den Kosten! (»Was verdienen Sie als Berater eigentlich an dem Abschluss und welche Kosten kommen auf mich zu beziehungsweise sind schon eingerechnet?«)

Trotz aller Vorbehalte möchte ich diese Art von Kapitalanlagen nicht generell verteufeln, das wäre unseriös. Geschlossene und offene Fonds bieten auch eine Vielzahl von Vorteilen:

Pro

- Es gibt zwar keinen Konkursschutz, aber dass alle im Fonds enthaltenen Unternehmen pleitegehen, ist ziemlich unwahrscheinlich
- Breite Streuung des Risikos
- Cost-Average-Effekt
- Bessere Rendite
- Gute Liquidität: Börsentäglicher Handel möglich (aber Kursverlauf beachten!)
- Bei Indexfonds geringe Kosten (da kein aktives Management)
- Fonds kann man zu einem fixen Betrag kaufen (ab 50 Euro monatlich)
- Einmalanlagen möglich
- Sparpläne möglich
- Sparraten können geändert werden
- Jederzeitige Kündigung möglich
- Freie Entscheidung über die Risiken
- Strenge staatliche Regulierung (Vorteil für »Sicherheitsbedürftige«)
- Als vermögenswirksame Leistungen verwendbar
- Insolvenzschutz

Contra

- Totalverlustrisiko (bei geschlossenen Fonds)
- Risiko von Immobilienblasen und Abwertungen der Immobilien (bei Immobilienfonds)
- Ausgabeaufschlag
- Verwaltungsgebühren (zwischen 0,8 und zwei Prozent des jährlichen Anlagevolumens)[215]
- Bei manchen Fonds 30 bis 40 Prozent Gesamtkosten und -gebühren[216]
- In Themen- und Dachfonds hohe Gebühren (da verschiedene Managementebenen)
- Strenge staatliche Regulierung (Nachteil für »Risikobereite«)
- Je nach Situation ist eine Nachschusspflicht (nach BGB) möglich (bei geschlossenen Fonds)
- Je nach Situation kann man steuerlich plötzlich als Unternehmer veranlagt werden und Gewerbesteuer zahlen müssen oder Ein-

künfte aus Vermietung und Verpachtung versteuern müssen (bei geschlossenen Fonds)
- Risiko Fremdfinanzierung (bei geschlossenen Fonds)

Fazit: Durch das Streuen in verschiedene Fonds und die Ausnutzung des Cost-Average-Effekts *können* Anleger in der Regel ordentliche Renditen mit einem überschaubaren Aufwand erzielen, wenn sie einen langfristigen Anlagehorizont haben.[217] Deshalb sind Fonds zum Vermögensaufbau *ein* guter Baustein. Eine breite Branchenmischung ist auf jeden Fall von Vorteil. Anders ausgedrückt: Je weniger Eingrenzung, desto besser ist die Risikostreuung.[218] Vorsicht ist allerdings bei geschlossenen Fonds geboten, deren Nachteile ich weiter oben bereits aufgeführt habe, dennoch sind sie nicht grundsätzlich zu verteufeln. Unternehmerische Beteiligungen sind rechtlich nur unbefriedigend geregelt und aufgrund ihrer geringen Streuung sehr riskant. Immer wieder gibt es Fälle, bei denen Anleger nicht die in Aussicht gestellten Gewinne erwirtschaften oder gar ihr gesamtes Geld verloren haben. Dennoch locken gute Renditen. Meiner Meinung nach sollten nur gut betuchte Investoren Anlagen in diese Form von Fonds riskieren und dann auch nicht mehr als zehn bis 20 Prozent ihres Vermögens dafür einsetzen.

Fonds sind ein guter Baustein für den Vermögensaufbau.

PRIVATE-EQUITY- UND HEDGEFONDS

Private-Equity-Fonds

Private Equity heißt eigentlich »Privates Beteiligungskapital«. *Venture-Capital-Fonds* investieren vor allem in junge, nicht börsennotierte Technologieunternehmen oder Gründerfirmen. *Buyout-Fonds* kaufen hingegen solide Unternehmen auf. Der Begriff »Private Equity« wird aber auch als Überbegriff für den gesamten Markt der privaten Unternehmensfinanzierungen verwendet. Investoren stellen Kapital vor allem über Beteiligungsgesellschaften (Private-Equity-Häuser) zur Verfügung, die dann Unternehmen übernehmen, umbauen und wiederverkaufen.[219]

Wichtig für alle Investmentfonds ist die Beteiligung an der Wertschöpfung. In einer Selbstdarstellung hört sich das sehr einleuchtend an: »Private Equity ist die Investition an der Quelle der Wertschöpfung, die die unmittelbarste und unbegrenzte Beteiligung am Wertschöpfungsprozess der Unternehmen sicherstellt. Deshalb ist mit Private Equity langfristig die höchste Renditeerwartung aller Anlageklassen verbunden [...] Die Idee, Unternehmen Kapital gegen eine Beteiligung am Gewinn zur Verfügung zu stellen, geht auf den Beginn der Industrialisierung zurück. Auch in Deutschland stellten in der ersten Hälfte des 19. Jahrhunderts vornehmlich private Bankiers, abseits der noch unterentwickelten Börsen, Kapital für aussichtsreiche und für die damalige Entwicklung innovative Projekte zur Verfügung.«[220]

Private Equity ist die Investition an der Quelle der Wertschöpfung.

Diese Art von Fonds arbeitet mit verschiedenen Werkzeugen. Eines davon ist ein sogenannter *Hebel (Leverage):* Vereinfacht ausgedrückt bedeutet das, dass durch den Einsatz von Fremdkapital die Eigenkapitalrendite einer Anlage gesteigert werden kann. Das funktioniert aber nur dann, wenn ein Investor das Fremdkapital zu günstigeren Konditionen aufnehmen kann, als die Investition an Gesamtkapitalrentabilität erzielt.

Ich weiß, das klingt ziemlich kompliziert, deshalb ein Beispiel aus dem *Börsenlexikon:*

»Hat ein Investor zum Beispiel 100 000 Euro und kann eine Marktrendite von acht Prozent erzielen, so entsteht ein Leverage-Effekt, wenn er zusätzlich 50 000 Euro Fremdkapital zu sechs Prozent (3000 Euro Zinsen) bekommen kann. Die Differenz aus Zinsaufwand und zusätzlicher Rendite (acht Prozent auf 50 000 Euro), 4000 Euro, ergibt den Leverage-Effekt in Höhe von 1000 Euro oder zehn Prozent auf sein eingesetztes Kapital.«[221]

Ja, man kann durch verschiedene »Hebel« (es gibt noch mehr) eine hohe Rendite erwirtschaften, aber durch die Spekulation auch seine Verluste vervielfachen. Es gibt drei grundsätzliche Beteiligungsformen, die sich in der Diversifikation (Streuung) unterscheiden:

❶ *Direktbeteiligung am Unternehmen*
❷ *Beteiligung an einem Fonds*
❸ *Beteiligung an einem Dachfonds*

Man kann durch »Hebel« eine hohe Rendite erwirtschaften, aber auch seine Verluste vervielfachen.

Für das Private Equity gibt es verschiedene Finanzierungsanlässe:

❶ *Buyout-Finanzierungen:* Dabei handelt es sich um eine Unternehmensübernahme, bei der neben einem Private-Equity-Finanzinvestor auch das Management Anteile am Eigenkapital erwirbt und dadurch mehr Eigentumsrechte ausüben kann. Somit ist das Management unmittelbar an Gewinn und Verlust beteiligt, wodurch die Motivation und die Rendite steigen sollen. Diese Form von Finanzierungen ist vor allem für jene Unternehmen eine interessante Option, die keinen Nachfolger finden können. Buyout-Finanzierungen gliedern sich wiederum in zwei Arten:

- *Management-Buyin (MBI):* Das Management kommt bei der Unternehmensübernahme von außen und erhält Eigentumsrechte.
- *Leveraged-Buyout (LBO):* Die Unternehmensübernahme wird bis zu zwei Drittel kreditfinanziert. Zins und Tilgung soll das über-

nommene Unternehmen selbst erwirtschaften. Über den Leverage-Effekt soll dem Anleger eine besondere Renditechance ermöglicht werden.[222]

❷ *Mezzanine-Finanzierungen:* »Mezzanine« bezeichnet den Teil der Finanzierung, der weder durch Fremd- noch durch Eigenkapital sichergestellt wird. Für eine Bank stellt das Mezzanine-Kapital also eine zusätzliche Sicherheit dar.[223]

❸ *Frühphasen- und Expansionsfinanzierungen:* Investitionen in Gründungs- und Erweiterungsfinanzierungen werden anhand folgender Entwicklungsphasen eingeteilt:

- *Seed:* Ideenfinanzierung
- *Start-up:* Gründungsfinanzierung
- *Early-Stage:* Erste Expansionsfinanzierung
- *Later Stage:* Weitere Expansionsfinanzierung
- *Bridge:* Überbrückungsfinanzierung
- *IPO:* Börsengang[224]

❹ *Secondarys:* Das bezeichnet Private-Equity-Transaktionen, bei denen spezialisierte Anleger (»Secondary Fonds«) Anteile an Private-Equity-Fonds (»Primarys«) auf dem Zweitmarkt erwerben, die Kapital wiederum bereits zu großen Teilen von Pensionskassen, Versicherungen, Dachfonds et cetera abgerufen haben. Dadurch *kann* die übliche Laufzeit einer Private-Equity-Anlage verkürzt werden.[225]

Es gibt noch eine Vielzahl anderer Private-Equity-Fonds, die sich den verschiedensten Strategien verschrieben haben. Sie werden sich vielleicht wundern, dass die von der Politik als »Heuschrecken« stigmatisierten Private-Equity-Fonds sich großer Beliebtheit bei Pensionskassen, Stiftungen, Dachfonds und Versicherungen erfreuen.[226]

Private-Equity-Fonds erfreuen sich aber großer Beliebtheit bei Pensionskassen, Stiftungen und Versicherungen.

Hedgefonds

Hedgefonds (englisch »to hedge« – »absichern«) versuchen nach der Definition Investitionen gegen Risiken wie Kurseinbrüche oder Wechselkursschwankungen abzusichern.[227] Doch dies ist irreführend, denn in der Praxis sind sie geschlossene Investmentfonds, die das Kapital mehrerer Privatanleger und institutioneller Investoren (wie etwa Stiftungen, Pensionskassen, Universitäten et cetera) verwalten beziehungsweise vermehren wollen.[228] Aktuelle Anlagestrategien werden häufig geheim gehalten, um sich Marktvorteile zu verschaffen.[229]

Die vier wichtigsten Hedgefonds-Arten sind:

❶ *Global Macro:* Spekulationen auf Wertveränderungen (Rohstoffe, Wertpapiere, Währungen, Waren et cetera)
❷ *Event-Driven:* Profiterwartungen aus bestimmten Ereignissen (Übernahmen, Fusionen, Konkursen et cetera)
❸ *Arbitrage:* Nutzung von Fehlbewertungen bei Finanzinstrumenten
❹ *Balanced Long/Short:* Profitieren von gegensätzlichen Aktienkursentwicklungen einzelner Unternehmen (zum Beispiel Spekulationen auf fallende und gleichzeitig steigende Kurse)[230]

Weltweit gibt es etwa 6000 Hedgefonds, die rund 400 Milliarden US-Dollar verwalten.[231] Sie werden von staatlicher Seite aus kaum kontrolliert, geschweige denn reguliert.

Hedgefonds werden staatlich kaum kontrolliert.

Hedgefonds gehören zu Anlagealternativen mit eigenen Regeln und vielen verschiedenen Strategien. Zum Beispiel durch *Leerverkäufe (short selling):* Sie sind eine äußerst riskante Wette und die funktioniert so: Ein Fonds verkauft Wertpapiere, Waren, Devisen, Optionen und Futures-Kontrakte im Kassa- oder im Termingeschäft, die sich allerdings *nicht* in seinem Besitz befinden, mit dem Ziel, sie später billiger zurückzukaufen und an der Differenz zwischen Verkaufs- und

Kaufpreis zu verdienen (Differenzgeschäft).[232]

Anders formuliert: »Beim Leerverkauf werden Wertpapiere über die Börse verkauft, obwohl der Verkäufer zum Zeitpunkt des Verkaufs die Wertpapiere noch nicht besitzt. Mit dieser Strategie kann der Verkäufer mit überdurchschnittlichen Renditen von fallenden Börsenkursen profitieren.«[233]

Noch immer zu kompliziert? Dann auch hier ein Beispiel eines klassischen Leerverkaufs:

»Ein Leerverkäufer (›Shortseller‹) verkauft über die Börse 1000 Aktien der Mustermann AG zu einem Kurs von 100 Euro. Liefern muss er die Wertpapiere aber erst drei Tage später. Sinkt der Kurs der Wertpapiere zwischen Verkauf und Liefertermin auf 90 Euro, hat der Leerverkäufer 10 000 Euro (vor Transaktionskosten und ›Finanzierungskosten‹) Gewinn erzielt.«[234]

Seit dem 27. Juli 2010 sind ungedeckte[235] Leerverkäufe in Aktien und bestimmten Schuldtiteln in Deutschland verboten.[236] Dach-Hedgefonds dürfen grundsätzlich vertrieben werden, Single-Hedgefonds hingegen nicht.[237]

Das Ziel der Hedgefonds ist nicht, *maximale,* sondern *stetige* Gewinne in *allen* Börsenphasen zu erwirtschaften.[238]

Vor- und Nachteile von Private-Equity- und Hedgefonds:

Pro

- Wenig bis gar keine staatlichen Anlagerestriktionen, daher mehr Möglichkeiten für »konstruktive« Anlageentscheidungen
- Überdurchschnittlich hohe Renditen können erzielt werden (vereinzelt sogar zweistellig)[239]
- Auch bei fallenden Börsenkursen *kann* durch Wertpapierleerverkäufe oder Verkauf von Futures eine Steigerung der Rendite erreicht werden[240]
- Diese Art von Fonds hielt sich in Börsenkrisen besser als die meisten Aktienindizes[241]

- Sicherer als Aktienfonds durch deutlich geringere Volatilität
- Sicherheit durch eine breite Streuung (bei Fonds)
- Alternative zu herkömmlichen Anlagen

Contra

- Als *Direkt*investment gewöhnlich nur für sehr vermögende Privatkunden oder institutionelle Anleger offen[242] (außer bei Fonds)
- Oft nicht transparent (Hedgefonds)
- Hohes Risiko (Hedgefonds)
- Teil- oder Totalverlust möglich (außer bei Fonds)
- Illiquide: Fondsanteile können nur zu bestimmten Zeitpunkten verkauft werden
- Keine staatliche Kontrolle und Anlagerestriktionen (für Sicherheitsbewusste)
- Nur sehr begrenzte gesetzliche Publikationsvorschriften
- Managementgebühren zwischen 1,5 und zwei Prozent bei Hedgefonds und bis zu sechs Prozent bei Private-Equity-Fonds[243]
- Zusätzliche performanceabhängige Vergütungen, die bis zu 20 Prozent des Jahresgewinns ausmachen können[244]
- Laut der Ratingagentur *Moody's* ist die Verschuldung der eingekauften Unternehmen nach der Übernahme oft gefährlich hoch[245]
- Anlageerfolg hängt *hauptsächlich* vom Geschick der Fondsmanager ab
- Investitionen in Schwellenländer sind mit einem höheren Risiko behaftet, da sie häufig günstiger bewertet und deren Börsen zudem weniger reguliert sind[246]

Der Unterschied zwischen Private-Equity- und Hedgefonds lässt sich mit wenigen Worten erklären:

»Während Private-Equity-Investments im Kern darauf ausgerichtet sind, Kapital intelligent in den unternehmerischen Wertschöpfungsprozess einzubringen und so Werte zu schaffen, beschäftigen sich Hedgefonds mit Spekulationen um das Schwanken von Angebot und Nachfrage um den Wert.«[247]

Fazit: Die Fachautoren Werner Bareis und Niels Nauhauser kommen zu folgender Beurteilung: »Private-Equity- und Hedgefonds können sich den Marktentwicklungen nicht entgegenstemmen, kosten hohe Gebühren und sind nichts für den ›normalen‹ Anleger«.[248] Aber ganz so negativ würde ich Private-Equity- und Hedgefonds nicht sehen, denn für konservative und vermögende Investoren können sie eine Alternative darstellen, wenn sie mit einem höheren Risiko leben können. Auch eine *moderate* Beimischung in ein bereits vorhandenes Portfolio kann sinnvoll sein. Ich persönlich tendiere zu Private-Equity-Fonds, mit denen das Risiko minimiert werden kann.

DERIVATE

Derivate

Ein Derivat ist ein Finanzinstrument, dessen Preis vom Kurs anderer Anlageobjekte (Underlyings oder Basiswerte) abgeleitet wird.[249] Der Wert oder Preis eines Derivats ist also an die Wertentwicklung von Börsen- und Rohstoffindizes, Aktienkurse, Edelmetallpreise oder bestimmte Ereignisse gekoppelt.[250]

Der Preis eines Derivats ist an die Wertentwicklung von Indizes, Kurse oder bestimmte Ereignisse gekoppelt.

Ausführlicher erklärt dies das *Gabler Wirtschaftslexikon:* »Hier handelt es sich um Termingeschäfte auf der Grundlage von bestimmten Basiswerten (Underlyings). Der Begriff *Derivate* (lateinisch von derivare = ableiten) bezieht sich also auf Finanzinstrumente, deren Preis beziehungsweise Kurs von einem ihnen jeweilig zugrunde liegenden Marktgegenstand als Basiswert abgeleitet wird. Derivative Finanzinstrumente: Termingeschäfte auf der Grundlage von bestimmten Basiswerten (Underlyings). Dabei kann es sich um Festgeschäfte oder Optionsgeschäfte handeln. Unter wertpapieraufsichtsrechtlichen Aspekten gemäß § 2 II im WpHG (vergleiche auch bankaufsichtsrechtlich § 1 XI KWG) handelt es sich um Derivate, sofern ihr Preis unmittelbar oder mittelbar abhängt von

❶ dem Börsen- oder Marktpreis von Wertpapieren,
❷ dem Börsen- oder Marktpreis von Geldmarktinstrumenten,
❸ Zinssätzen oder anderen Erträgen,
❹ dem Börsen- oder Marktpreis von Waren oder Edelmetallen,
❺ dem Preis von Devisen.

Auch Financial Swaps und die von ihnen abgeleiteten Geschäfte wie Cap, Floor und Collar lassen sich auf die Grundformen Festgeschäft und Option zurückführen.«[251]

Und weiter: »Unter die derivativen Geschäfte fallen:

- Devisentermingeschäfte
- Aktienindex-Futures
- Aktienindex-Optionen
- Aktienoptionen
- Caps, Collars, Floors (Caps: Vertragliche Vereinbarungen einer Zinsobergrenze zwischen zwei Partnern, wodurch sich der Käufer gegen ein Ansteigen über die Zinsobergrenze absichert, aber von fallenden Zinsen profitieren will. Gegensatz: Floors, Collars)[252]
- Edelmetall-Futures
- Edelmetall-Optionen
- Forward Rate Agreements (Zinsausgleichsvereinbarungen, bei denen für eine künftige Mittelaufnahme oder -anlage ein bestimmter

Zins, die Forward Rate, vereinbart wird)[253]
- Swap-Geschäfte (eine besondere Form des Devisenaustauschgeschäfts, bei dem ein Partner einem anderen sofort Devisen zur Verfügung stellt und gleichzeitig der Rückkauf zu festem Termin und Kurs vereinbart wird)[254]
- Swaptions (Optionen auf Zinsswaps)[255]
- Warentermingeschäfte
- Zinsoptionen
- Zinstermingeschäfte

Die derivativen Geschäfte sind (mit Ausnahme der Stillhalteverpflichtungen bei Optionsgeschäften, die der Natur der Sache nach kein Adressenausfallrisiko und damit kein Kreditrisiko beinhalten) grundsätzlich als Kredite im Sinn des § 19 I 1 KWG einzustufen.«[256]

Derivative Geschäfte sind als Kreditgeschäfte einzustufen.

Nach Informationen des Deutschen Derivate Verbands betrug das eingesetzte Vermögen der Investoren bei 35 2687 angebotenen Produkten 125 Milliarden Euro im ersten Halbjahr 2011.[257]

Viele Derivate sind Hebelprodukte, die auf die Veränderung des Basiswerts spekulieren. Wieder sehr kompliziert, oder? Deshalb ein Beispiel aus *Crashkurs Börse:*

»Sie kaufen sich für 1,40 Euro ein Hebelzertifikat, das auf einen steigenden DAX setzt. Jeder Punkt im DAX ist einen Cent im Zertifikat wert. Zum Zeitpunkt des Kaufs steht der DAX bei 7000 Punkten. Steigt er nun auf 7140 Punkte, so bedeutet das für den DAX ein Plus von zwei Prozent. Das Hebelzertifikat honoriert 140 Punkte mit 1,40 Euro. Damit hat sich der Kurs verdoppelt.«[258]

Doch als Hebelprodukte sind Derivate nicht ausreichend erklärt. Wichtig ist auch ihre Funktion als Absicherungsinstrument. Mit ihrer Hilfe können etwa Aktienpositionen oder ein Depot gegen Verluste abgesichert werden.

»Wie geht das nun wieder?« werden Sie sich vielleicht fragen, deshalb auch hierzu ein Beispiel aus dem bereits genannten Buch *Crashkurs Börse:*

> »Sie haben ein Depot, das insgesamt 10 000 Euro wert ist. Sie haben hauptsächlich im DAX investiert. Nun haben Sie Angst, dass der DAX fallen könnte, wollen aber Ihre Aktien nicht verkaufen. Alternativ können Sie Ihr Depot auch über ein Hebelprodukt absichern, das auf fallende Kurse setzt.«[259]

Mit den entsprechenden Zahlen können Sie sich das noch leichter vorstellen:

> »Nehmen wir wieder an, der DAX steht anfangs bei 7000 Punkten. Sie erwerben nun ein Hebelprodukt zum Kurs von 7,00 Euro. Das Papier gewinnt bei fallenden Kursen. Sie investieren 1000 Euro. Nun fällt der DAX um zehn Prozent. Ihr Depot macht diese Entwicklung analog mit. Damit haben Sie 1000 Euro verloren. Die 700 Punkte, die der DAX fällt, setzt Ihr Hebelprodukt in 7,00 Euro um. Es hat sich im Wert verdoppelt. Sie haben 1000 Euro verdient und den Verlust des Aktiendepots damit wettgemacht.«[260]

Außerdem können Sie mit Derivaten auf bestimmte Ereignisse und Basiswerte (zum Beispiel Bauholz, Weizen und so weiter und so fort) spekulieren, in die Sie direkt nicht investieren könnten.[261] Es gibt jedoch so viele verschiedene Derivate, dass die Besprechung jedes einzelnen den Rahmen dieses Buches sprengen würde. Deshalb beschränke ich mich auf die zwei wichtigsten Gattungen (für Privatanleger):

❶ Optionsscheine
❷ Zertifikate

Optionsscheine

Auch der Optionsschein[262] ist ein Hebelprodukt. Wenn Sie einen Optionsschein erwerben, kaufen Sie damit das Recht, die bestimmte Menge eines Basiswertes (etwa Aktien, Währungen, Indizes) zu einem vorher festgelegten Kurs zu kaufen[263] oder zu verkaufen.[264] Optionsscheine sind aber auch noch mehr: Sie können als eine Art »Versicherung« gegen sinkende Kurse eingesetzt werden. Sie gewinnen also an Wert, wenn die Kurse fallen. Diese Absicherung ist aber teuer und kann für ein Jahr schon einmal zehn bis 15 Prozent des Aktienwertes kosten. Das heißt im Umkehrschluss: Erst wenn der Index diese Prozentzahlen verliert, rechnet sich diese Absicherung.[265]

Investmentbanken sind Herausgeber (Emittenten) von Optionsscheinen, die direkt mit anderen Herausgebern oder an den Börsenplätzen gehandelt werden. Die Banken haben dabei gegenüber den Käufern verschärfte Informationspflichten, da Optionsscheine als Derivate vom Gesetzgeber als besonders risikoreich klassifiziert werden.[266]

Zertifikate

Ein Zertifikat ist eine Inhaberschuldverschreibung oder Anleihe und ermöglicht Anlegern die Teilnahme an der Kursentwicklung bestimmter Wertpapiere oder anderer Finanzinstrumente. Zertifikate sind auch strukturierte Papiere, hinter denen zum Beispiel andere Finanzprodukte stecken.[267] Sie gehören deshalb zu den Derivaten, die von Emittenten herausgegeben werden, zwischen denen zum überwiegenden Teil auch der Handel erfolgt.[268]

Zertifikate zählen in Deutschland zu den erfolgreichsten Anlageprodukten.[269] 2007 betrug das Zertifikatsvolumen 139 Milliarden Euro, 2011 noch rund 110 Milliarden Euro.[270]

Zertifikate gehören in Deutschland zu den erfolgreichsten Anlageprodukten.

Dem Optionsschein gleichwertig ist das *Hebelzertifikat.* Mit diesen Finanzinstrumenten kann man auf steigende oder fallende Kurse des Basiswerts »wetten«. Doch wie bei anderen Hebelprodukten kann man hier viel gewinnen, aber auch viel verlieren.

Doch es gibt noch eine Reihe anderer Zertifikate, einige davon sind:

- Turbozertifikate
- Mini-Futures
- Discount-Zertifikate
- Kursindexzertifikate
- Doppel-Discount-Zertifikate
- Bonuszertifikate
- Themenzertifikate
- Expresszertifikate
- Kapitalschutzzertifikate
- Sprintzertifikate
- Trackerzertifikate
- Rohstoffzertifikate (Exchange Traded Commodities, siehe unten)
- Airbag-Zertifikate
- Outperformance-Zertifikate
- Butterfly-Zertifikate
- Korbzertifikate
- Strategiezertifikate
- Alphazertifikate
- Indexzertifikate
- Unlimited-Zertifikate
- Open-End-Zertifikate
- Garantiezertifikate und viele mehr[271]

Vor- und Nachteile von Derivaten:

Pro

- Absicherung gegen Wertverluste
- Absicherung gegen zukünftige Preisschwankungen des Basiswerts
- Absicherung des Verkaufspreises zukünftig zu produzierender Güter
- Absicherung des Einkaufspreises zukünftig benötigter Rohstoffe
- Chancen für Arbitrage-Gewinne (durch Ausnutzung von Preisdifferenzen zwischen Kassa- und Terminmarkt)
- Geringerer Liquiditäts- und Kapitaleinsatz
- Hohe Gewinne in kurzer Zeit sind möglich

Contra

- Nichts für Anfänger
- Markt ist unübersichtlich
- Privatanleger haben keinen Zugang zu bestimmten Instrumenten[272]
- Eingeschränkte Vergleichsmöglichkeiten[273]
- Risikowetten
- Emittentenrisiko
- Die korrekte Einschätzung des Basiswerts ist sehr schwierig[274]
- Komplexitätsrisiko (Intransparenz bei manchen Produkten)
- Es können viele versteckte Gebühren enthalten sein, die niemand nachrechnen kann[275]
- Hohe Verluste sind möglich
- Optionsscheine können als wertlos verfallen
- Hohe Kosten der Absicherung (bei Optionsscheinen)
- Bonus kann verfallen (bei Bonuszertifikaten)
- Totalverlust möglich
- Es ist nicht bekannt, was am Fälligkeitstermin zurückfließt[276]

Fazit: Derivate sind höchstkomplexe Finanzprodukte und absolut *nichts* für Anfänger. Sogar viele Profis »verzocken« sich tagtäglich. Prof. Max Otte von der Fachhochschule Worms kommt zu der folgenden, zugegeben sehr negativen Schlussfolgerung: »Ich würde Derivate und Zertifikate für Privatanleger verbieten oder zumindest sehr streng reglementieren.«[277] Auf der anderen Seite kann man mit ihnen *sehr* viel Geld verdienen, und genau das verlockt viele Anleger, sich immer wieder darauf einzulassen.

Derivate sind nichts für Anfänger!

ANLEIHEN

Eine Anleihe (Bond) ist eine Art Schuldverschreibung. Der Käufer (Schuldner) einer Anleihe »leiht« einem Unternehmen (Unternehmensanleihe), einer Bank (Bankanleihe) oder einem Staat (Staatsanleihe) Geld. Es wird der Zeitpunkt festgelegt, wann das Geld (mit Zinsen) zurückgezahlt werden muss. Der Schuldner muss die Anleihe aber nicht bis zur Fälligkeit behalten, sondern kann sie auch vorher an der Börse verkaufen.[278] Anleihen sind also ein klassisches Instrument, um Fremdkapital ohne Bereitstellung zusätzlicher Sicherheiten (wie etwa bei einem Bankkredit) zu beschaffen.

Schon im 14. Jahrhundert liehen sich die italienischen Stadtstaaten Geld bei ihren Bürgern, damit sie Kriege führen konnten. Das Prinzip der Anleihe war geboren, aber auch das der Staatsverschuldung, denn um neue Kriege bezahlen zu können, lösten die Stadtstaaten einfach ihre alten Anleihen mit immer neuen ab. So wurden also Schulden mit Schulden bezahlt.[279] Daran hat sich bis heute nichts geändert.

Schulden werden mit Schulden bezahlt.

Staatsanleihen

Ich möchte Sie natürlich nicht damit langweilen, weil Sie das bestimmt schon x-mal gehört haben, aber vor zehn Jahren hätte man mich noch dafür gekreuzigt, wenn ich behauptet hätte, Staatsanleihen sind *nicht* sicher.[280] Früher galten diese (jedenfalls bei den meisten europäischen Ländern) als »bombensicher«. Doch die Zeiten haben sich geändert. Heute tragen Staatsanleihen bestimmter Länder beinahe ein höheres Risiko in sich als die höchst spekulativen Derivate. Schon Gerüchte, dass ein Staat in Finanznot geraten *könnte,* reichen aus, um seine Anleihenkurse fallen zu lassen, weil dann niemand mehr seine Bonds halten will. *Vertrauen* und *Misstrauen* sind schon seit Jahrhunderten *die* wichtigsten Parameter, wenn es um die Werthaltigkeit von Staatsanleihen geht.

Staatsanleihen mancher Länder sind zwischenzeitlich spekulativer als Derivate.

Staatsanleihen und Staatsschulden

Täglich hören wir Meldungen über immer höhere Staatsschulden, doch nur wenige wissen, was eigentlich hinter diesem Begriff steckt. Bei wem ist der Staat überhaupt verschuldet und warum profitieren ausgerechnet die Banken von dem Zusammenbruch des Finanzsystems, den sie selbst herbeigeführt haben?

Bei wem ist der Staat eigentlich verschuldet?

Zunächst einmal verschulden sich Bund und Länder dadurch, dass sie Anleihen verkaufen, die sogenannten Bundes- und Länderanleihen oder Staatsanleihen. Jeder Bürger und jedes Unternehmen im In- und

Ausland kann diese Schuldverschreibungen kaufen. Das geht direkt beim Staat oder durch eine dazwischen geschaltete Bank.

Bei der Ausgabe von Staatsanleihen findet ein auktionsähnliches Verfahren statt, in dem die Bank den Zuschlag erhält, die vom Ausgeber der Anleihe den niedrigsten Zins verlangt. Dabei muss sich die Bank dazu verpflichten, die gesamte Anleihe zu übernehmen. Da die Beträge auch Milliardengrenzen übersteigen können und das Volumen für eine einzelne Bank zu hoch wäre, bilden sich Konsortien, Koalitionen oder ganze Bietergruppen.

Die Bürger oder die Käufer (Gläubiger) leihen dem Staat also Kapital und erhalten es als Belohnung nach Ende der Laufzeit plus Zinsen zurück. Oder anders ausgedrückt: Derjenige, der eine Anleihe kauft, gibt dem Staat einen »Kredit«.

Staatsanleihen werden demnach ausgegeben, um die Schulden mit »Fremdkapital« zu tilgen. Aber um die Zinslast der auslaufenden Anleihen bewältigen zu können, werden immer wieder neue Anleihen aufgelegt. Es ist dasselbe Muster wie bei einem Schneeballsystem. Die Entschuldung funktioniert normalerweise so, dass der Staat die Anleihe zurückzahlt und die Schulden damit tilgt. Das ist in der Theorie so, denn die meisten Staaten tilgen nicht, sondern erneuern ihre Schulden, indem sie jedes Jahr zusätzlich neue »draufpacken«, sprich neue Anleihen herausgeben. Die Zinslast erhöht sich also kontinuierlich.

Derjenige, der eine Anleihe kauft, gibt dem Staat einen »Kredit«.

Im Jahr 2010 hat die Bundesrepublik Deutschland auf mehr als 50 Auktionen Anleihen und kurz laufende Geldmarktpapiere in einem Rekordvolumen von rund 340 Milliarden Euro versteigert. Diese wurden von einer Bietergruppe von 33 Banken gekauft, die diese dann meist an institutionelle Investoren weiterveräußerten. Darunter waren die *Citigroup*, die Deutsche Bank, *Merrill Lynch* und UBS.

Die Staatsschuld der Bundesrepublik Deutschland betrug im Jahr 1980 noch 117,5 Milliarden Euro und wird Ende 2011 über zwei Billionen Euro (mit impliziten Schulden sogar 7 Billionen) betragen. Eine ungeheure Steigerung – und das in nur einer Generation! Dennoch gilt Deutschland nach wie vor als einer der sichersten Schuldner der Welt.

Doch durch die Finanzkrise ist ein Paradoxon aufgetreten: Die Banken, die bisher die deutschen Staatsanleihen übernahmen, erhalten nun selbst staatliche Hilfe aus den durch die Staatsanleihen gewonnenen Mitteln. Sie werden also selbst zu direkten Kapitalempfängern. Darüber hinaus erhalten weltweit ebenfalls die Hauptabnehmer-Banken[281] deutscher Staatsanleihen Hunderte von Milliarden Euro Staatshilfe. Kann das auf Dauer gut gehen?

Allgemein ist bekannt, dass der Staat bei Kreditinstituten, Bausparkassen, Versicherungen, Privatleuten und im Ausland verschuldet ist. Doch Genaueres weiß man nicht. Zumindest in Deutschland scheint es ein »Staatsgeheimnis« zu sein, bei wem der Staat eigentlich in der Kreide steht.

»Staatsgeheimnis« Verschuldung

Das Fernsehmagazin *Plusminus* (ARD) fragte bereits im Dezember 2009 bei der Bundesbank nach. Doch diese verwies auf eine Tabelle, die aber nicht konkret aussagte, wer die Anleihen nun tatsächlich hält. *Plusminus:* »Ein letzter Anruf bei den Bundesbankern ergibt: Das sei Geschäftsgeheimnis und dürfe nicht veröffentlicht werden.« Selbst der Wirtschaftsweise Peter Bofinger kannte keine Namen: »Wir können zwar bei einzelnen Banken sehen, dass sie Wertpapiere halten, auch öffentliche Wertpapiere, aber man kann nicht differenzieren, ob das Anleihen des Bundes sind oder Anleihen bei Frankreich oder Griechenland oder anderen Ländern [...].« Zur immer höheren Verschuldung sagte er: »Staaten bauen in der Regel ihren Schuldenstand nicht ab [...] weil sie, wenn die Kredite fällig werden, wieder neue aufnehmen.«[282]

Aber solange die Menschen sparen, muss sich auch jemand anderes verschulden. Das heißt nichts anderes als: Wer mit seinem ersparten Geld Zinsen verdienen will, braucht auf der anderen Seite auch jemanden, der sich für diese Zinsen das Geld leiht. Das kann eine Bank oder ein Unternehmen, aber auch der Staat sein. Und wenn sich private Investoren zurückhalten, dann muss der Staat die Guthaben und das Ersparte der Bürger aufnehmen und es produktiv anlegen – sich also verschulden.

Die Banken profitieren sogar zum Teil von der Krise, die sie selbst verursacht haben: Auf der einen Seite werden Banken subventioniert, denn sie bekommen liquide Mittel von den Zentralbanken zu niedrigen Zinsen und kaufen damit Staatsanleihen mit weit höherer Rendite. Ein gutes Geschäft, vom Steuerzahler garantiert. Die Banker nennen dieses Prinzip »Rekapitalisierung«.[283]

Bundesanleihen (Bunds)

Die Bundesanleihen sind weltweit beliebt und gelten in Krisenzeiten als sicherer Hafen. Institutionelle Anleger antworteten bei einer Umfrage auf die Frage »Wenn Sie eine Veränderung der Anleihen aus EU-Krisenstaaten vorgenommen haben – wie haben Sie dann umgeschichtet?« folgendermaßen:

Deutschland	53,0 %
Frankreich	37,8 %
Skandinavische Länder	25,9 %
Niederlande	23,0 %
Asien ohne Japan	5,9 %
Osteuropa	5,9 %
Sonstige	3,7 %[284]

Das liegt daran, dass die Bundesrepublik Deutschland seit Bestehen ihre Schulden bezahlt hat, was man beileibe nicht von jedem Staat sagen kann. Bunds werden zwar als »sicher« eingestuft, aber Sie ahnen es, die Renditen sind miserabel.

Am 26. September 2011 fiel die Rendite der 10-jährigen Bundesanleihe auf ein historisches Tief von 1,64 Prozent bei einer Inflationsquote von rund 2,5 Prozent.[285] So bieten Bundesanleihen also nicht einmal mehr einen Inflationsausgleich (siehe unten). Real (Zins abzüglich Inflationsrate) sind die Bonds also unverzinst, ja schlimmer noch, negativ verzinst (siehe auch »Exkurs: ›Finanzielle Repression‹«). Doch den Anlegern war das egal, ihnen ging es nur darum, dass ihr Geld »sicher« angelegt war.

Bundesanleihen bieten nicht einmal mehr einen Inflationsschutz.

2010 wurden laut Finanzagentur kurzlaufende deutsche Geldmarktpapiere über knapp 5,7 Billionen Euro umgesetzt. Zinspapiere mit einer Laufzeit von drei Monaten bis 30 Jahren stehen gegenwärtig über 1,1 Billionen Euro aus.[286] Nur für die Anschlussfinanzierung für auslaufende Zinspapiere muss Deutschland jedes Jahr rund 270 Milliarden Euro aufbringen.[287]

Doch am 12. Oktober 2011 fand die 30-jährige Bundesanleihe nicht mehr so viele Abnehmer, wie nötig gewesen wären und am 22. November 2011 blieb Deutschland sogar auf zwei Drittel seiner 10-jährigen Anleihen sitzen.[288]

Tut mir leid, ich muss Ihnen wegen der so hoch gelobten »Sicherheit« der Bundesanleihen noch etwas anderes mitteilen. Lesen Sie es sich durch und entscheiden Sie dann selbst, ob Sie meiner Argumentation folgen wollen oder nicht:

Bundesanleihen sind nicht mehr sicher

Viele Länder sind nicht mehr kreditwürdig. Immer mehr Investoren flüchten in vermeintlich »sichere« Bonds. Dazu gehören vor allem deutsche Bundesanleihen, die seit der Schuldenkrise einen wahren Boom erleben. Deutschland gilt nach wie vor als einer der Top-Schuldner, und seine Anleihen gelten als sicher. Doch sind sie das wirklich?

Viele Länder sind nicht mehr kreditwürdig.

Wem würden Sie im privaten Bereich Ihr Geld borgen? Ich nehme an, demjenigen, dem Sie vertrauen und von dem Sie wissen, dass er den »Kredit« samt Zinsen zurückzahlen wird. Aber würden Sie auch jemandem Ihr Geld leihen, der bereits so viele Kredite aufgenommen hat, dass er schon alleine für die Bezahlung der Zinsen einen neuen Kredit von Ihnen verlangt, weil seine Einnahmen dafür nicht mehr ausreichen? Nun, das ist, vereinfacht ausgedrückt, das Prinzip von Staatsanleihen.

Jetzt warnen Experten vor der nächsten großen Blase, die sich gerade bei Staatsanleihen von vermeintlich solventen Schuldnern wie etwa Deutschland entwickelt. Der Grund für die Blasenbildung: Viele Investoren fürchten Zahlungsausfälle von maroden europäischen Staaten wie Griechenland, Irland, Portugal oder anderen und kaufen stattdessen lieber deutsche Staatsbonds.

Doch Vorsicht: Riskant sind vor allem die »Langläufer«, die erst in 30 oder noch mehr Jahren vom Bund zurückgezahlt werden sollen. Das jedenfalls meinen Experten und geben dafür folgende Gründe an: Die Bevölkerungsstruktur wird sich bis 2040 stark verändern. Die Quote der Menschen im erwerbsfähigen Alter wird hierzulande nur noch bei 45 Prozent liegen, so prognostiziert die UN. Derzeit liegt sie bei rund 53 Prozent.

Riskant sind Langläufer.

Aber wer soll dann die Schulden bedienen? Freuen kann sich der Halter dieser Bonds auch nicht, wenn die Rendite steigt. Denn wenn dieser Anstieg nur ein Prozent betragen würde, verlöre die 30-jährige Bundesanleihe 14 Prozent an Wert und der Bund rund 17 Milliarden Euro an Mehrbelastung. Denn der EZB wird in Zukunft nichts anderes übrig bleiben, als die Leitzinsen zu erhöhen, um die steigende Inflation in den Griff zu bekommen. Eine steigende Rendite bedeutet aber auch, dass es für den deutschen Staat immer teurer werden wird, sich auf den internationalen Finanzmärkten Geld zu leihen. Doch am 8. Dezember 2011 *senkte* die EZB den Leitzins zunächst einmal völlig überraschend von 1,25 auf 1,00 Prozent[289] und verließ damit das Primat der

Inflationsbekämpfung zugunsten der Konjunkturankurbelung aus Sorge vor einer neuen Rezession.

So historisch niedrig, wie die Zinsen momentan sind, werden sie wohl nicht mehr lange bleiben. Die Verschuldung des Bundes ist im Zuge der Wirtschafts- und Finanzkrise seit 2008 bereits um knapp 19 Prozent gestiegen. Hinzu kommt, dass die Bundesanleihen seit der Irlandkrise nicht mehr als »Schutzburg« dienen und sich die Bonität Deutschlands verschlechtert. Auch die Bundesbank warnt vor dramatischen Folgen für den Staat, denn der Anstieg des derzeit sehr niedrigen Zinsniveaus sei »sogar relativ schnell mit Haushaltsbelastungen in Milliardenhöhe verbunden«, zudem käme die Bundesregierung wegen der Schuldenbremse zusätzlich unter Druck.

Die Verschuldung des Bundes ist aufgrund der Finanzkrise bereits um 19 Prozent gestiegen.

Grund dafür sind die vielfältigen Garantieübernahmen des deutschen Staates: für Griechenland bis zu 22 Milliarden Euro, für das Irland-Rettungspaket zehn Milliarden Euro, für Portugal 14,5 Milliarden Euro, für den EU-Rettungsschirm 123 Milliarden Euro und für dessen Erweiterung 211 Milliarden Euro. Zusätzlich die Kosten aus dem teilweisen Schuldenerlass Griechenlands und die Hebelung des EFSF, die Ende 2011 von den europäischen Staats- und Regierungschefs beschlossen wurde. Dazu kommen noch viele Milliarden Euro für die Rettung der eigenen Banken. Je stärker also der europäische Rettungsschirm beansprucht wird, desto kritischer werden die Anleger den Hauptbürgen – also Deutschland – bewerten. Dazu kommt auch noch die Angst einiger Investoren, dass die bisher hohe Qualität deutscher Anleihen durch die vielen Rettungsmaßnahmen immer mehr verwässern könnte.

Sollte das EU-Hilfspaket tatsächlich in vollem Umfang abgerufen werden, wird sich die Wahrnehmung der Investoren deutlich verändern. Das Risiko, das Deutschland auf sich genommen hat, würde dann in die Kurse eingepreist. Wie schnell das gehen kann, zeigte die

Reaktion der Rating-Agentur *Standard & Poor's* (S&P), die auch Deutschland ins Visier nahm. Ende September 2011 warnte sie davor, dass eine Ausweitung des EU-Rettungsschirms EFSF sich negativ auf die deutsche Kreditwürdigkeit auswirken könnte. Die Begründung klang ernst: Man erreiche den Punkt, wo der Garantie-Ansatz an seine Grenzen stoße, hieß es. S&P warnte Deutschland ausdrücklich davor, die eigene Wirtschaftskraft zu überschätzen. Die Erweiterung des Rettungsschirms von 440 auf 780 Milliarden Euro mit einer deutschen Haftung von insgesamt 211 Milliarden Euro stand dabei im Mittelpunkt der Einschätzung der Ratingagentur.[290] Am 6. Dezember 2012 drohte S&P sogar mit der Herabstufung der deutschen Bonität und senkte auch den Ausblick für weitere 14 Euro-Staaten auf »negativ«. Der Countdown begann.

Ratingagenturen haben Deutschland im Visier.

Deutsche Bonds bergen also unkalkulierbare Risiken. Überlegen Sie es sich also gut, ob Sie die »sicheren« Bundesanleihen kaufen oder nicht.[291] Der nun folgende Exkurs sollte Ihnen ebenfalls zu denken geben.

Exkurs: »Finanzielle Repression«

In den meisten Industrieländern grassiert eine neue Krise, die es in dieser konzentrierten Form noch nicht gab: gigantische Staatsverschuldungen. Immer mehr Staaten stehen vor dem Ruin. Die »normalen« finanzpolitischen Instrumente sind so gut wie ausgereizt. Unter Experten macht bereits ein neuer Begriff die Runde: finanzielle Repression.

Wenn der Staat absichtlich Finanzmärkte behindert und so das Wirtschaftswachstum beeinflusst, nennt man das »finanzielle Repression«. Beispiel China: Hier legt die Regierung fest, wie hoch die Guthaben- und Darlehenszinsen sind. Das freie Spiel der Märkte wird somit ausgehebelt. Ist die Inflationsquote höher als der Sparzins, werden die Vermögen der Anleger entwertet, der Staat allerdings entschuldet sich auf deren Kosten.

Staatlich beeinflusste Finanzmärkte

Weitere Instrumente der »finanziellen Repression« sind beispielsweise ein Verbot, im Ausland Werte zu kaufen oder dort Geld zu leihen. Für die heimischen Banken gibt es somit keine internationale Konkurrenz. Diese kollektive Monopolstellung kann wiederum ein Nachteil für die Kunden sein, da es quasi keinen Wettbewerb unter den Kreditinstituten mehr gibt. Doch auch das Geschäftsgebaren der Banken ist reglementiert. Sie dürfen nur in bestimmte vorgeschriebene Projekte investieren. Strenge Kapital- und Liquiditätsvorschriften binden viel Kapital in Staatsanleihen und Rücklagen bei der Zentralbank. Häufig dürfen die Kreditinstitute ihr Geld nur jenen Branchen verleihen, die von der Regierung bevorzugt werden, und das oft zu Zinsen, die unter dem marktüblichen Durchschnitt liegen.

Auch die Europäische Zentralbank (EZB) befindet sich in einer prekären Situation. Einerseits muss sie durch Zinserhöhungen die finanzielle Stabilität wahren, um so die anziehende Inflation in den Griff zu bekommen, andererseits sind steigende Zinsen eine hohe Belastung für die schon vor der Zahlungsunfähigkeit stehenden EU-Länder wie Griechenland, Portugal und Irland. Wir erkennen darin ein Dilemma, das sich nicht lösen lassen wird: Die einheitliche Geldpolitik der EZB kann nicht auf alle so ökonomisch unterschiedlichen Mitgliedsländer angewendet werden.

Eine hohe Inflation hilft andererseits den Staaten, ihre Schulden abzubauen, wenn die Zinsen niedriger sind als die Preissteigerungsrate.

In den letzten 30 Jahren war es üblich, dass der Leitzins um ein Prozent höher lag als die Inflationsrate. Dies könnte sich bald ändern und Investoren müssten sich an einen Leitzins gewöhnen, der ein bis zwei Prozent *unter* der Inflationsrate liegen könnte. Für die Anleger ist dieser »negative Realzins« der reinste Horror, denn so wird ihnen skrupellos in die Tasche gegriffen.

Beispiel:
Kauft ein Anleger eine zehnjährige Bundesanleihe zu einem Zinssatz von beispielsweise zwei Prozent und berücksichtigt man die Inflationsrate von rund 2,5 Prozent sowie die Kapitalertragssteuer von 25 Prozent, ergibt sich ein negativer Realzins.

Wer Deutschland Geld leiht, muss also mit deutlichen Kaufkraftverlusten rechnen. Dies ist eigentlich eine Umverteilung von den Anlegern zum Staat, oder anders ausgedrückt: eine zusätzliche Steuer auf Ersparnisse. Der Staat hingegen erspart sich viele Milliarden durch niedrigere Zinszahlungen.

Zusatzsteuer auf Ersparnisse

Denken Sie ja nicht, das bisher Geschriebene sei graue Theorie. Das System der »finanziellen Repression« gab es schon einmal in den USA, und zwar am Ende des Zweiten Weltkriegs. Dies galt sogar bis in die 1980er-Jahre hinein. Damals lag die Verschuldung bei 180 Prozent des BIP (heute rund 100 Prozent). Die US-Regierung zwang Banken, Versicherungen und Investmentfonds daraufhin zum Kauf von Staatsanleihen durch folgende »Tricks«:

❶ US-Finanzinstitutionen wurde das Halten von amerikanischen Bonds aus »Sicherheits- und Liquiditätsgründen« zur Pflicht gemacht.
❷ Zinsobergrenzen für Bankeinlagen wurden eingeführt.
❸ Es wurde ein Geldtransferverbot ins Ausland erlassen.
❹ Gold mussten die Besitzer dem Staat zum Festpreis verkaufen.

Durch diese Maßnahmen wurden Anleger zum Kauf von US-Staatsanleihen gezwungen. Das hätte unter normalen Umständen zu einer Erhöhung der Zinsen geführt, da der Staat dies aber unterband, lag der Durchschnittszins unter der Inflationsrate. Anleger machten mit den aufgezwungenen Bonds also Realverluste, da die Teuerung die Erträge quasi auffraß. Doch die hohe Inflation entwertete die Schulden der Regierung. Das war das eigentliche Ziel gewesen.

Da sich die EZB schon längst vom Status einer »unabhängigen Institution« verabschiedet hat und immer mehr zum Handlanger europäischer Politiker wird, ist die Möglichkeit einer erneuten finanziellen Repression, dieses Mal jedoch in ganz Europa, durch die Regulierung der Zinsmärkte zur Schuldentilgung nicht von der Hand zu weisen.[292]

Aber es geht noch weiter:

Banken müssen bald mehr Staatsanleihen kaufen

Aufgrund der Staatsschuldenkrise klingt es wie ein Schildbürgerstreich, aber es ist wahr: Aufgrund der neuen Liquiditätsregeln von Basel III werden die Banken gezwungen, noch mehr Staatsanleihen zu kaufen.

Seit einiger Zeit steht das Thema »Staatsschuldenkrise« an erster Stelle der Risiken auf dem Finanzmarkt. Toxische Kredite und Immobilienblasen sind vorerst nicht mehr so im Fokus der Öffentlichkeit, obwohl auch sie immer noch ein großes Risiko sind.

Für Kreditinstitute stellt die anhaltende Staatsschuldenkrise jedoch die wohl größte Gefahr dar, weil sie den de facto bankrotten Staaten sehr viel Geld geliehen haben. So sinkt der Wert der Anleihen dieser maroden Staaten. Und doch sind Staatsanleihen nach wie vor ein wichtiger Bestandteil der Liquiditätsreserve von Banken, weil sie sich dadurch kurzfristig mit Kapital versorgen können. Zudem akzeptiert die EZB Anleihen als Sicherheit.

Staatsanleihen sind nach wie vor ein wichtiger Bestandteil der Liquiditätsreserve von Banken.

Ab 2015 soll die Rolle der Staatsanleihen als Liquiditätspuffer im Rahmen des Aufsichts- und Regelwerkes »Basel III« sogar noch steigen, weil es Banken quasi »zwingt«, noch mehr Bonds zu kaufen. Mindestens 60 Prozent soll der Anteil von Staatspapieren betragen, der Rest aus Pfandbriefen, Aktien, anderem Stammkapital und Gewinnrücklagen bestehen.

Kernforderung von Basel III ist eine Kernkapitalquote von sieben Prozent bis 2019, aber bereits 2013 sollen die Banken ihre Liquiditätspuffer erweitern. Damit will die EU die 8000 europäischen Banken widerstandsfähiger gegenüber neuen Krisen machen. Qualitativ »besseres« Eigenkapital will man dann jedoch ausgerechnet über den Kauf von noch mehr Staatsanleihen generieren.

Als Investitionsobjekt sind Staatsanleihen bei Banken schon lange beliebt: Wenn bei einem Institut mehr Kunden sparen, als es Kreditnehmer findet, werden die Ersparnisse gerne für sogenannte »Kreditersatzgeschäfte« verwendet. Die Eurozone machte das Spekulieren leicht, denn von der EZB gab es Kapital praktisch zum Nulltarif, mit dem man auch Bonds erwarb, die hohe Renditen versprachen (Griechenland, Irland, Portugal und so weiter).

Doch angesichts drohender Staatspleiten sind Anleihen für Banken nicht mehr der »sichere« Hafen, wie das früher der Fall war. Dennoch werden sie wohl durch die Vorschriften von Basel III dazu gezwungen werden, noch mehr von ihnen zu erwerben. Insider mokieren bereits jetzt, dass in den USA Investoren schon keine Bankaktien aus der Eurozone mehr kaufen wollen und die Vereinigten Staaten die Vorschriften aus Basel III in absehbarer Zeit wohl nicht umsetzen werden.[293]

Firmenanleihen (Corporate Bonds)

Früher waren die Staaten die solventeren Schuldner, noch vor den Unternehmen. Manche Finanzexperten sehen das heute genau andersherum, das Geld in soliden Unternehmen sei besser aufgehoben als in Staatsanleihen, und begründen dies wie folgt:

- Staatsanleihen bringen heutzutage weniger Rendite als Firmenbonds.
- Unternehmen sind transparenter als Staaten.

- Unternehmen sind berechenbarer als Staaten.[294]
- Die meisten Unternehmen sind nicht so hoch verschuldet wie Staaten.

Sind Firmenanleihen sicherer als Staatsanleihen?

In Deutschland geben immer mehr mittelständische Unternehmen als Alternative zu einem (teuren und besicherten) Bankkredit Anleihen heraus. Aber Unternehmen ist nicht gleich Unternehmen. Hier einige Tipps, auf was Sie achten sollten:

- Bonität (Anhaltspunkt dafür sind die Bonitätsnoten der Ratingagenturen)[295]
- Unternehmensgröße
- Wettbewerbsfähigkeit
- Stabile Cash-Flows
- Überschaubarer Verschuldungsgrad
- Zukunftsfähiges Geschäftsmodell
- Möglichst globale Aufstellung

Aber auch bei Firmenanleihen gilt: Die Rendite ist niedrig. Lediglich zwei bis drei Prozent werfen diese im Durchschnitt ab.

Kursrisiken bei Anleihen

Sie werden es wohl kaum glauben, aber auch beim Kauf einer so »sicheren« Anleihe kann es ein Kursrisiko geben, wenn diese an der Börse gehandelt wird und Sie vorzeitig an- oder verkaufen. Nicht nur, wenn es Gerüchte um eine bevorstehende Insolvenz oder gar einen Staatsbankrott gibt, fallen die Kurse, sondern auch wenn die Zinsen am Markt steigen. Der Kursverlust ist dann desto größer, je länger die Restlaufzeit der Anleihe ist.[296] Aber es gibt bei Anleihen noch etwas anderes zu beachten, wenn die Marktzinsen steigen. Das möchte ich Ihnen an einem Beispiel deutlich machen:

> Sie haben 2010 eine Anleihe für 1000 Euro gekauft und erhalten jährlich einen Zins von sagen wir mal zwei Prozent. Die Zinsen am Markt sind zwischenzeitlich aber auf drei Prozent gestiegen. Das heißt, der Marktzins ist höher als die Verzinsung Ihrer Anleihe. Das kann sich natürlich auch wieder ändern. Aber Sie brauchen jetzt Geld. Verkaufen geht aber nicht, denn Sie werden niemanden finden, der Ihren Zweiprozenter kauft, wenn es am Markt drei Prozent Zinsen gibt. Das werden Sie sicherlich verstehen. Was also *müssen* Sie tun, wenn Sie die Anleihe zu Geld machen wollen? Richtig, Sie müssen unter dem Einkaufspreis verkaufen, sagen wir mal um 990 Euro, damit der Käufer den Zinsnachteil ausgeglichen bekommt.

Umgekehrt aber sind auch die Kursgewinne desto größer, je mehr die Zinsen fallen.[297] Wer dieses Risiko minimieren möchte, der sollte nur kurzfristig laufende Anleihen kaufen, dafür gibt's dann aber auch weniger Zinsen.

Dirk Müller hat in seinem Buch *Cashkurs* eine Checkliste für Unternehmens- und Staatsanleihen veröffentlicht, die sich mit bestimmten Fragestellungen vor dem Erwerb von Anleihen beschäftigt:

- Wie ist die Ratingquote?
- Wie hat sich das Rating entwickelt?
- Wie hat sich die Wirtschaft entwickelt?
- Wie hoch ist die Verschuldung?
- Wie hoch ist die Neuverschuldung?
- Wie stabil sind die politischen Verhältnisse?[298]

Was also spricht für und was gegen Anleihen?

Pro

- (Noch) relativ hohe Sicherheit bei Bundesanleihen, die durch den Bund vor Konkurs geschützt sind[299]
- Relativ hohe Sicherheit bei guten Unternehmensanleihen
- Gute Liquidität durch flexible Laufzeiten
- Täglicher Verkauf möglich (dann aber mit Kursrisiko)
- Unkompliziert
- Einsparung von Depotkosten (bei Bundeswertpapieren, da sie direkt bei der Bundesfinanzagentur bestellt werden können)
- Mündelsicher (bei Bunds)
- Kein Anlagehöchstbetrag
- (Feste) Verzinsung

Contra

- Kursrisiken (wenn Anleihen an der Börse gehandelt werden)
- Niedrige Rendite (häufig unter der Inflationsquote)
- Emittentenrisiko (Staaten/Unternehmen können pleitegehen)
- Währungsrisiko
- Von Ratings abhängig
- Zinsänderungsrisiko aufgrund der Ungewissheit über die zukünftige Marktzinsentwicklung[300]
- Kosten für Wertpapierdepot
- Ankaufs- und Verkaufskosten
- Ausfallrisiko wird von der Bank auf den Anleger abgewälzt[301]

Fazit: Viele Experten klassifizieren Bundeswertpapiere, Staats- und Unternehmensanleihen für eine mittel- bis langfristige Kapitalanlage immer noch als »geeignet« und »sicher«.[302] Besonders konservativ eingestellte Anleger favorisieren diese Wertpapiere und akzeptieren für die Sicherheit eine kleinere Rendite. Doch die teils negative Realrendite und die vermehrten Risiken durch Konjunkturabschwächungen und Staatsverschuldungen machen sie keineswegs mehr zu den »sichersten« Anlagen und sollten nur punktuell im Portfolio gehalten werden.

DEVISEN

Das Thema Devisen ist sehr kompliziert und komplex. Ich will aber versuchen, Ihnen diese umfangreiche Materie so einfach wie möglich näherzubringen.

Zunächst möchte ich Ihnen erklären, was der Ausdruck »Devisen« überhaupt bedeutet: Er bezeichnet Buchgeld (Kontoguthaben, Wechsel, Schecks), das auf ausländische Währung lautet. Als »Sorten« hingegen bezeichnet man Fremdwährungen in Form von Bargeld (Münzen, Banknoten).[303] Devisen werden auf dem Devisenmarkt (FX- oder Forex-Markt) gehandelt. London ist dafür der bedeutendste Handelsplatz.[304] Die Devisenmarktteilnehmer sind folgende:

- Geschäftsbanken
- Unternehmen
- Bankfremde Finanzdienstleister/Broker (Makler)
- Zentralbanken[305]

Die Preise, zu denen die Währungen gehandelt werden, sind die Wechselkurse. In diesem Zusammenhang interessieren die Fragen: Wie viel kostet zum Beispiel ein Dollar in Euro oder wie viele Dollar bekommt man für einen Euro?[306]

Die Preise, zu denen die Währungen gehandelt werden, sind die Wechselkurse.

»Wechselkurssystem« hingegen nennt man die Regelung des Umgangs einer Regierung mit ihrem Wechselkurs. Hierbei unterscheidet man:

❶ *Fester Wechselkurs:* Eine Regierung hält den Wechselkurs gegenüber anderen Währungen genau oder nahe einer bestimmten Zielgröße.

❷ *Flexibler Wechselkurs:* Eine Regierung überlässt den Wechselkurs ohne Eingriffe dem Devisenmarkt. Dieser wird dann durch Angebot und Nachfrage gebildet.[307]
❸ *Nominaler Wechselkurs:* Verhältnis, zu dem man die Währung eines Landes gegen eine andere tauschen kann.[308]
❹ *Realer Wechselkurs:* Verhältnis, zu dem man Güter und Dienstleistungen aus einem Land gegen Güter und Dienstleistungen eines anderen Landes eintauschen kann.[309]

Noch andere Begriffe sind für das Verständnis einer Wechselkurspolitik wichtig:

- *Konvertibilität:* So wird die Möglichkeit beschrieben, Währungen unbeschränkt untereinander umzutauschen.[310]
- *Second-Rank-Währungen:* Währungen, die nur mit Einschränkungen oder nicht frei konvertierbar sind.[311]
- *Geldkurs:* Ankaufskurs[312]
- *Briefkurs:* Verkaufskurs[313]
- *Devisenbewirtschaftung:* Der Staat regelt den Auslandszahlungsverkehr durch strikte Verordnungen, Verbote und Kontrollen.[314]
- *Devisenmarktinterventionen:* Eine Regierung kauft und verkauft eine Währung auf dem Devisenmarkt.[315]
- *Devisenreserven:* Dies sind Fremdwährungsbestände, die Regierungen zur Stützung der eigenen Währung auf dem Devisenmarkt einsetzen, um beispielsweise einen festen Wechselkurs zu generieren.[316] Dies kann aber auch über eine Auf- beziehungsweise Abwertung geschehen, wie wir gleich sehen werden.

Auf- und Abwertung einer Währung – was bedeutet das?

Euro, Dollar, Yen und Schweizer Franken. Warum werten manche Währungen auf und die anderen ab? Welche Folgen haben Währungsturbulenzen? Das möchte ich Ihnen in diesem Kapitel genauer erläutern.

Warum werten manche Währungen auf und die anderen ab?

Eine Währung wird aufgewertet, wenn ihr Preis auf dem Devisenmarkt steigt, und wertet ab, wenn ihr Preis auf dem Devisenmarkt sinkt. Als Auf- und Abwertung bezeichnet man zudem wirtschaftspolitisch herbeigeführte Preisänderungen auf dem Devisenmarkt.

> *Beispiel:*
> Eine Erhöhung der Leitzinsen bewirkt eine größere Nachfrage nach Staatsanleihen des betreffenden Landes. Da die Anleihen in der Währung des Landes bezahlt werden müssen, entsteht gleichzeitig auch eine erhöhte Nachfrage nach dieser Währung und es kommt zu einer Aufwertung. Entsprechend wertet die Währung ab, wenn die Leitzinsen fallen.

- Die *Abwertung* einer Währung gegenüber Fremdwährungen führt zu einer Verbilligung der Exporte und einer Verteuerung der Importe des betreffenden Landes. Eine Abwertung der eigenen Währung fördert Inflationstendenzen.
- Die *Aufwertung* einer Währung hingegen verteuert die Exporte und verbilligt die Importe des jeweiligen Landes. Dies kann für das Land, das seine Währung aufwertet, einen Verlust der Wettbewerbsfähigkeit im Exportbereich bedeuten. Auf der anderen Seite sorgt eine Aufwertung dafür, dass mehr Geld für Importe ausgegeben wird, was die Gefahr einer hohen Inflation und Arbeitslosigkeit mindert.

Ein Staat beziehungsweise eine Notenbank kann also eine *gewollte* Abwertung ihrer eigenen Währung herbeiführen. So können niedrige Zentralbankzinsen die Geldmenge erhöhen. Durch diese »Politik des billigen Geldes« steigt die Geldmenge schneller als die Gütermenge an, was eine – in diesem Fall – »gewollte« Abwertung der Währung zur Folge hat, was die internationale Konkurrenzfähigkeit der eigenen Industrie verbessert. Gegenüber anderen Währungen wird die Inflation also importiert: Die Importgüter verteuern sich, um die einheimische Wirtschaft anzukurbeln. Das billige Geld soll den Konsum und vor allem auch die Investitionstätigkeit der Unternehmen fördern.

Ein Staat kann eine Abwertung seiner eigenen Währung herbeiführen.

Ziel:

- Förderung der eigenen Exporte zur Verringerung des Leistungsbilanzdefizits (Zahlungsbilanz). Da eine Abwertung zu einer Verteuerung der Importe und einer Verbilligung der Exporte des abwertenden Landes führt, kann sie zulasten des Auslands zu einer Erhöhung oder Stabilisierung des Volkseinkommens über den Außenbeitrag instrumentalisiert werden.

Folgen:

- Importe werden teurer, während inländische Produkte für das Ausland billiger werden.

Vorgehensweise:

- In einem System fester Wechselkurse (Wechselkurssystem) erfolgt die Abwertung gewissermaßen amtlich durch Beschluss der Regierungen beziehungsweise der Notenbanken. Der Staat legt also den Wechselkurs fest.
- In einem System mit freien Wechselkursen kommt es zur Abwertung, wenn die Währung eines Landes stärker angeboten als nachgefragt wird. Will der Staat den Kurs der Währung beeinflussen, muss er als Anbieter oder Nachfrager in den Markt eingreifen. Wenn der Kurs hoch bleiben soll, kann die Zentralbank die eigene

Währung aufkaufen. Dazu braucht sie Devisenreserven.
- Bei flexiblen Wechselkursen ergibt sich eine Abwertung quasi automatisch durch Änderung von Angebot und Nachfrage am Devisenmarkt.[317]

Devisen

Ich weiß, es klingt verlockend: Während der deutsche Aktienindex (DAX) bis August 2011 mehr als 30 Prozent verloren hatte, gab er gegenüber den meisten Währungen nur um rund sieben Prozent nach.[318]

Manche von Ihnen werden sich deshalb überlegen, ob Sie in Ihr Depot auch fremde Währungen einbinden sollen. Denn wenn diese gegenüber dem Euro steigen, winken bei der Auszahlung Gewinne. Doch fällt die Währung, realisieren Sie Verluste. Demzufolge sind Devisengeschäfte hochspekulativ, und sogar den Experten fällt es schwer, die zukünftigen Wechselkursveränderungen vorherzusehen.

Devisengeschäfte sind hochspekulativ!

Verschiedene Faktoren bestimmen den Verlauf eines Wechselkurses:

❶ Wirtschaftsleistung
❷ Zinsniveau
❸ Währungsreserven
❹ Finanz- und wirtschaftspolitische Interventionen[319]
❺ Vertrauen der Finanzmärkte
❻ Inflationsrate

Diese Faktoren sind wiederum von anderen Parametern abhängig, um nur einige zu nennen:

- Konjunkturverlauf
- Arbeitslosenquote

- Auftragslage
- Lohnniveau
- Eingriffe der Notenbanken
- Politische Verantwortlichkeit
- Sparquote
- Verschuldungsrate
- Steuereinnahmen
- Sozialausgaben und so weiter

Sie werden mit mir einig sein, dass dies alles nicht einmal Nostradamus vorhersagen könnte. Aber genau das ist das Thema bei Währungen, mit denen *täglich* immerhin für vier Billionen (!) Dollar gehandelt wird.[320]

Anleger weltweit bevorzugen logischerweise Devisen, die sich in der Vergangenheit als besonders »stabil« erwiesen haben und lassen auch die Chancen auf Aufwertung nicht außer Acht. *Die* Fluchtwährung war bislang der Schweizer Franken.

Die Schweiz – Hort der Glückseligen?

Wenden wir uns mal dem »Devisenland Nummer 1« zu, der Schweiz. Viele Briefe und E-Mails erreichen mich mit immer derselben Frage: Ist es sinnvoll, in Schweizer Franken zu investieren? Meine Antwort ist auch immer dieselbe: Devisengeschäfte sind *reine* Spekulationen. Ich weiß, viele geben mir dabei recht, aber *nicht,* was die Schweiz betrifft, da diese seit Jahrhunderten ein Hort der Glückseligkeit zu sein scheint.

Die Schweiz: Devisenland Nummer 1

Dass dies so *war,* ist vielleicht unbestritten, aber die Zeiten haben sich auch für unsere eidgenössischen Freunde geändert. Schuld daran ist, na klar, der Euro:

Würde man weltweit eine Umfrage starten, welches Land die Menschen wohl am krisensichersten einstuften, wäre die Schweiz wohl ganz vorne mit dabei. Das hat gute Gründe, denn bisher scheint unser kleines Nachbarland bewundernswert gut durch die Finanz-, Wirtschafts- und Schuldenkrise zu kommen.

Doch es gab bereits erste Warnschüsse: Die Schweizerische Nationalbank (SNB) hatte nämlich durch ihre Interventionen auf dem Devisenmarkt erhebliche Risiken in ihrer Bilanz aufgebaut. Das wurde bereits im Juni 2010 öffentlich.

Erste Warnschüsse

Seit Beginn der Finanzkrise im Jahr 2008 haben sich die Devisenreserven in der Alpenrepublik auf rund 230 Milliarden Franken mehr als vervierfacht. Damit liegt die Schweiz weltweit schon auf Rang sieben. Die Devisenkäufe werden von der SNB als »Instrument zur Abwehr von Deflationsrisiken« begründet. Der größte Teil davon wurde für Euro-Ankäufe verwendet, um eine Aufwertung des Franken gegenüber der EU-Gemeinschaftswährung zu verhindern, was die schweizerischen Exporte noch stärker belastet hätte. Die Strategie hatte Erfolg, denn innerhalb kurzer Zeit sank der Euro gegenüber der eidgenössischen Währung.

Doch diese Medaille hatte zwei Seiten: Den großen Wertverlust bekam die Schweizer Nationalbank zu spüren, denn der hohe Bestand an Devisenreserven brachte zwangsläufig zusätzliche Währungsrisiken mit sich und eine Schuldner-Konzentration auf nur wenige große Länder. Somit nahmen die Bilanzrisiken insgesamt zu. Offiziell wurde natürlich beruhigt: »Die Nationalbank ist ausreichend mit Eigenkapital ausgestattet, um auch große Verluste auffangen zu können«, sagte SNB-Präsident Philipp Hildebrand. Aber durch die Devisenmarktinterventionen wurde auch die Geldmenge erhöht, was ein Inflationspotenzial schuf.[321]

Hildebrands beruhigende Worte waren dann im September 2011 nur noch Makulatur, denn zu diesem Zeitpunkt gab die Schweiz ihre geldpolitische Souveränität auf, indem sie ihre Währung an den Euro koppelte. Der »Fluch« der europäischen Schuldenkrise traf von da an auch jeden einzelnen Schweizer Bürger.

Die Schweiz gab ihre geldpolitische Souveränität auf und koppelte ihre Währung an den Euro.

Dabei wehrten sich die Schweizer seit dem Jahr 1291 gegen den Einfluss anderer Länder. Sie hielten bis zum 6. September 2011 durch, dem Tag, an dem sie sich auf Gedeih und Verderb dem Euro ausgeliefert haben.

An diesem historischen Tag blieb der Schweizer Nationalbank (SNB) nichts mehr anderes übrig, als den Franken an den Euro zu binden. Sie zog eine Untergrenze von 1,20[322] ein, um die Exporte zu verbilligen. Denn allein 2011 hat die Schweizer Währung gegenüber dem Euro in der Spitze um 20 Prozent aufgewertet. Viele Schweizer Unternehmen vornehmlich aus der Maschinen- und Elektroindustrie hatten ihre Preise bereits bis zu 30 Prozent gesenkt, um ihre Kunden aufgrund des starken Franken noch halten zu können. Wäre das so weitergegangen, hätten rund 30 Prozent dieser Unternehmen rote Zahlen geschrieben und bis zu 25 000 Arbeitsplätze wären bedroht gewesen. Dem steuerte die SNB entgegen und veröffentlichte folgende Pressemitteilung:

»Die gegenwärtig massive Überbewertung des Schweizer Frankens stellt eine akute Bedrohung für die Schweizer Wirtschaft dar und birgt das Risiko einer deflationären Entwicklung. Die Schweizerische Nationalbank strebt daher eine deutliche und dauerhafte Abschwächung des Frankens an. Sie toleriert am Devisenmarkt ab sofort keinen Euro-Franken-Kurs unter dem Mindestkurs von 1.20. Die Nationalbank wird den Mindestkurs mit aller Konsequenz durchsetzen und ist bereit, unbeschränkt Devisen zu kaufen. Der Franken ist auch bei 1.20 pro Euro hoch bewertet und sollte sich über die Zeit weiter abschwächen. Falls die Wirtschaftsaussichten und die deflationären Risiken es erfordern, wird die Nationalbank weitere Maßnahmen ergreifen.«[323]

Diese Fixierung des Wechselkurses bedeutete im Klartext jedoch die Aufgabe der geldpolitischen Souveränität der Schweiz. Anders ausgedrückt: Die Schweiz war der EU nun ausgeliefert. Merkel und Sarkozy regieren als Schatten also in unserem kleinen Nachbarland mit. Eine der weltweit respektabelsten Notenbanken hatte ihre freie Wechselkursbindung aufgegeben. Zudem will sie zukünftig sogar Euro in »unbegrenzter« Höhe aufkaufen, um die eigene Währung zu schwächen. Das könnte teuer werden: Die Zahlen schwanken zwischen 70 und 700 Milliarden Franken.

Die Schweiz war der EU ausgeliefert.

Die SNB ging damit ein großes Risiko ein, denn ihr drohen hohe Buchwertverluste mit katastrophalen Folgen. Ihre Währungsreserven liegen jetzt schon bei 45 Prozent des BIP, die nicht so einfach anzuheben sind, ohne sich ein riesiges Bewertungsrisiko aufzuladen, das sogar das Eigenkapital auslöschen könnte. Bilanziell könnte die SNB also Liquiditätsprobleme bekommen und den Kantonen keine Gewinnausschüttungen mehr gewähren. Diese müssten sich das Geld dann von den Bürgern holen – und zwar durch massive Steuererhöhungen. Spinnen wir diese These einmal weiter: Steuererhöhungen sind Gift für die Konjunktur. Menschen hätten also weniger Geld zum Konsumieren, Unternehmen weniger zum Investieren. Die Folge wären Umsatzeinbrüche und eventuell sogar Arbeitsplatzverluste. Somit rettet die SNB nicht die Exportbranche, sondern verteilt das Risiko auf die gesamte Gesellschaft.

Experten bezweifeln aber, dass die SNB ihren Kurs lange durchhalten wird, zudem widerspricht sie den Statuten der SNB, die das nur eine begrenzte Zeit erlauben. Diesen Expertenmeinungen stelle ich jedoch ein anderes Argument entgegen: Wenn die Spannungen in der Eurozone sich verschärfen, wird der Kapitalfluss in die Schweiz, trotz SNB-Maßnahmen, sogar noch zunehmen.[324]

Im November 2011 zeichnete sich ab, dass die Schweizerische Nationalbank aufgrund von Deflationssorgen den Euro-Franken-Mindestkurs noch einmal anheben könnte.[325]

Es bleibt also festzuhalten, dass die Schweizer nicht nur ihre Währung mit dem Euro gekoppelt haben, sondern auch mit dem Schicksal der EU verbunden sind.

Doch es gibt auch noch andere Möglichkeiten, Devisengeschäfte mit vermeintlich sicheren Währungen zu machen.

Andere beliebte »Fluchtwährungen«

Wenn die wichtigsten Notenbanken der Welt ihre Devisen umschichten, ist es auch für den privaten Anleger höchste Zeit, etwas zu tun. Die bisherigen »Weltwährungen« Dollar und Euro verlieren immer mehr an Bedeutung: Stellte der US-Dollar in seinen besten Zeiten noch 73 Prozent aller weltweiten Devisenbestände aus, sind es heute gerade mal noch 60,7 Prozent. Der Euro konnte sich zwar von 26,2 auf 26,6 Prozent der Devisenbestände steigern, aber das ist wieder einmal nur die halbe Wahrheit, die uns Politiker allenthalben verkaufen. In Wirklichkeit verlor der Euro rund 1,4 Prozent an Bedeutung, da er in einem Hoch 28 Prozent quotierte. Unter dem Strich haben die Notenbanken ihre Euro-Reserven also abgebaut.

Euro und Dollar verlieren immer mehr an Bedeutung.

Gewinner bei Notenbanken und Anlegern sind die Norwegische Krone, der Australische Dollar, die Schwedische Krone, der Schweizer Franken und, wie könnte es auch anders sein: Gold.

Die Wechselkursveränderungen einiger ausgewählter Währungen in Prozent:

- Australischer Dollar: + 15,2
- Schweizer Franken: + 8,2

• Schwedische Krone:	+ 7,0
• Neuseeländischer Dollar:	+ 6,5
• Norwegische Krone:	+ 5,8
• Kanadischer Dollar:	– 4,0
• Japanischer Yen:	– 6,3
• US-Dollar:	– 13,5[326]

Daneben gibt es natürlich auch noch die unsicheren »Spielgeld-« und »Spekulationswährungen«:

• Ungarischer Forint:	+ 13,4
• Polnischer Zloty:	+ 9,4
• Rumänischer Leu:	+ 9,1
• Brasilianischer Real:	+ 7,1
• Tschechische Krone:	+ 6,7
• Südafrikanischer Rand:	+ 4,8
• Russischer Rubel:	+ 0,5
• Mexikanischer Peso:	– 0,6
• Türkische Lira:	– 9,2[327]

Begehrte »Fluchtwährungen« sind inzwischen neben dem Schweizer Franken auch die Norwegen-Krone und der Australische Dollar.

Manche Banken bieten dafür Währungsanlagekonten an. Devisenfonds hingegen investieren in Geldmarktpapiere (also kurz laufende Anleihen) unterschiedlicher Währungen oder schließen Devisentermingeschäfte ab.[328]

Devisenfonds

Diese Art von Fonds investiert in verschiedene Währungen und profitiert von steigenden oder fallenden Devisenkursen. Dabei ist die Strategie des Fonds entscheidend. Diese können auch miteinander gekoppelt werden:

➊ *Value- und Growth-Strategie:* Hier wird entweder auf starken Zuwachs oder auf konservatives Wachstum gesetzt und in solide Währungen (zum Beispiel US-Dollar) investiert.[329]
➋ *Momentumstrategie:* Man setzt auf liquide Währungen (zum Beispiel den japanischen Yen). Mit diesen Niedrigzinsdevisen werden Investitionen in andere Währungen vorgenommen.[330]
➌ *Carry-Strategie:* Ist die riskanteste Anlageform. Die Anlage erfolgt in Hochzinswährungen. Häufig wird das investierte Kapital in Niedrigzinswährungen aufgenommen. Man profitiert dann von den Zinsdifferenzen zwischen den Währungsräumen.[331]

Devisenfonds können gute Gewinne erwirtschaften, unterliegen dafür aber einem unkalkulierbaren Risiko, das durch eine breite Streuung minimiert werden kann. Manche Fonds investieren zusätzlich in Anleihen, festverzinsliche Wertpapiere oder Geldmarkttitel und kaufen Währungen an den Terminmärkten auf eine bestimmte Zeit, wenn eine Wertsteigerung zu erwarten ist.[332]

Devisenfonds können gute Gewinne erwirtschaften, unterliegen dafür aber einem unkalkulierbaren Risiko.

Aber nur wenige Devisenfonds erfüllen *dauerhaft* die Erwartungen der Anleger. Manche verlieren sogar an Wert. Schuld daran ist der Euro-Dollar-Wechselkurs, der sich immer öfter unkalkulierbar entwickelt.[333] Devisenfonds sind also spekulativ, und ohne hohes Risiko sind keine großen Gewinne zu realisieren.

Aber ich möchte noch auf einen anderen Aspekt im Zusammenhang mit Devisen eingehen:

Fremdwährungskredite

Bei einem Fremdwährungskredit handelt es sich um ein Darlehen, das außerhalb der Euro-Währungszone aufgenommen wird. Der Kreditnehmer spekuliert hierbei auf ein niedriges Wechselkursniveau beim Abschluss des Kreditvertrags und eine deutliche Überbewertung der Fremdwährung gegenüber der Währung des eigenen Landes. Veränderungen der Wechselkurse oder der Zinshöhe im Land der Kreditaufnahme sorgen für klare Vorteile gegenüber einheimischen Darlehen. Doch Geschäfte mit Fremdwährungskrediten sind ebenso hochspekulativ.

Aber vielleicht hat es Sie ja auch schon einmal in den Fingern gejuckt, aufgrund der niedrigeren Zinsen und der schwächeren Währung eine Immobilie in einer Fremdwährung zu finanzieren? Oder hat Ihnen das sogar Ihr Bankberater vorgeschlagen? Nein? – Dann haben Sie Glück gehabt, denn vielen Zehntausenden von Menschen, vornehmlich in Osteuropa, ist es nicht so gut ergangen. Sie glaubten den vollmundigen Versprechen ihrer Finanzberater. Am Beispiel Ungarn möchte ich Ihnen eindringlich vor Augen führen, was eine Immobilienfinanzierung mit einem Fremdwährungskredit für katastrophale Auswirkungen haben kann:

Etwa 1,3 Millionen Ungarn hatten Fremdwährungskredite zumeist in Schweizer Franken aufgenommen, von denen sich rund 800 000 in Zahlungsschwierigkeiten befanden. Warum?

Der Schweizer Franken wertete aufgrund der Eurokrise gegen den ungarischen Forint auf, und so mussten die Immobilienbesitzer plötzlich rund 25 Prozent mehr an monatlichen Ratenzahlungen leisten als bisher. Die Folge: Die meisten Haus- und Wohnungseigentümer kamen ihren Verpflichtungen nicht mehr nach, Abertausende von Zwangsvollstreckungen drohten.

Abertausende von Zwangsvollstreckungen drohten.

Aber die ungarische Regierung ließ ihre Bürger nicht im Stich: Im September 2011 verabschiedete das Parlament in Budapest, trotz heftiger Proteste der österreichischen Regierung (da deren Banken die meisten Kredite vergeben hatten), ein umstrittenes Gesetz. Es ermöglichte eine vorzeitige Tilgung von hypothekarischen Fremdwährungskrediten zu einem festgelegten Wechselkurs. Dadurch konnten die Inhaber von Fremdwährungskrediten ihre Hypotheken in einer Summe zum Kurs von 180 Forint je Schweizer Franken (was fast ein Viertel unter dem tatsächlichen Wechselkurs liegt) tilgen. Den Verlust mussten hauptsächlich österreichische Banken abschreiben. Es ging um rund eine Million dieser Kredite.[334]

Damit hatte Ungarn zwar einige Tausend Zwangsvollstreckungen verhindert, aber auch das Vertrauen der internationalen Finanzwelt verloren.

Doch nicht jeder, der in einer fremden Währung finanziert, kann sich auf eine solche staatliche Hilfe seiner Regierung verlassen. Deshalb hierzu nur einen Rat zu solchen Finanzierungen:

Hüten Sie sich vor Fremdwährungskrediten!

Wie vorteilhaft sind also Devisengeschäfte und welche Gefahren bergen sie?

Pro

- Aussicht auf Wechselkurs- beziehungsweise Währungsgewinne
- Fester Zins (bei manchen Devisenfonds)
- Hohe Liquidität
- Kurzfristige Kapitalanlage
- Vergleichsweise kostengünstig (in der Regel »bezahlt« man lediglich den Spread – die Differenz zwischen Geld- und Briefkurs[335])
- Niedrige Sicherheitsleistungen[336]
- Risikoverringerung durch Investitionen in andere Geldanlagen und Streuung (bei Devisenfonds)

Contra

- Wechselkursrisiko
- Währungsrisiko
- Rücktauschrisiko
- Faktoren auf den Wechselkurs können nicht beeinflusst werden

- Wechselkurse können staatlich manipuliert werden
- Inflationsrisiko
- Geringe Auswahl an liquiden Währungen

Fazit: Wenn Sie sich schon für Devisengeschäfte entscheiden, dann sichern Sie bitte Ihr Vermögen nicht nur mit einer Währung ab, denn dann könnte es bald ein böses Erwachen geben. Wenn es schon unbedingt sein muss, dann streuen Sie. Doch das ist nicht so einfach, wie es sich anhört, weil jede Währung unterschiedliche Risiken birgt. Seien Sie sich darüber im Klaren, dass die Anlagen in Fremdwährungen Spekulationsgeschäfte sind, bei denen Sie viel gewinnen, aber auch viel verlieren können. Unterschätzen Sie keinesfalls das Devisenkursrisiko. Zwar kann dieses durch die Investition in Devisenfonds eingeschränkt werden, aber das schmälert dann auch die Rendite.[337]

Unterschätzen Sie nicht das Devisenkursrisiko!

TAGESGELD

Ohne lange darum herumzureden, möchte ich zur Begriffserklärung von der Onlineseite »tagesgeld-vergleichen.com/tagesgeld-lexikon« zitieren:

»Heute jedoch zählt das Tagesgeld zu den beliebtesten Geldanlagen im kurz- und mittelfristigen Anlagebereich. Wie der Name dieses Finanzprodukts bereits vermuten lässt, legt der Kunde sein Kapital hier jeweils nur für einen Tag an, das angelegte Kapital ist also täglich verfügbar. Man benötigt zur Anlage lediglich ein Tagesgeldkonto, das inzwischen von nahezu allen Banken angeboten wird. Die Geldanlage auf einem Tagesgeldkonto bei einer deutschen Bank gilt derzeit als nahezu zu einhundert Prozent sicher, da es verschiedene Sicherungsmechanismen gibt, das Kapital der Kunden vor Verlust in Form eines auftretenden Emittentenrisikos zu schützen. Dazu zählen beispielsweise die Einlagensicherungsfonds der Banken. Ferner zeichnet sich das Tagesgeld auch durch eine relativ gute Rendite aus, zum Beispiel im Vergleich zu Spareinlagen oder Einlagen auf dem Girokonto, und ist für den Kunden völlig kostenlos und mit keinen Gebühren verbunden.«[338]

Diese etwas beschönigte Darstellung muss ich jedoch geraderücken:

Achtung Zinsfalle!

Beim Tagesgeld sind die Zinskonditionen in der Regel nicht fest garantiert, sondern variabel. Die Höhe der Zinsen kann sich also theoretisch von heute auf morgen ändern. Manche Banken bieten aber Konditionen für einen bestimmten Zeitraum, vergleichen Sie also!

Tipp: Direktbanken ohne Vertrieb bieten meist bessere Zinsen.

Die Höhe der Zinsen kann sich täglich ändern.

Es gibt dabei verschiedene Modelle:

❶ Monatliche Zinsgutschrift
❷ Zinsgutschrift pro Quartal
❸ Zinsgutschrift am Jahresende

Vergessen Sie dabei nicht, dass der Termin der Zinszahlung einen direkten Einfluss auf den Zinseszinseffekt hat. Anders gesagt: Wenn die Zinsen auf dem Tagesgeldkonto mit dem bestehenden Kapital weiterverzinst werden, erhöht das auch die Rendite.

Sie könnten jetzt wohl denken, eine jährliche Zinsgutschrift sei die beste Variante? Nein, für den Zinseszinseffekt ist es die monatliche. Locken die Banken also mit hohen Zinsen, zahlen diese aber nur jährlich aus, kann dies im Endeffekt weniger Rendite bringen als ein niedrigerer Zinssatz mit einer häufigeren Verzinsung (je nach Kondition).

Legen Sie hohe Beträge an, wählen Sie also eine monatliche Verzinsung und erzielen damit eine höhere Rendite.

Achtung Einlagenfalle!

Manche Banken machen Vorgaben, wie hoch die Mindest- und/oder Maximaleinlage sein muss. Üblich ist die Verzinsung ab der Einlage von einem Euro. Schreiben Banken aber einen Höchstanlagebetrag vor, gelten die Top-Konditionen meist nur bis zu einer festgelegten Grenze.

Beispiel:
100 000 Euro Einlage: Zinssatz 2,8 Prozent
150 000 Euro Einlage: bis 100 000 Euro Zinssatz 2,8 Prozent, von 101 000 bis 150 000: Zinssatz 2,0 Prozent

Dies entspricht einer Zinsstaffelung. Achten Sie also darauf, ob die Zinsen für den *gesamten* Betrag gelten, oder dass die Anlagegrenze möglichst hoch liegt.

Achtung Konditionenfalle!

Sie wissen das: Banken sind clever! Und so koppeln einige von ihnen ihre Tagesgeldangebote an für sie lukrative Zusatzgeschäfte. Hier eine Auswahl:

- Tagesgeldkonto kann nur in Kombination eines Girokontos eröffnet werden (hier können Grundgebühren fällig werden)
- Tagesgeldkonto kann nur mit der Eröffnung eines Wertpapierdepots einhergehen
- Grundgebühr für Tagesgeldkonto (bei den meisten Anbietern aber kostenlos)
- Gebühren für Kontoauszüge

Das optimale Tagesgeldkonto

Das für Sie beste Tagesgeldkonto weist demnach folgende Konditionen aus:

- Top-Konditionen ohne zusätzliche Bedingungen
- Monatliche oder quartalsweise Überweisung der Zinsen
- Kostenlose Kontoführung

Was sind also die Vor- und Nachteile von Tagesgeld?

Pro
- Einfaches Finanzierungsprodukt
- Durch Einlagerungssicherung vor Konkurs geschützt (EU-weit bis 100 000 Euro)
- Hohe Liquidität (Laufzeit von einem Tag bis sechs Jahren)
- Transparent
- Keine Kursrisiken
- Keine Mindestlaufzeit
- Keine Kündigungsfrist
- Bei Zinsänderungen kann einfach zu einer anderen Bank gewechselt werden (Tagesgeld-Hopping)

Contra
- Rendite/Zinsen gering
- Zinsgarantie kann unterschiedlich sein
- Meist kein Inflationsschutz
- Lockangebotszinsen gelten manchmal nur für einen bestimmten Zeitraum
- Ausländische Banken: Konkurssicherung manchmal auf nur 20 000 Euro begrenzt[339]
- Zinseszinseffekt ist für den Anleger nicht immer durchsichtig
- Zinsstaffel beachten
- Anlageobergrenze beachten
- Abgeltungssteuerpflichtig (maximal bis 28,6 Prozent inklusive Solidaritätszuschlag und Kirchensteuer, Freibeträge beachten)

- Konditionen und Bedingungen können pro Bank unterschiedlich sein[340]

Fazit: Tagesgeldkonten sind zwar sicher, aber die Rendite liegt häufig unter der Inflationsrate. Diese Art der Geldanlage ist demnach nichts für Menschen, die ihr Vermögen vermehren wollen, sondern eignet sich für konservative Anleger, bei denen Sicherung und Liquidität im Vordergrund stehen. Wenn Sie Geld für Notfälle auf die Seite legen wollen (vier bis sechs Monatsgehälter), ist das Tagesgeldkonto mangels Alternativen geeignet. Doch Inflation und Kapitalertragssteuer fressen auch noch das letzte Renditepünktchen auf.

Inflation und Steuern fressen die Rendite auf.

SPARBUCH

Laut einer Statistik des Bankenverbandes hielten die Deutschen im Jahr 2011 insgesamt 4,93 Billionen Euro Geldvermögen, das wie folgt aufgeteilt war (in Milliarden Euro):

Spar-, Sicht- Termineinlagen und Bargeld:	1 868
Geldanlagen bei Versicherungen:	1 386
Investmentfonds:	587
Festverzinsliche Wertpapiere (inkl. Zertifikate):	403
Aktien:	231
Sonstiges:	457[341]

Spareinlagen werden demnach favorisiert und vor allem das Sparbuch.

Die Deutschen und »ihr« Sparbuch. Ich wette, Sie haben auch eines oder zumindest schon einmal eines gehabt? Es ist *das* beliebteste Sparmodell in unserer Republik.

Eigentlich brauche ich dazu wohl nicht viel erklären, da Sie es alle schon kennen. Häufig legt man kleinen Kindern schon ein Sparbuch an, damit sie mit 18 den Führerschein oder die Aussteuer bezahlen können.

Das Sparbuch ist das beliebteste Sparmodell.

Formal ist das Sparbuch »eine auf den Namen eines bestimmten Gläubigers (Sparer) ausgestellte Schuldurkunde, die das Rückzahlungsversprechen eines bestimmten Kreditinstituts enthält. Zudem erfüllt das Sparkassenbuch sämtliche Kriterien, die seine Zuordnung zu den Wertpapieren erfordert. Konkret handelt es sich sowohl um ein qualifiziertes Legitimationspapier als auch um ein hinkendes Inhaberpapier,[342] das im Hinblick auf seine Übertragbarkeit zu den Namenspapieren gerechnet wird. Ausnahmsweise gibt es auch die Form des Überbringersparbuchs, das zu den Inhaberpapieren gehört.«[343]

Das Prinzip ist simpel: Wenn man Geld »übrig« hat, zahlt man es bei einem Kreditinstitut auf sein Sparbuch ein. Das Sparbuch ist aber nicht zum Zahlungsverkehr bestimmt, das heißt, Geldbewegungen auf ein anderes Konto sind nicht möglich. Die Kündigungsfrist beträgt drei Monate. Bis zu einem Betrag von 2000 Euro kann täglich darüber verfügt werden. Bei darüber hinausgehenden Summen bieten manche Kreditinstitute aber auch die sofortige Auszahlung an, wenn man einen Abschlagszins in Kauf nimmt, das heißt, wenn man auf einen Teil der erwirtschafteten Zinsen verzichtet.

Bei der Rendite unterscheidet man zwischen:

❶ *Nominalrendite:* Verzinsung
❷ *Realrendite:* Verzinsung abzüglich der Inflation[344]

Die Verzinsung erfolgt aber nur einmal jährlich oder bei Auflösung des Kontos.

Tipp: Viele Sparkassen und Banken bieten auch sogenannte »Bonus-Sparbücher« mit einer stufenweisen Erhöhung der Verzinsung bei steigendem Guthaben an. Es gibt keine Verpflichtung zu regelmäßigem Sparen oder zu einer Mindestanlagesumme. Allerdings *kann* es Kündigungsfristen geben.

Ist das Sparbuch sicher?

Zweifeln Sie etwa daran? Nun, die meisten tun es nicht und sehen das Sparbuch als absolut sichere Geldanlage an. Dies stimmt jedoch nur zum *Teil.* Sicher ist, dass die Höhe der Geldanlage ohne Abbuchung nicht weniger werden kann.

Aber andererseits kann *jeder,* der das Sparbuch besitzt, von dort auch Geld abheben, wenn der Bankangestellte keinen Legitimationsnachweis (Ausweis) sehen will.[345]

Wie aber sieht es aus, wenn das Kreditinstitut Insolvenz anmeldet? Wie sicher sind dann Ihre Einlagen? Das deutsche Einlagensicherungs- und Anlegerentschädigungsgesetz (EAEG) schützt 100 Prozent der Einlagen (bis maximal 100 000 Euro) und 90 Prozent der Verbindlichkeiten aus Wertpapiergeschäften (bis maximal 20 000 Euro) je Kunde und Institut.[346]

Was aber, wenn *vielen* Banken *gleichzeitig* der Bankrott droht? Im ersten Teil des Buches habe ich Ihnen erklärt, dass Banken nur über einen Teil ihrer Sichteinlagen (gemeint sind damit die täglich verfügbaren Guthaben auf Konten) verfügen. Etwa drei Prozent der Guthaben sind bei den Banken als Bargeld ständig verfügbar. Das erklärt, warum die Banker nichts mehr fürchten als einen »Run« auf ihre Banken, denn das hat in der Vergangenheit immer wieder zu Fällen von Zahlungsunfähigkeit geführt.[347] Wie sieht es aber dann aus mit der Sicherheit Ihres Sparbuchs?

Die Banken halten nur rund drei Prozent an Bargeld.

Am 5. Oktober 2008, kurz nach dem Ausbruch der Finanzkrise, trat Bundeskanzlerin Angela Merkel mit dem damaligen Finanzminister

Peer Steinbrück vor Journalisten und gab eine bis dahin einmalige historische Erklärung ab:

»Wir sagen den Sparerinnen und Sparern, dass ihre Einlagen sicher sind. Auch dafür steht die Bundesregierung ein.«[348]

Das war de facto eine Staatsgarantie für alle Spareinlagen. Aber als Staats*garantie* (also als juristische Haftung für Hunderte von Milliarden Euro für die Spareinlagen der Bürger) hätte das Versprechen der Kanzlerin und des damaligen Finanzministers Peer Steinbrück in ein Gesetz umgearbeitet werden müssen. Das war aber *nie* der Fall!

Lediglich eine »politische Erklärung« sei das gewesen, ließ man seinerzeit verlauten, denn vor einer tatsächlichen Haftung, die zu Papier gebracht werden sollte, scheuten die Protagonisten zurück.

Die *Welt am Sonntag* hatte trotzdem vom Kanzleramt ein klares Bekenntnis zu der damals abgegebenen »Garantie« erwartet und nachgefragt. Die Antwort des Bundesfinanzministeriums war nichtssagend und doch höchst aufschlussreich: »Die Frage stellt sich derzeit nicht, weil es keine Bedrohung für die Spareinlagen mehr gibt«. – Wie bitte? Keine Bedrohung für die Spareinlagen? Wieso brauchen dann die Banken und Landesbanken immer neue Milliarden vom Staat? Dann folgt ein Eiertanz vom Kanzleramt, so die *WAMS* weiter: »Aus dem Kontext der damaligen Äußerungen werde klar, dass sich die Garantie auf die akute Situation im Herbst 2008 und die damaligen Sorgen vieler Menschen bezogen habe. ›Eine Unendlichkeitsgarantie kann eine solche Erklärung natürlich nicht haben.‹ Ausdrücklich zurückgezogen, das wird betont, werde die Garantie jedoch nicht«.[349]

Zwei Jahre später relativierte Ex-Finanzminister Peer Steinbrück im *Spiegel* seine und die Zusicherung der Kanzlerin (Hervorhebungen durch mich):

Steinbrück: »Es gab eine spürbare Verunsicherung, und die Leute begannen, ihr Geld von den Banken abzuheben. Dadurch sank die Liquidität der Kreditinstitute, was wiederum das Vertrauen in die Banken untergrub. Es drohte ein Teufelskreis, *weswegen Kanzlerin Merkel und ich uns entschlossen haben, alle Spareinlagen staatlich zu garantieren. Es hat funktioniert.* Fragen Sie mich nicht, was passiert wäre, wenn es nicht funktioniert hätte.«

Spiegel: »Doch, wir fragen Sie. Was hätten Sie gemacht, wenn die Garantie fällig geworden wäre?«

Steinbrück: »Gezahlt natürlich. *Wir hätten das Parlament um die Bewilligung entsprechender Mittel bitten müssen.* Hätten wir in solch einem Fall nicht zu unserer Zusage gestanden, wäre die Republik in ein Chaos gestürzt.«

Spiegel: »Aber die Garantiesumme hätte Hunderte Milliarden von Euro umfasst.«

Steinbrück: »Möglicherweise. *Deshalb haben wir unsere Zusage konzentriert auf Spareinlagen. Dabei haben wir am Sonntag wohlweislich offengelassen, was unter dem Begriff Spareinlagen genau zu verstehen ist.*«

Spiegel: »Waren Sie sich in diesem Moment eigentlich aller Konsequenzen dieser Erklärung bewusst?«

Steinbrück: »Wir wussten, dass wir uns auf dünnem Eis bewegen. *Um es deutlich zu sagen: Für eine solche Zusage fehlte uns eigentlich die Legitimation. Es gab keine Rechtsgrundlage und keinen parlamentarischen Rückhalt.* Ich wundere mich bis zum heutigen Tag, dass die Parlamentarier hinterher nie gefragt haben: Um Gottes willen, was habt ihr da eigentlich gemacht?«[350]

Diese überraschend ehrlichen Aussagen machen zwei Dinge klar:

❶ Das deutsche Volk, das dem Versprechen blind vertraute, wurde wissentlich getäuscht, weil nicht genau definiert war, was unter »Spareinlagen« zu verstehen ist.

Sparergarantie: Das deutsche Volk wurde wissentlich getäuscht.

❷ Eine Garantie in solcher Höhe muss vom Parlament abgesegnet und in ein Gesetz gegossen werden, beides war nicht der Fall, also hatten die Bundeskanzlerin und der Finanzminister juristisch *kein* Recht, diese Garantie zu geben. Dass die Menschen, die ihre Vermögen verloren hätten, auch wirklich *alle* ihre Ersparnisse vom Staat zurückerhalten hätten, ist äußerst unwahrscheinlich.

❸ Doch jetzt kommt der Hammer: Am 11. November 2011 *bekräftigte* die Bundeskanzlerin ihre »Staatsgarantie« nochmals: Die Spareinlagen der Deutschen seien sicher. »Das Wesen der Garantie ist, dass die Garantie gilt«.[351] Welch dreiste Lüge!

Sicher ist, Ihr Sparbuch ist nicht sicher!

In diesem Zusammenhang gab es ein interessantes Urteil des Bundesgerichtshofs (BGH), in dem es heißt, dass ein Kreditinstitut den Anleger bei einer Kapitalanlage, die über die gesetzliche Mindestdeckung nach dem Einlagensicherungs- und Anlegerentschädigungsgesetz hinausgeht, auf seine Risiken im Falle einer Insolvenz des Kreditinstituts hinweisen *muss* und unter Umständen gar keine Einlage bei sich empfehlen darf, wenn der Kunde ausdrücklich erklärt, eine sichere Geldanlage zu wollen.[352] Interessant, nicht?

Sparbuchzinsen im Vergleich mit Tagesgeldzinsen

Die reale, also inflationsbereinigte Rendite bei beiden Geldanlageformen liegt unter oder knapp an der Inflationsgrenze.

Das Internetportal *Tagesgeldvergleich.net* hat dazu die Zinsen bei 38 verschiedenen Banken untersucht. Demnach liegt der durchschnittliche effektive Jahreszins bei einem Sparbuch rund 1,0 bis 1,2 Prozent *unter* der Verzinsung eines Tagesgeldkontos: »Wie unser Beispiel zeigt, sind moderne Tagesgeldkonten deutlich profitabler als klassische Sparbücher.«[353]

Was also spricht für das beliebte Sparbuch und was dagegen?

Pro

- Einfaches Finanzierungsprodukt
- Durch Einlagerungssicherung vor Konkurs geschützt (EU-weit bis 100 000 Euro)
- Einfache Handhabung
- Keine Verpflichtung zum regelmäßigen Sparen
- Keine Mindesteinlage
- Weitgehend risikofrei
- Keine Kontogebühren (in der Regel)
- Bewährte Geldanlage
- Zinsen ab dem ersten Euro
- Bis 2000 Euro monatlich verfügbar
- Höhere Zinsen bei längerer Laufzeit

Contra

- Abgeltungssteuerpflichtig (bis 28,6 Prozent inklusive Solidaritätszuschlag und Kirchensteuer, Freibeträge beachten)
- Nicht zum Zahlungsverkehr bestimmt
- Geldbewegungen auf andere Konten sind nicht möglich
- Geringe Zinsen
- Verzinsung nur einmal jährlich
- Kein Inflationsschutz
- Jeder Besitzer des Sparbuchs kann Geld abheben
- Kündigungsfrist drei Monate[354].

Fazit: Das Sparbuch ist der Klassiker der Geldanlage. Die Menschen vertrauen ihm seit Jahrzehnten. Es ist einigermaßen sicher und leicht zu handhaben. Doch es ist nicht zum Vermögensaufbau geeignet. Bei rund 2,6 Prozent Inflation und einer Kapitalertragssteuer (inklusive Solidaritätszuschlag und Kirchensteuer) von etwa 28 Prozent kann man damit eigentlich nur Minus machen.

KÖNNEN SIE DIE WAHRHEIT ERTRAGEN?

Der eine von Ihnen gehört vermutlich zu den mehr risikofreudigen, der andere mehr zu den konventionellen Anlegern. Sie beide wollen aber sicher dasselbe: möglichst eine gute Rendite mit Ihrem Geld erzielen.

Sie zahlen schon jahrelang, vielleicht jahrzehntelang in einen Vertrag ein, oder sparen sich Monat für Monat die Butter vom Brot, um etwas Geld für das Alter auf die Seite zu bekommen? – Wie fühlen Sie sich dann jetzt, nach all dem, was Sie bisher über traditionelle Anlagen erfahren haben?

Werden Sie Ihr Ziel des Vermögensaufbaus mit Lebensversicherungen, Bausparverträgen, Aktien, Fonds, Anleihen, Derivaten, Tagesgeld und Sparbuch überhaupt erreichen? – Was glauben Sie? Schonen Sie sich nicht, auch wenn es wehtut. Meine Antwort lautet: **Nein,** nur in Ausnahmefällen.

Natürlich begründe ich Ihnen das auch, bevor Sie jetzt einen Wutanfall bekommen, weil Sie einsehen müssen, vielleicht Tausende von Euros umsonst »verbraten« zu haben, und das Buch in die Ecke werfen (obwohl der Überbringer einer schlechten Nachricht ja nicht für selbige verantwortlich ist, oder?):

Die traditionellen Anlagen (außer Aktienfonds) erbringen im *Durchschnitt* folgende *Brutto*renditen:

• *Bausparverträge:*	1–3 %
• *Sparbücher/Festgeldanlagen:*	1–4 %
• *Staatsanleihen:*	1–4 %
• *Lebens-/Rentenversicherungen:*	2–5 %
• *Riester-Renten:*	2–5 %

Aber diese Renditen unterliegen folgenden Negativeinflüssen:

- Rund 30 Prozent Steuern (Abgeltungssteuer, Einkommenssteuer, Kirchensteuer, Solidaritätszuschlag)
- Rund drei Prozent Inflation[355]

Dies berücksichtigt, ergeben sich dann folgende durchschnittliche Nettorenditen:

• *Bausparverträge:*	–1,6 % bis –0,9 %
• *Sparbücher/Festgeldanlagen:*	–1,6 % bis +0,2 %
• *Staatsanleihen:*	–1,6 % bis +0,2 %
• *Lebens-/Rentenversicherungen:*	–1,6 % bis +0,5 %
• *Riester-Renten:*	–1,6 % bis +0,5 %[356]
• *Aktien (Jahr 2011):*	–12 %[357]

Sie sehen also, mit der *besten* traditionellen Anlage erzielen Sie nach Abzug von Inflation und Steuern höchstens eine durchschnittliche Rendite von 0,5 Prozent – und das nach so vielen Jahren der Besparung!

Anders formuliert:

Die meisten traditionellen Vermögensanlagen dienen dem Kapitalabbau!

Wollen Sie also etwas für Ihren Kapital**auf**bau tun, müssten Sie eine durchschnittliche Bruttorendite von sieben Prozent (Nettorendite: 1,9 Prozent) oder acht Prozent (Nettorendite: 2,6 Prozent) erzielen.[358] Doch was kann man mit einer mageren Nettorendite von 1,9 bis 2,6 Prozent schon Großes erreichen? Nicht viel, wenn die Beträge sich in kleinem Rahmen bewegen.

Ich frage Sie daher nochmals: Können Sie die Wahrheit ertragen?

Diese lautet schonungslos und offen (ob es Ihnen passt oder nicht, sorry):

Alles unter zehn Prozent Bruttorendite dient dem Kapitalabbau oder dem Kapitalerhalt, keineswegs aber dem Kapitalaufbau.

Doch zehn Prozent Bruttorendite zu erzielen ist heute (fast) nicht mehr möglich.

Im Kapitel »Ihr eigenes Risikomanagement« werde ich Ihnen dann *meine* Vorschläge zum Kapitalaufbau machen, denen Sie dann folgen können oder auch nicht.

Doch zunächst möchte ich Ihnen noch alternative Vermögensanlagen vorstellen, bei denen es aber auch Licht und Schatten gibt. Diese möchte ich ebenfalls beleuchten, denn schließlich soll dieser Krisenratgeber ja ein objektives Buch sein.

TEIL 3
Alternative Anlagen

IMMOBILIEN

Sachanlagen in Immobilien bestehen normalerweise aus einem Eigenheim und/oder einer Eigentumswohnung, die entweder selbst genutzt oder vermietet wird. Auch Gewerbeimmobilien zählen zu den Sachanlagen,[359] auf die ich aber nicht eingehen möchte.

Doch wer Immobilien erwerben will, muss über größere Vermögensrücklagen (Eigenkapital) verfügen und eine langfristige Kapitalbildungsstrategie verfolgen.[360] Doch in Zeiten niedriger Zinsen[361] ist die Versuchung groß, sich einen Wunsch zu erfüllen, der vielleicht gar nicht erfüllbar ist. Ein selbstgenutztes Haus oder eine Wohnung verspricht zwar relative Sicherheit in Zeiten unruhiger Finanzmärkte und Unsicherheiten über die Altersvorsorge, aber ist das wirklich so?

Eigengenutzte Immobilien

Träumen Sie auch davon, in Ihrem wohlverdienten Ruhestand im blühenden Garten Ihres *eigenen* und *abbezahlten* Hauses zu sitzen, Kaffee zu trinken, sich die milde Sommerluft um die Nase wehen zu lassen, die frischen Blumen zu riechen und einfach den Herrgott einen guten Mann sein zu lassen? Das wäre schön, nicht wahr?

Viele Millionen Menschen in Deutschland, genauer gesagt: 17,5 Millionen,[362] haben sich diesen Traum einer eigenen Immobilie verwirklicht. 86 Prozent meinen, die eigenen vier Wände seien eine gute Absicherung für das Rentenalter.[363] Apropos: Sie kennen doch sicherlich die Sorte »Aufschneider«, die nichts anderes zu tun haben, als anderen Menschen ihre neuesten Errungenschaften zu präsentieren: Frau, Hund, Auto, Küche und – na klar – eine Wohnung oder ein Haus?

Meine, zugegeben, sehr zynische Frage bei diesen Angebern ist dann: »Gehört euch das Haus oder gehört ihr dem Haus?« Verstehen Sie, was ich damit meine? Den meisten Menschen *gehört* die Immobilie gar nicht, sondern der Bank. Erst nach 30 Jahren sind sie dann Eigentümer, wenn überhaupt. Doch in 30 Jahren kann viel geschehen: Arbeitsplatzverlust, Scheidung, Unfall, Umzug, Nachbarschaftsstreitigkeiten und so weiter, und so wird für manchen der vermeintliche Traum zum Albtraum. Andere wiederum opfern ihr ganzes Leben lang, leben spartanisch, gönnen sich nichts, nur um im Alter ein eigenes Haus zu haben. Jeder mag selbst einschätzen, ob ihm der Preis eines entgangenen Lebens dafür nicht zu hoch ist.

Gehört Ihnen das Haus oder gehören Sie dem Haus?

Klar, die Rechnung der Banken und Immobilienverkäufer klingt einfach zu verführerisch: Die gesparte Miete wird den Tilgungen und Zinsen gegenübergestellt, die beim Kauf eines Hauses oder einer Wohnung zu entrichten sind.

Das aber *vergessen* die Berater bei der Gegenüberstellung:

- Wie viel Zinsen hätten Sie für das eingesetzte Eigenkapital erhalten?
- Welche Kosten kommen auf Sie als Hausbesitzer in den folgenden Jahrzehnten überhaupt zu?[364]

Fast das meiste Kapital ist in all der Zeit an eine Immobilie gebunden. Aber wenn Sie Hunger haben, können Sie von keinem Fenstersims abbeißen, oder? Ich mache keine Witze, denn die prozentuale Belastung des Haushaltseinkommens durch den Kauf einer Immobilie ist nicht zu unterschätzen.

Wenn Sie Hunger haben, können Sie von keinem Fenstersims abbeißen!

Hier eine Aufstellung ausgesuchter Standorte.

Soviel Prozent des durchschnittlich verfügbaren Einkommens muss eine Familie aufwenden, um ein Einfamilienhaus finanzieren zu können (alphabetisch):[365]

Berlin:	31 %
Bielefeld:	20 %
Bremen:	13 %
Dortmund:	33 %
Dresden:	23 %
Düsseldorf:	37 %
Frankfurt/Main:	45 %
Frankfurt/Oder:	16 %
Freiburg/Breisgau:	38 %
Gießen:	22 %
Hamburg:	25 %
Heidelberg:	35 %
Kaiserslautern:	19 %
Kiel:	24 %
Koblenz:	28 %
Köln:	33 %
Konstanz:	43 %
Leipzig:	24 %
Lübeck:	21 %
München:	50 %
Münster:	35 %
Nürnberg:	31 %
Oberhausen:	27 %
Passau:	21 %
Pirmasens:	12 %
Regensburg:	33 %
Rostock:	24 %
Schwerin:	19 %
Stuttgart:	41 %
Trier:	23 %
Wesel:	19 %
Wilhelmshaven:	16 %
Würzburg:	26 %[366]

Wir erkennen daraus signifikante regionale Unterschiede: In München muss eine Familie die Hälfte ihres Einkommens für eine Immobilie aufwenden, in Pirmasens nur etwas mehr als ein Zehntel. Nach Angaben der FPO Finanzplanung & Honorarberatung sind die Immobilienquoten aber geringer, je höher das Einkommen ist.[367] Oder: Oft erwerben diejenigen, die sich eigentlich keine Immobilie leisten können, ein Eigenheim. Doch obige Aufstellung zeigt uns auch noch etwas anderes: In den Gebieten, in denen Sie am meisten für die Immobilie aufwenden müssen, dürfte auch der Wiederverkaufswert am höchsten sein.

Können Sie sich eine Immobilie überhaupt leisten?

Wie oben bereits erwähnt, stecken viele Familien in einer 30-jährigen Finanzierung, obwohl sie sich eine Wohnung oder ein Haus gar nicht leisten können. Gehören Sie etwa auch dazu? Dann kommen folgende Tipps und Fragen zur Beurteilung Ihres finanziellen Spielraumes leider zu spät:

- Orientieren Sie sich an der Kaltmiete, die Sie in der Mietwohnung bezahlen.
- Zins und Tilgung der neu zu erwerbenden Immobilie sollten die aktuelle Miete nicht übersteigen. Diese Summe steht für die Finanzierung zur Verfügung, ohne Sie stärker als bisher zu belasten.
- Ein Eigenanteil zwischen 20 und 30 Prozent der Gesamtkosten (inklusive Nebenkosten, Notar, Grunderwerbssteuer et cetera) ist ratsam. Steht Ihnen das Geld zur Verfügung?
- Haben Sie genügend Reserven, wenn die Zinsbindung nach zehn oder fünfzehn Jahren ausläuft, Sie neu verhandeln müssen und eventuell durch Zinssteigerungen eine 100 oder 150 Euro höhere monatliche Rate bezahlen müssen?
- Haben Sie Reserven für Notfälle: Autoreparatur, neuer Kühlschrank et cetera?
- Haben Sie noch eine andere Altersvorsorge?
- Sind Sie im Todesfall, bei Scheidung, Arbeitslosigkeit und Arbeitsunfähigkeit abgesichert?
- Können Sie sich trotzdem noch ein Minimum an Lebensqualität (Ausflüge, Reisen, Kino, Restaurant) leisten?
- Was ist, wenn plötzlich ein Kinderwunsch kommt?
- Was ist, wenn Sie beruflich bedingt umziehen müssen?

Die meisten Menschen können sich eine Immobilie gar nicht leisten.

Sie sehen, eine ganze Menge Fragen, die Sie sich stellen und ehrlich beantworten sollten, um während der 20 oder 30 Jahre, in denen Sie in der Finanzierung stecken, kein Fiasko zu erleben. Was nützt Ihnen die Aussicht auf ein Haus im Alter, wenn Sie zuvor alles verlieren, nur weil Sie zu blauäugig waren?

Über Finanzierung und Annuitätendarlehen habe ich Sie bereits im Kapitel »Bausparverträge« aufgeklärt. Lesen Sie bitte dort noch einmal nach und vergleichen Sie die Beispielrechnungen mit Zins und Tilgung. Dieses Wissen ist enorm wichtig für eine seriöse Finanzierung!

Und noch etwas sollten Sie wissen: Im Durchschnitt investiert ein Eigenheimbesitzer im Laufe des Immobilienlebens den kompletten Kaufpreis noch einmal und zwar in Instandhaltungs- und Renovierungskosten.[368]

Ein Eigenheimbesitzer investiert den kompletten Kaufpreis nochmals in Instandhaltungs- und Renovierungskosten.

Doch bei einer eigengenutzten Immobilie gibt es eine Menge Vor- und Nachteile, die ich nun anführen möchte:

Pro

- Eine gute Immobilie ist eine gute Sachwertanlage
- Ein eigenes Dach über dem Kopf verspricht bessere Lebensqualität
- In der richtigen Lage kann von einem hohen Wiederverkaufswert ausgegangen werden
- Eventuell Förderdarlehen
- Steuerersparnis
- Altersvorsorge
- Vergleichsweise hohe Sicherheit, aber nur auf lange Sicht, kurzfristig große Wertschwankungen
- Keine Kündigung wegen Eigenbedarf
- Lebenslanger Schutz vor Mietpreissteigerungen
- Gegenwärtig günstige Finanzierungen

Contra

- Jahrzehntelanges Finanzierungskorsett
- Ganzes Vermögen wird in ein Objekt gesteckt und *zusätzlich* werden noch Kredite dafür aufgenommen
- Mindestens 20 Prozent Eigenkapital
- Kein genereller Inflationsschutz
- Immobilienerwerb ist kompliziert
- Langfristige Investition

- Makler, Grunderwerbssteuer, Notar-, Amtskosten et cetera kosten rund zehn Prozent vom Kaufpreis
- Bei einer Deflation fällt der Wert der Immobilie, die Schulden bleiben aber genauso hoch
- Wiederverkauf mit Gewinn ist fraglich
- Große Kapitalbindung über einen langen Zeitraum
- Darlehenszinsen summieren sich auf riesige Beträge
- Nicht flexibel (zum Beispiel bei beruflich bedingtem Wohnortwechsel)
- Zeitintensiv
- Gefahr, Immobilie überteuert zu kaufen (Preisblasen oder falsche Standorteinschätzung)
- Wenn Zinsen steigen, droht ein Fiasko bei der Anschlussfinanzierung
- Hohe Zusatzkosten bei längerer Nutzung (Heizung, Dach, et cetera)
- Verkauf kann sich lange hinziehen
- Standort, Mikrolage, Alter und Qualitäten der Immobilie sind entscheidend
- Bei zunehmender Verschuldung des Staates drohen Zwangshypotheken (siehe unten) oder Steuererhöhungen

Fazit: Normalerweise sollten Sie Ihre Schulden aufgrund der gesamtwirtschaftlichen Situation verringern (siehe auch Kapitel »Machen Sie keine Schulden!«). Mit dem Kauf einer Immobilie machen Sie aber genau das Gegenteil. »Mr. DAX« Dirk Müller bringt es auf den Punkt: »[Die eigene Immobilie] ist schlichtweg ein Luxus, für den man bereit sein muss, tief in die Tasche zu greifen. Sinnvolle Kapitalanlagen sehen anders aus.«[369]

Eine eigene Immobilie ist ein Luxus;
sinnvolle Kapitalanlagen sehen anders aus.

Was wäre, wenn Sie das eingesetzte Kapital 30 Jahre lang investiert hätten und keine Zinsen *zahlen* müssten, sondern Zinserträge *bekom-*

men würden? Die Entscheidung für eine Immobilie ist immer auch eine Wette[370] auf die Zukunft: Werde ich meinen Arbeitsplatz behalten? Werde ich verheiratet bleiben? Wie viele Kinder werden kommen? Bleibe ich gesund, und so weiter. Die *Wirtschaftswoche* fragte: »Macht Sie dieser Immobilienkauf glücklich? Können Sie ihn sich leisten? Und können Sie sich von der Immobilie trennen und mögliche Verluste verkraften, falls das Leben neue Pläne für Sie hat? Dann Kaufen. Aber nur dann.«[371] Immobilienkäufer müssen sich also wie professionelle Anleger verhalten. Eine seriöse Beratung muss Vermögensstruktur, Lebensphasen und Einkommenssituation berücksichtigen, optimierte Zins- und Tilgungsmöglichkeiten bieten und Ihnen nicht nur eine Immobilie mit Schönrechnerei »aufdrücken«, in der Sie dann 30 Jahre lang im wahrsten Sinne des Wortes »gefangen« sind. Als Kapitalanlage ist eine eigengenutzte Immobilie deshalb eher nicht sinnvoll, als Altersvorsorge nur bedingt.

Immobilienkäufer müssen sich wie professionelle Anleger verhalten.

Vermietete Immobilien als Kapitalanlagen

Viele Menschen erwerben eine Immobilie, die bereits vermietet ist oder die später vermietet werden soll. Mit den Mietzahlungen soll die Immobilie dann getilgt werden. Doch die Eigentümer verdienten in den vergangenen 17 Jahren im Durchschnitt nur eine Rendite von 2,5 Prozent (Miete und Wertsteigerung).[372] Damit liegt sie gegenwärtig um die Inflationsquote.

Auch das »Märchen« von der inflationssicheren Immobilienanlage ist Ihnen sicherlich bekannt. Manche Bankberater versuchen Ihnen vielleicht zu verkaufen, dass bei steigenden Preisen (sprich Inflation) auch die Mieten steigen würden. Aber viele Untersuchungen haben genau das Gegenteil ergeben, denn: wenn die Preise steigen, steigen auch die Zinsen.

Das Märchen von der inflationssicheren Immobilienanlage

Das bedeutet dann: immer weniger Menschen können sich ein eigenes Heim leisten, oder sie können es nicht mehr abzahlen. Zwangsversteigerungen und eine zurückgehende Nachfrage führen zu – ja, Sie haben es erraten – fallenden Preisen. Ihre Immobilie kann also trotz steigender Inflation *weniger* wert sein.[373]

Bei der Auswahl sollten Sie Folgendes beachten:

- Standort
- Lage
- Größe
- Zuschnitt
- Bauqualität
- Preis[374]

Doch eigenkapitalstarke Käufer suchen nur noch Topobjekte als Kapitalanlage. Zweitklassige Immobilien sind kaum noch zu veräußern.[375] Beim Kauf beachten Sie deshalb also bitte: Werthaltigkeit und Finanzierbarkeit sind wichtige Voraussetzungen. Der Wertzuwachs bezieht sich aber in der Hauptsache auf den Grundstückspreis![376] Ein unabhängiger Sachverständiger sollte zudem das Objekt im Vorfeld auf Qualität und Effektivität prüfen.[377] Doch eine weitere wichtige Frage ist: Können Sie ein paar Monate Leerstand überbrücken oder teure Reparaturen bezahlen? Zuverlässige Mieter sind nicht so einfach zu finden.

Können Sie ein paar Monate Leerstand überbrücken oder teure Reparaturen bezahlen?

Denken Sie aber auch daran:

- Die Höhe der Verbindlichkeiten wird auch nach einer Währungsreform bestehen bleiben, lediglich Ihr Vermögen wird sich schmälern. Der Nennwert der Schulden bleibt also gleich, während die Lebenshaltungskosten rasch ansteigen können und so einen immer größeren Teil Ihres verfügbaren Vermögens aufzehren. Für den eigentlichen Schuldendienst bleibt dann immer weniger übrig.
- Immobiliendarlehen: Verträge mit Zinsfestschreibungen und Sondertilgungen sind vorzuziehen.
- Wertverlust: Können viele Menschen ihre Hypotheken nicht mehr bedienen, wird der Wert der einzelnen Immobilie immer weiter fallen. Ein Problem haben Sie dann, wenn die Höhe des Darlehens höher ist als der Wert des Hauses oder der Wohnung. Die Folge: Die Bank kann weitere Sicherheiten von Ihnen verlangen. Aber haben Sie diese auch?

Die Bank kann weitere Sicherheiten verlangen – haben Sie diese auch?

Pro

- Siehe Kapitel »Eigengenutzte Immobilien«, zusätzlich:
- Mieter »zahlt« den Großteil der Immobilie
- Steigende Mieten verkürzen den Tilgungszeitraum
- Kaufpreis kann abgeschrieben werden
- Anfallende Kosten senken das zu versteuernde Einkommen
- Kreditzinsen können (je nach Fall) als Werbungskosten abgesetzt werden
- Erhaltungsaufwendungen, Verwaltungs- und Betriebskosten können (je nach Fall) abgesetzt werden
- Mietkaution als Anfangssicherheit
- Gewinne aus Wertsteigerungen einer Immobilie sind nach zehn Jahren steuerfrei
- Rendite je nach Lage drei bis fünf Prozent[378]

Contra

- Siehe Kapitel »Eigengenutzte Immobilien«, zusätzlich:
- Solvente Mieter zu finden ist nicht leicht
- Vorsicht vor Mietnomaden
- Teure Reparaturen können auftreten
- Absicherungen für Mietausfälle (mindestens zehn Prozent des Anschaffungspreises als Reserve)
- Mietverträge sind in der Regel mit einer Frist von drei Monaten kündbar
- Verhältnismäßig niedrige Rendite (gemessen an der Inflationsrate)
- Oft werden überteuerte Objekte erworben
- Einkünfte aus Vermietung und Verpachtung zählen zum steuerpflichtigen Einkommen
- Weiterverkauf innerhalb von zehn Jahren gilt als Spekulationsgeschäft. Der Gewinn ist steuerpflichtig.
- Die Regierung könnte einen Mietpreisstopp verhängen, um die Mieter vor Preistreiberei zu schützen; die Instandhaltungsausgaben könnten jedoch inflationsbedingt dramatisch steigen.

Fazit: Wenn Sie sich für eine Immobilieninvestition entscheiden, sollte dies nur auf der Basis fundierter, umfassender und objektiver Informationen erfolgen. Ihr Partner (Bank, Immobilienmakler et cetera) sollte erfahren sein und gute Referenzen aufweisen, bei denen Sie ruhig auch mal nachfragen können.[379] Eine Immobilie als Kapitalanlage *kann* als Altersvorsorge dienen, ist aber von vielen verschiedenen Parametern abhängig, die Sie letztlich nicht beeinflussen können. So ist die Entscheidung für oder gegen eine Immobilieninvestition spekulativ und eine Wette auf künftige Lebensumstände.

Immobilienfonds

Immer wieder raten Finanzexperten und »Berater« Anlegern dazu, 15 bis 20 Prozent Immobilienanteil in Form von Fondsanteilen im Portfolio zu halten. Aber wie arbeiten diese überhaupt?

Nun, Immobilienfonds erwerben Immobilien und erwirtschaften

ihren Ertrag hauptsächlich aus den Einnahmen, die sie durch die Vermietung erzielen. Die Fondsmanager kaufen Mietwohngrundstücke, bebaute Geschäftsgrundstücke und investieren in Wertpapiere (häufig Anleihen).[380]

Auch kleine Investoren können sich ab 50 Euro monatlicher Sparrate an einem offenen Immobilienfonds beteiligen. Aber Sie müssen wissen, dass auch offene Immobilienfonds eine Langfristanlage von mindestens fünf bis sieben Jahren darstellen. Das klingt zwar alles gut, aber der Immobilienmarkt bricht weltweit ein oder stagniert. Ist das der richtige Zeitpunkt, um günstig einzusteigen? Sollen Sie gegenwärtig in Immobilienfonds investieren?

Dirk Müller gibt die Antwort: »Ist es sinnvoll, Schweine zu kaufen, wenn gerade die Schweinepest durchs Land rast?«[381] Die Immobilienkrise hat sich längst von Amerika nach Spanien, Griechenland, Portugal, Großbritannien ausgeweitet und hat auch schon Deutschland erreicht.

»Ist es sinnvoll, Schweine zu kaufen, wenn gerade die Schweinepest durchs Land rast?«

Tatsächlich ist das Kapitalvolumen der Branchenprodukte seit Anfang August 2010 um mehr als drei Milliarden Euro auf 84,9 Milliarden Euro gefallen, da die Glaubwürdigkeit der Fonds Schaden genommen hat.[382] Das *Handelsblatt* meldete bereits im August 2011: »Mit vier von 15 für Kleinanleger geeigneten Fonds haben Immobiliensparer in den vergangenen zwölf Monaten […] Geld verloren.«[383]

Die Schwierigkeit dieser Art von Fonds besteht darin, den richtigen Preis für die Immobilien zu finden. Nach dem Investmentgesetz muss deshalb ein Sachverständigenausschuss für jeden offenen Immobilienfonds gegründet werden, der sämtliche Grundstücke im Fondsvermögen mindestens einmal im Jahr bewerten muss. Dies geschieht aufgrund der *Ertragswertmethode:* Der Wert einer Immobilie wird auf der Basis der in Zukunft erzielbaren Mieteinnahmen ermittelt. Der *Marktwert,* also der Preis der Immobilie, der beim sofortigen Verkauf erzielbar wäre, wird nicht berücksichtigt. Dabei können Ertrags- und Marktwert in manchen Fällen erheblich voneinander abweichen.[384]

Wie bei anderen Fonds gibt es auch bei offenen Immobilienfonds einen *Ausgabe-* und einen *Rücknahmepreis.* Dieser wird mit dem Ertragswert der Immobilien und den aktuellen Börsenkursen der Wertpapiere täglich neu berechnet.[385] Die Realrenditen (inflationsbereinigt) sind bei so manchem offenen Immobilienfonds niedrig bis negativ. Viele bringen es auf kaum mehr als zwei Prozent.[386] Geschlossene Fonds *können* hingegen eine höhere Rendite bieten. Bei beiden Anlageformen sind die Risiken aber nicht zu unterschätzen.

Die Realrenditen sind niedrig bis negativ.

Risiken bei Immobilienfonds

Hunderttausende von Anlegern haben sich in der Vergangenheit den Traum von Sicherheit durch Investitionen in Immobilien erfüllt. Sachwerte sollten vor allem die Inflationsgefahren abfedern. Viele fühlten sich bei Immobilienfonds gut aufgehoben, da diese häufig in Bürogebäude und Einkaufscenter investierten. Wertsteigerungen und Mieterträge sollten Rendite bringen. Über 30 Jahre hinweg erwirtschaftete diese Art von Fonds immerhin durchschnittlich 5,3 Prozent pro Jahr.

Doch mit der vermeintlichen Sicherheit war es im Oktober 2010 erst einmal vorbei: In kürzester Zeit wurden drei Immobilienfonds geschlossen. Insgesamt 130 000 Anleger bangten um ihre Investitionen. Experten sagten voraus, dass dies erst der Anfang sei.

Die Gründe: In den USA waren die Preise für Gewerbeimmobilien seit Oktober 2007 um rund 45 Prozent gefallen. Leerstände, sprich die Wertverluste von morgen häuften sich. Im (für Unternehmen begehrten) Londoner Westend betrug die Leerstandsquote 6,4, in Dublin sogar 23,4 Prozent.

Wie sich auch zukünftige Schreckensszenarien mit Immobilienfonds entwickeln könnten, zeigt das Beispiel des erst 2005 gegründeten

»P2 Value« von *Morgan Stanley*. Das Fondsvolumen von rund zwei Milliarden Euro schrumpfte auf nur noch 852 Millionen Euro zusammen. Nach der Pleite von *Lehman Brothers* zogen Investoren Gelder in Milliardenhöhe ab. Das war der erste Schritt in die Katastrophe, obwohl manche Experten bis heute nicht glauben, dass der Fonds nur an einem Liquiditätsengpass scheiterte. Das Management soll an den schwankenden Märkten in Asien investiert und überteuerte Immobilien gekauft haben.

Die rund 40 000 Anleger sollen innerhalb von drei Jahren in »kleinen Schritten« ausgezahlt werden. Finanziert werden soll dies durch den Verkauf von 34 Immobilien. Ob die Anleger jemals ihr gesamtes Geld wiedersehen werden, bleibt jedoch fraglich.

Ob die Anleger ihr Geld wiedersehen, ist fraglich.

Auch an deutschen Anlegern, die rund 88 Milliarden Euro in 46 Immobilienfonds investiert haben, ging diese Entwicklung nicht spurlos vorüber. Verschiedene Investmentfonds wurden abgewickelt,[387] das Kapital von elf Fonds mit rund 30 Milliarden Euro ist eingefroren.[388] Die Kunden kommen während dieser Zeit nicht an ihr Geld, könnten aber stattdessen Schadensersatzansprüche geltend machen. Der Rat eines Fachanwalts ist dann gefragt, weil es darum geht, ob es eventuell ein Beratungs-, Prospekt- oder Managementfehler war, der zu einem solchen Szenario führte.

Bei der Wiedereröffnung eines Fonds innerhalb von zwei Jahren können die Kunden ihre Anteilsscheine zurückgeben und die Wertverluste als Schadensersatz geltend machen oder abwarten, ob sich der Fonds wieder erholt. Im schlimmsten Fall wird dieser jedoch abgewickelt.[389]

Ende Oktober 2011 dann die nächste Schreckensnachricht für deutsche Immobilienfondsanleger: Der Fonds Axa Immoselect machte für immer dicht.[390] Damit dieses Szenario so schnell nicht wieder eintreten kann, gilt ab 1. Januar 2013 eine neue Regelung im Anlegerschutzgesetz:

- Die Fonds müssen für Altanleger eine Kündigungsfrist von zwölf Monaten einführen.
- Neuanleger dürfen erst nach 24 Monaten an ihr Geld.
- Sparer dürfen davon unabhängig bis zu 30 000 Euro in jedem Halbjahr abheben.[391]

Im Kapitel »Aktienfonds« habe ich bereits die Vor- und Nachteile von offenen und geschlossenen Fonds erläutert, weswegen ich dies an dieser Stelle nicht noch einmal wiederholen möchte. Nur noch so viel:

- Bei manchen geschlossenen Immobilienfonds können die Kosten bis zu 25 (!) Prozent betragen.
- Zudem sind sie auf dem Zweitmarkt oft nicht einmal zum halben Wert des Ausgabepreises zu veräußern.
- Weitere Risikofaktoren sind Leerstände und Mietausfälle, die in Ostdeutschland immerhin bis 15 Prozent und im Westen sieben Prozent betragen.[392]
- Die Buchwerte vieler Fondsobjekte werden nur sehr langsam an die Marktrealität angepasst.[393]

Fazit: Immobilienfonds sind nicht mehr das, was sie einmal waren. Die Immobilien-, Finanz- und Schuldenkrise hat vielen Anlegern einen Strich durch die Rechnung gemacht. Wie sich die Weltkonjunktur in der Zukunft entwickeln wird, liegt in den Sternen. Demnach ist eine *größere* Investition in diese Art Fonds aufgrund der niedrigen Rendite und der Unsicherheiten nicht zu empfehlen. Als Beimischung im Portfolio *vielleicht*.

Exkurs: Zensus-Volkszählung als Vorstufe zur Zwangshypothek?

Der Staat ist pleite, und ausgerechnet in diesen Zeiten wurden alle Immobilienbesitzer gezwungen, sensible Daten über ihr Eigentum abzugeben. Nach dem Grundgesetz ist eine Enteignung zulässig. Steckte hinter der Zensus-Volkszählung also etwas ganz anderes? Will sich der Staat auf Kosten der Immobilienbesitzer entschulden?

Will sich der Staat auf Kosten der Immobilienbesitzer entschulden?

Die 80 000 Zensus-Volkszähler befragten im Sommer 2011 insgesamt 26 Millionen Menschen. Die Teilnahme war Pflicht, und jeder, der den Fragebogen nicht zurückschickte, musste mit einem Bußgeld von mindestens 150 Euro rechnen. Entkommen konnten die Aufgeforderten sowieso nicht, denn neben der Datensammlung durch die Haushaltsinterviewer wurden auch Informationen aus den Melderegistern der Kommunen und der Bundesagentur für Arbeit zusammengetragen und ausgewertet.

Zehn Prozent der Gesamtbevölkerung, also acht Millionen zufällig ausgewählte Menschen, wurden im Rahmen der Haushaltsbefragung zu Erwerbstätigkeit, Bildung und Migrationshintergrund befragt. Aber *alle* 17,5 Millionen Eigentümer von Häusern und Wohnungen *mussten* Auskunft über ihr Eigentum geben.

Laut *zensus2011.de* sollten die Daten »geschützt« werden: »Jeder kann sicher sein, dass sowohl die abgefragten Daten als auch die Registerdaten den gesicherten Bereich der Statistischen Ämter des Bundes und der Länder nicht mehr verlassen werden. Die gesetzlichen Grundlagen des Zensus und des Datenschutzes verbieten es, Informationen, die für den Zensus erhoben werden, an andere Behörden oder private Institutionen und Personen weiterzureichen – weder an die Finanz- oder Sozialämter, noch an die Polizei oder an die Einwohnermeldeämter. Veröffentlicht werden nur statistische Ergebnisse, die keine Rückschlüsse auf einzelne Personen zulassen.«[394]

Nach dem Grundgesetz ist eine Enteignung zulässig.

Doch Kritiker sahen darin nur einen weiteren Beschwichtigungsversuch, denn Tatsache ist, dass es den Statistikämtern im Zensus-Gesetz ausdrücklich erlaubt wurde, »für jede Anschrift, jedes Gebäude, jede

Wohnung, jeden Haushalt und jede Person« eine Ordnungsnummer zu vergeben und diese bei der Zusammenführung der Datensätze zu nutzen.[395]

Aber worum ging es genau? Warum war der Staat so erpicht darauf, alles über seine Bürger zu wissen? Offiziell hieß es dazu: »Zensus verfolgt zwei Ziele. Ganz wichtig ist die Feststellung der amtlichen Einwohnerzahlen Deutschlands. Ob Länderfinanzausgleich, die Einteilung der Bundestagswahlkreise, die Stimmenverteilung der Bundesländer im Bundesrat oder die Sitze Deutschlands im Europaparlament – all das hängt von aktuellen Einwohnerzahlen ab. Auch eine ganze Reihe von Statistiken basiert darauf, so zum Beispiel die Berechnung des jährlichen Bruttoinlandsprodukts (BIP) pro Kopf. Ein zweites wesentliches Ziel des Zensus ist es, Informationen zum Wohnraum, zur Bildung und zum Erwerbsleben zu gewinnen. Wie viele Erwerbstätige gibt es, wie viele Menschen davon sind selbstständig? Wo werden in den kommenden Jahren wie viele Kinder eingeschult? Wie viele Wohnungen gibt es in Deutschland und wie sind sie ausgestattet? Um diese Fragen zu beantworten, braucht man genaue und aktuelle Strukturdaten. Die Basis hierfür bildet ein Zensus, der – als eine Art Inventur – in regelmäßigen Abständen durchgeführt werden muss.«[396]

Per *Zwangsgesetz* forderte deshalb das Statistische Bundesamt die Daten aller 17,5 Millionen Haus- und Wohnungseigentümer ein. Hier waren alle auskunftspflichtig, ohne Ausnahme.

Per Zwangsgesetz forderte das Statistische Bundesamt die Daten aller 17,5 Millionen Haus- und Wohnungseigentümer ein!

Die offizielle Begründung: »Wo gibt es Wohnungsmangel, wo Leerstand? Wie viele Quadratmeter haben die Menschen zum Wohnen zur Verfügung? Derartige Informationen sind wichtig – beispielsweise für die Stadtplanung. Die Gebäude- und Wohnungszählung wird darauf Antworten geben.«[397]

Bei Gebäuden wollte das Bundesamt wissen, um was es sich genau handelt, wann das Gebäude gebaut wurde, wie viele Wohnungen es in ihm gibt und welche Heizungsart verwendet wird; bei Wohnungen interessierte die Größe, die Zahl der Räume und Bewohner sowie das Vorhandensein von Bad/Dusche und WC. Um Angaben für Haushalte berechnen zu können, wurde auch nach den Namen von bis zu zwei Wohnungsnutzern gefragt.

Kann es daher möglich sein, dass Zensus 2011 einen ganz anderen Hintergrund hatte, als offizielle Begründungen dies vermuten lassen?

Meine Spurensuche beginnt auf einem ganz anderen Feld: der Staatsverschuldung Deutschlands, die offiziell über zwei Billionen Euro, mit zukünftigen Staatsverpflichtungen allerdings rund sieben Billionen Euro beträgt. So viele Schulden sind mit »normalen« Maßnahmen nicht mehr zu tilgen. Eine völlige Bankrotterklärung wird nur zu verhindern sein, wenn die Bürger zusätzlich enteignet werden.

So viele Schulden sind mit »normalen« Maßnahmen nicht mehr zu tilgen.

Am besten geschieht dies über den Immobilienbesitz, den man vor dem Staat nicht »retten« kann. Das ist nicht neu. Blicken wir einmal kurz in die Vergangenheit, um für die Zukunft zu lernen:

Im Jahr 1952 wurde vom Bundestag das sogenannte »Lastenausgleichsgesetz«[398] erlassen. Die Umverteilung erfolgte dadurch, dass diejenigen, denen erhebliches Vermögen nach der Währungsreform verblieben war – insbesondere Immobilienbesitzer –, die Hälfte ihres Vermögens nach dem Stand vom 21. Juni 1948 in 120 vierteljährlichen Raten, also verteilt auf 30 Jahre, in einen Ausgleichsfonds einzahlen mussten. Zu diesem Zweck wurden eine Vermögensabgabe, eine Hypothekengewinnabgabe und eine Kreditgewinnabgabe eingeführt, die an die Finanzämter zu zahlen waren. Diese Sonderabgabe, sprich Teil-Enteignung, traf vor allem Haus- und Wohnungseigentümer.

Das, was 1952 möglich war, kann sich heute beinahe problemlos wiederholen.

Eine Vermögensabgabe, eine Hypothekengewinnabgabe und eine Kreditgewinnabgabe wurden eingeführt. Diese Teil-Enteignung traf vor allem Haus- und Wohnungseigentümer.

Grundlage dafür ist unser Grundgesetz. Artikel 14, Abs. 2 lautet unmissverständlich: »Eigentum verpflichtet. Sein Gebrauch soll zugleich dem Wohle der Allgemeinheit dienen.« Absatz 3 spricht noch mehr Klartext: »Eine Enteignung ist nur zum Wohle der Allgemeinheit zulässig. Sie darf nur durch Gesetz oder aufgrund eines Gesetzes erfolgen, das Art und Ausmaß der Entschädigung regelt. Die Entschädigung ist unter gerechter Abwägung der Interessen der Allgemeinheit und der Beteiligten zu bestimmen […]«

Eine Zwangshypothek, bei der eine Grundschuld zugunsten des Staates in die Grundbücher eingetragen, der Immobilienbesitzer also quasi zwangsweise verschuldet wird, ist demnach durchaus möglich. Unser Grundgesetz gibt dieses her.

Unser Grundgesetz gibt auch eine Zwangshypothek her!

Rechtsgrundlage dafür könnte ein neues Lastenausgleichgesetz sein. Dies wäre äußerst lukrativ für den Staat, denn die deutschen Immobilienvermögen werden auf knapp neun Billionen Euro geschätzt. Bei einer staatlichen Zwangshypothek von zehn Prozent könnte der Fiskus sich 900 Milliarden Euro aneignen, die er sogar mit Grundschulden besichern könnte. Die Hälfte der offiziellen Verschuldung von knapp zwei Billionen Euro könnte man so also bequem »tilgen«. Die Haus- und Wohnungsbesitzer hingegen würden ärmer.

War es daher Zufall, dass Zensus 2011 ausgerechnet *alle* Immobilienbesitzer zwangsweise zur Abgabe von Daten verpflichtete? Wurde also als Volkszählung getarnt das Immobilienvermögen der Deutschen erfasst? War dies die Vorstufe zu einer bevorstehenden Zwangshypothek, oder ist das nur eine Verschwörungstheorie? Die Antwort darauf geben uns wieder die Beschlüsse aus der Vergangenheit, etwa 1925, als durch das Hypothekenaufwertungsgesetz[399] Grundschulden *nachträglich* aufgewertet wurden, oder das bereits erwähnte Lastenausgleichsgesetz von 1952. Diese Erfahrungen lassen nichts Gutes erahnen.[400]

Grundschulden wurden *nachträglich* aufgewertet.

EDELMETALLE

Über Edelmetalle gibt es so vieles zu sagen, dass ich darüber ein eigenes Buch schreiben könnte. Ich beschränke mich daher auf wichtige Eckdaten und Hintergründe, die Sie als eventuell angehender Anleger kennen sollten, ja sogar kennen *müssen.*

Gold und Silber sind seit Jahrtausenden die wertstabilsten Edelmetalle. Sie galten und gelten bis heute als Zahlungs- und Wertaufbewahrungsmittel und genießen hohe Anerkennung. Menschen verschiedenster Kulturen und aller Epochen haben ihnen vertraut. Das ist in Zeiten der Wirtschafts- und Finanzkrise nicht anders und wird sich so schnell auch nicht ändern.

Als die Papierwährungen in der Vergangenheit ihren Wert verloren, blieben Gold und Silber stabil. Gold ist als Zahlungsmittel zudem auf der ganzen Welt anerkannt, was man vom »wertlosen« Papiergeld nicht gerade behaupten kann.

Gold und Silber sind seit Jahrtausenden die wertstabilsten Edelmetalle.

Gold

Ingo Narat, der Gold-Experte des *Handelsblatts,* erklärte, was es mit dem Edelmetall auf sich hat: »Gold ist kein akzeptierter Teil unseres Finanzsystems. Es ist sogar das Gegenteil, der pure Anarchismus, der schärfste denkbare Angriff auf das herrschende Währungsregime.«[401]

Gold ist ein Angriff auf das herrschende Währungssystem.

Ein treffendes Statement, denn das ist wohl auch der Grund dafür, warum politisch korrekte Finanzberater, Banker und Konsorten ihren Kunden gleich gar keine Vermögensanlagen in Gold empfehlen, sondern nur Aktien, Zertifikate, Lebensversicherungen und Fonds verkaufen wollen. Dabei ignorieren diese »Ignoranten«, dass selbst die Zentral- und Notenbanken immer mehr Goldbestände aufkaufen. Warum tun diese das wohl? Richtig, weil sie selbst immer weniger an den Wert des Geldes glauben, das sie selbst drucken und verteilen.

Notenbanken kaufen immer mehr Gold auf, weil sie immer weniger an den Wert des Geldes glauben, das sie selbst drucken.

Sie verteufeln zwar Gold, kaufen es aber selbst in immer höheren Mengen auf, weil es »wertstabilisierend« ist.[402] Schließlich hat der US-Dollar gegenüber dem Gold seit 1971 um 98 (!) Prozent abgewertet.[403]

Der Dollar hat gegenüber dem Gold seit 1971 um 98 Prozent abgewertet.

Ingo Narat weiter: »Unsere Euro und Dollar sind durch nichts gedeckt. Es sind reine Papierwährungen. Notenbanken können davon so viel drucken, wie sie wollen, Politiker so viel ausgeben, wie sie wollen, auch Geld, das sie schon lange nicht mehr haben. Und sie tun das inzwischen mit großer Dreistigkeit. Ich bin davon überzeugt: Gold ist Geld, unbestechlich, nicht auf Knopfdruck vermehrbar wie unsere Geldscheine.«[404]

Der amerikanische Historiker Carroll Quigley beschrieb den Unterschied zwischen Geld und Gold folgendermaßen: »Güter sind Reichtum, den man besitzt, während Geld einen Anspruch auf Reichtum darstellt, den man nicht besitzt. Güter sind Guthaben, Geld ist eine ausstehende Schuld.«[405]

Güter sind Guthaben, Geld ist eine ausstehende Schuld.

Auch während der Krisen der Vergangenheit war die Nachfrage nach Gold schon sehr groß. Zwar schwankte der Goldpreis im Laufe der Geschichte ganz erheblich, doch seit mehr als 5000 Jahren wird Gold weltweit als Zahlungsmittel akzeptiert und das bleibt in den Köpfen.

Viele konservative Sparer sehen Gold nicht nur als Wertanlage, sondern auch als eine Art »Versicherung« für die Zeiten nach dem Crash. Die Eurokrise macht vielen Menschen nicht nur vor einer Aushöhlung der Währung Angst, sondern auch vor einer steigenden Inflation. Gold ist dabei *die* Alternativwährung, meiner Meinung nach (neben Silber) auch *die* Schwarzmarktwährung.

Gold und Silber sind die Alternativ- und Schwarzmarktwährungen!

Trotz alledem haben die Deutschen (vielleicht auch Sie selbst?) zu wenig in Edelmetalle investiert. Laut einer Umfrage der Steinbeis-Hochschule in Berlin halten die Bundesbürger im Schnitt nur 2,8 Prozent ihres Gesamtvermögens in Gold[406] und das, obwohl Fachleute heutzutage dazu raten, 15 bis 25 Prozent des Vermögens in dem Edelmetall anzulegen.[407]

Die Deutschen investieren im Schnitt nur 2,8 Prozent ihres Vermögens in Gold.

Doch Gold ist nicht nur ein Edelmetall, Gold ist für so manchen Anleger noch viel mehr: ein letzter »Rettungsanker« im stürmischen Meer der ungezügelten Finanzspekulationen.

Hier einige Eckdaten zur Entwicklung des *durchschnittlichen* Goldpreises (je Feinunze in US-Dollar):

1900:	20,57
1973:	97,84
1980:	850,00
2000:	289,00
2011:	1498,00
Allzeithoch:	1913,54 (am 22. August 2011)[408]

Gold (aber auch Silber) ist ein endlicher Rohstoff, den man nicht beliebig vermehren kann. Die Länder, die selbst Gold abbauen, sind deshalb gegenüber den anderen im Vorteil. Hier die sechs größten Goldproduzenten der Welt:

Land	Fördermenge in Tonnen	Reserven
❶ China	345	1900
❷ Australien	255	7300
❸ USA	230	3000
❹ Südafrika	190	6000
❺ Russland	190	5000
❻ Peru	170	2000[409]

Zwölf Länder fördern zwei Drittel des weltweiten Goldvorkommens. Seit dem Jahr 2007 hat China Südafrika als größten Goldproduzenten abgelöst. Jährlich werden rund 2500 Tonnen neues Gold abgebaut.

Die Reinheitsgrade von Gold werden in Karat angegeben:	
24 Karat:	reines Gold
22 Karat:	916,6er-Gold (916,6 Anteile Gold/83,4 Anteile andere Metalle)
21 Karat:	900er-Gold (900 Anteile Gold/100 Anteile andere Metalle)
18 Karat:	750er-Gold (750 Anteile Gold/250 Anteile andere Metalle)
14 Karat:	585er-Gold (585 Anteile Gold/415 Anteile andere Metalle)
9 Karat:	375er-Gold (375 Anteile Gold/625 Anteile andere Metalle)
8 Karat:	333er-Gold (333 Anteile Gold/667 Anteile andere Metalle)

Gold als Währung

Im Jahr 1717 wurde der Goldpreis zum ersten Mal festgelegt, und zwar von keinem Geringeren als dem berühmten Physiker und Astronomen Isaac Newton,[410] der damals noch als Vorsteher des Münzamtes in Großbritannien fungierte.

Die Wurzeln des Goldstandards liegen im Gebrauch von Goldmünzen als Tauschmittel, Recheneinheit und Wertaufbewahrungsmittel. Ein *gesetzlich* festgelegter Goldstandard wurde im Jahr 1819 vom britischen Parlament erstmals eingeführt. Später im 19. Jahrhundert folgten Deutschland, Japan und auch andere Länder. Die USA schlossen sich dem Goldstandard de facto im Jahr 1879 an, als sie den Wert der während des amerikanischen Bürgerkriegs ausgegebenen Dollarnoten an den Goldpreis banden.

Die vorrangige Aufgabe der Zentralbank bestand darin, das offizielle Gleichgewicht zwischen Währung und Gold zu wahren. Sie benötigte dazu »nur« einen ausreichenden Goldvorrat.[411]

Die vorrangige Aufgabe der Zentralbank bestand darin, das offizielle Gleichgewicht zwischen Währung und Gold zu wahren.

1971 wurde Gold zu einer frei handelbaren Währung, da es nicht mehr an den Dollar gebunden war und die US-Regierung den Goldpreis deregulierte. Um Ihnen das genauer zu erklären, muss ich weiter ausholen:

Mitten im Zweiten Weltkrieg, im Jahr 1944, fand im Hotel Mount Washington in dem Ort Bretton Woods (New Hampshire/USA) eine Währungs- und Finanzkonferenz der UNO mit 730 Vertretern aus 44 Staaten statt.[412]

Das auf der Konferenz unterzeichnete Abkommen diente der Neuordnung der Weltwirtschaft und bildete die Grundlage für eine neue Weltwährungsordnung mit festen Wechselkursen. Dadurch sollte verhindert werden, dass sich Protektionismus (Schutz inländischer Produzenten vor ausländischer Konkurrenz durch Verbote, Quotierung oder Zölle) und Abwertungswettläufe der Zwischenkriegszeit wiederholten. Mit dem Abkommen wurde das internationale Währungssystem von Bretton Woods geschaffen. Aufgrund des verlorenen Krieges trat Deutschland erst im Jahre 1949 bei.[413]

Und so funktionierte das Bretton-Woods-System:

Der US-Dollar als Leitwährung stand im Mittelpunkt. Dessen Wert war gegenüber dem Gold auf 35 US-Dollar je Unze Feingold (1 Unze = 31,104 Gramm) festgelegt. Seitens der US-Zentralbank bestand die Verpflichtung, Dollar in Gold einzulösen. Die Wechselkurse aller anderen Währungen wurden gegenüber dem US-Dollar fixiert und die Zentralbanken der teilnehmenden Länder verpflichtet, durch ihre Geldpolitik (insbesondere durch Käufe und Verkäufe einheimischer Währung gegen US-Dollar) diese Wechselkurse innerhalb einer Bandbreite von einem Prozent zu stabilisieren (vergleiche dazu das Kapitel »Auf- und Abwertung einer Währung«).

Die Bretton-Woods-Organisationen beziehungsweise -Institutionen waren die Weltbank und der Internationale Währungsfonds (IWF). Teil des Systems war der sogenannte »White-Plan«, der den US-Dollar als Leitwährung zementierte. Dadurch waren die USA völlig autonom in Bezug auf ihre Währungs- und Geldpolitik.[414] Die Amerikaner hatten es somit geschafft, *alle* Währungen von sich abhängig zu machen.

Die US-Amerikaner machten *alle* Währungen von sich abhängig.

Der Bestsellerautor Stephen Zarlenga dazu: »Der US-Dollar nahm in dem System eine Sonderstellung ein, in der sich die Stärke der USA widerspiegelte. Der Dollar erhielt als Reserve für die Währungsschöpfung den gleichen Status wie Gold. Dies bedeutete, dass die US-Goldreserven bei der Schaffung von Weltreserven doppelt zählten: Zunächst konnten sie zur Schöpfung von Dollars verwendet werden, und danach konnten diese Dollars als Reserven zur Schöpfung anderer Währungen verwendet werden.[415] Auf diese Weise wurde weltweit mindestens doppelt so viel Geld geschaffen, als wenn die Reserven nur aus Gold bestanden hätten.«[416]

Charles de Gaulle, der französische Staatspräsident, war der Erste, der sich gegen diesen »Dollar-Imperialismus«[417] auflehnte: 1969 wollte Frankreich seine Dollarreserven in Gold einlösen. Doch die Goldreserven der USA reichten nicht einmal aus, um die Forderungen dieses *einen* Landes zu erfüllen. So kündigten die USA im Jahr 1971 ihre Verpflichtung, Dollar in Gold einzulösen, einfach auf. 1973 wurde das Bretton-Woods-System dann außer Kraft gesetzt und die Wechselkurse wieder freigegeben.[418]

Gegen den »Dollar-Imperialismus«

Die Hintergründe waren aber andere, als offiziell angegeben:

Da Präsident Lyndon B. Johnson im Jahr 1965 das Engagement der USA im Vietnamkrieg stärkte, begannen die Militärausgaben des Staates zu steigen. Zur gleichen Zeit erhöhten sich aber auch die Ausgaben der öffentlichen Haushalte, sodass sich die USA immer mehr verschuldeten.

Internationale Zentralbanken verkauften daraufhin ihre Dollars und kauften vermehrt Gold. So schwanden die US-Goldreserven und näherten sich dem gesetzlich vorgeschriebenen Mindestwert von 25 Prozent.[419]

Aber Johnson wollte keine Steuererhöhungen durchführen, da im Jahr 1966 Zwischenwahlen stattfanden. Dies führte zu einer fiskalischen Expansion, die zu einem Preisauftrieb beitrug. Die jährliche Inflationsrate stieg auf nahezu sechs Prozent, was Spekulanten auf den Plan rief.

In Erwartung eines künftigen höheren Dollarpreises begannen private Spekulanten Ende 1967 und Anfang 1968 Gold in großem Umfang aufzukaufen. Dagegen waren die staatlichen Banken machtlos. Nachdem auch die *Federal Reserve* und die europäischen Zentralbanken umfangreiche Goldverkäufe getätigt hatten, gaben sie schließlich die Zweiteilung des Goldmarktes in einen privaten und einen staatlichen Bereich bekannt.

Diese Spaltung des Goldmarktes war der Anfang vom Ende des Bretton-Woods-Systems: Indem die Zentralbanken die Verbindung zwischen dem Dollarangebot und einem festen Marktpreis durchtrennten, gaben sie die dem System innewohnende Schutzvorrichtung gegen Inflation auf.

Die bis dahin objektive Bindung des Dollars an Gold gab Vertrauen, dass die Währung knapp und damit wertstabil blieb. Dazu der Fachautor Eike Hamer: »Die Goldbindung [hemmte] die privaten Eigentümer der *Fed* an einer ungenierten Dollarvermehrung zu eigenen Gunsten [...]. Sie mussten nämlich ihr Goldeinlöseversprechen fürchten und immer in der Lage sein, Gold für Dollar herauszugeben. Damit war die Goldbindung eine natürliche Bremse gegen Dollarvermehrung und damit Garant für Geldwertstabilität.«[420]

Die Goldbindung war eine natürliche Bremse gegen Dollarvermehrung und damit Garant für Geldwertstabilität.

Aber es kam noch schlimmer: 1970 begann für die US-Wirtschaft eine Rezession, die eine ansteigende Arbeitslosigkeit mit sich brachte. Die Märkte waren überzeugt davon, dass der Dollar gegenüber allen wichtigen europäischen Währungen abgewertet werden müsse, um wieder Vollbeschäftigung herzustellen. Doch dies konnte nur dann geschehen, wenn sich die ausländischen Regierungen dazu bereit erklärten, ihre Währungen auch zu dem neuen Kurs an den Dollar zu binden und ihre Währungen gegenüber dem Dollar gleichzeitig aufwerteten. Doch eine Aufwertung würde die eigenen Güter gegenüber amerikanischen Produkten teurer machen und somit der Exportbranche schaden. Deshalb legten einige Länder keinen Wert auf eine Abwertung des Dollars und eine Aufwertung ihrer eigenen Währung.[421]

Nun entschloss sich Präsident Richard M. Nixon zu einer fast erpresserischen Tat: Am 15. August 1971 verkündete er, dass die USA den Zentralbanken fortan nicht länger automatisch Gold gegen Dollars verkaufen würden, und durchtrennte damit die letzte verbliebene Verbindung zwischen Dollar und Gold. Das hieß nichts anderes, als dass Banken und Privatleute, die Dollars besaßen, durch die einseitige Ankündigung des Präsidenten quasi über Nacht ihres vertraglich besiegelten Anrechts auf Gold beraubt worden waren und sich gleichzeitig die Schleusen für die Währungsinflation öffneten.[422] Zudem verkündete Nixon eine zehnprozentige Besteuerung sämtlicher Importe in die

USA, die so lange in Kraft bleiben sollte, bis sich die Länder dazu bereit erklärten, ihre Währungen gegenüber dem Dollar aufzuwerten.

Die Erpressung wirkte: Im Dezember 1971 kam es in Washington schließlich zu einer internationalen »Einigung« über die Neufestlegung der Wechselkurse, dem »Smithsonian-Agreement«. Der Dollar wurde um durchschnittlich acht Prozent abgewertet und die zehnprozentige Importsteuer, welche die USA zur Erzwingung dieser Maßnahme verhängt hatte, wieder aufgehoben.[423]

Der Wirtschaftsjournalist F. William Engdahl bewertet diesen Schritt wie folgt: »Als Nixon erklärte, dass die USA ihren Währungsverpflichtungen gegenüber dem Gold nicht mehr nachkommen würden, öffnete er die Schleusen für eine weltweite Spekulation im Stil eines Kasinogelages in Las Vegas – und zwar in einer historisch nie da gewesenen Dimension […] der Welthandel wurde selbst zum Schauplatz von wilden Spekulationen in Bezug darauf, in welche Richtung bestimmte Währungen schwanken würden. Infolgedessen stieg das Gesamtvolumen der weltweit zirkulierenden Dollars, das sich Ende der 1960er-Jahre auf einem relativ gleichmäßigen Niveau befunden hatte, bis Ende der 1990er-Jahre exponentiell um etwa 2500 Prozent[424] an […] und [führte] zu einer massiven Kapitalflucht aus dem Dollar in Richtung Europa und Japan.«[425]

Engdahl weiter: »Seit Nixon im August 1971 die im Abkommen von Bretton Woods festgelegte Gold-Konvertibilität des US-Dollars aufgekündigt hat, wird die Welt von ›Fiat‹- oder Papiergeld regiert, bei dem sich der Wert des Dollars ausschließlich durch die Rolle der USA als Weltsupermacht stützte.

Seit die Gold-Konvertibilität des US-Dollars aufgekündigt wurde, wird die Welt von »Fiatmoney« regiert.

Da der Dollar nun nicht mehr an das Gold gekettet war, konnten die USA in wachsendem Ausmaß Dollars drucken […] Um sicherzustellen, dass diese zunehmend wertlosen Dollars von der übrigen Welt auch akzeptiert wurden, führten die USA Kriege, griffen zu Erpressung und inszenierten Währungskrisen in anderen Ländern; es gab Finanzmanipulationen in Hülle und Fülle. Eine eingehende Untersuchung durch GATA und andere Rohstoffexperten hat ans Licht gebracht, dass die amerikanische *Federal Reserve* und das US-Finanzministerium seit 1971 die Finanzmärkte manipuliert haben, um den Marktpreis für Gold niedrig zu halten.

Die USA inszenierten Währungskrisen und führten Finanzmanipulationen durch.

Damit sollte der Eindruck erweckt werden, Gold sei weniger attraktiv als US-Schatzanleihen, die Zinsen einbringen. Nach 1987 haben das Finanzministerium und die *Fed* mit den Money-Trust-Banken wie *Citigroup, Chase* und UBS gemeinsame Sache gemacht und immer dann, wenn der Goldpreis deutlich zu steigen begann, Derivate eingesetzt, um den Preis niedrig zu halten.«[426]

Doch Nixons erpresserisches »Währungsabkommen« hatte nicht einmal 15 Monate Bestand, denn wieder zwangen Spekulanten die mächtigen Amerikaner in die Knie: Anfang Februar 1973 setzte eine weitere riesige Spekulationswelle gegen den Dollar ein. Daraufhin wurde sogar der Devisenmarkt geschlossen, damit die USA und ihre wichtigsten Handelspartner über Stützungsmaßnahmen für den Dollar verhandeln konnten. So wurde am 12. Februar 1973 eine weitere Abwertung des Dollars um zehn Prozent bekannt gegeben.

Kaum hatten die Regierungen der Wiedereröffnung des Devisenmarktes zugestimmt, setzte die Spekulation gegen den Dollar wieder ein. Die europäischen Zentralbanken kauften 3,6 Milliarden Dollar auf, um eine Aufwertung ihrer Währungen zu verhindern. Am 1. März 1973 wurde der Devisenmarkt abermals geschlossen. Als er am 19. März wieder geöffnet wurde, gaben die Industrieländer die Wechselkurse ihrer Währungen, aufgrund der unkontrollierbaren spekulativen Kapitalbewegungen, gegenüber der US-Währung frei. Das bedeutete das Ende der festen Wechselkurse und das Ende des »Diktats des Dollars«.[427]

Das Ende des Dollar-Diktats

Seither wird die Welt mit »Fiat Money« – das ist stoffwertloses Geld, dessen juristische Deckung durch reale Vermögenswerte nicht vollständig ist oder gar gänzlich fehlt[428] – überschwemmt und der Goldpreis nimmt stetig zu.

Nouriel Roubini, Professor an der *Stern School of Business* in New York, erklärt dies so: »Der Goldpreis steigt nur in zwei Situationen steil an: Wenn die Inflation hoch ist und weiter ansteigt, wird Gold zur Absicherung gegen die Inflation genutzt. Wenn das Risiko einer Beinahe-Depression besteht und die Investoren um die Sicherheit ihrer Bankeinlagen bangen, wird Gold zu einem sicheren Hafen.«[429]

Professor Roubini nennt verschiedene Gründe für diese Entwicklung:

- Monetisierte Haushaltsdefizite steigern die Besorgnis in Hinblick auf eine mittelfristige Inflation.
- Eine massive Liquiditätswelle jagt hinter den Vermögenswerten her, wodurch die Inflation weiter angeheizt werden könnte.
- Dollar-Carry-Trades (Zinsdifferenzgeschäfte am Währungsmarkt) drücken den Dollar in den Keller: je niedriger der Dollar, desto höher der Dollarpreis für Öl, Energie und andere Rohstoffe – einschließlich Gold.
- Das weltweite Goldangebot ist begrenzt, und die Nachfrage steigt schneller, als sie befriedigt werden kann.
- Investoren nutzen Gold als Absicherung verbleibender Risiken.[430]

Doch Gold wird nicht nur in Form von Münzen genutzt. Es gibt noch eine Vielzahl anderer Verwendungen:

❶ Schmuck	(51%)	79 000 Tonnen
❷ Zentralbanken	(18%)	28 600 Tonnen

❸ Privatbesitz	(16%)	25000 Tonnen
❹ Kunst	(12%)	18000 Tonnen
❺ Industrie	(3%)	4658 Tonnen

Wo ist unser Gold?

Als es den Goldstandard noch gab, bestand der Zweck dieser Goldreserven hauptsächlich in der Deckung von Währungen. Heute wird Gold vorwiegend als Reserve für Krisenzeiten aufbewahrt: Durch den Verkauf des begehrten Edelmetalls kann sich ein Staat gegen unerwartete Ereignisse absichern oder einem Staatsbankrott entgegentreten.

Die Goldbestände der deutschen Bundesbank summieren sich auf rund 124 Milliarden Euro.[431] Die deutschen Goldreserven lagern jedoch *nicht* in Deutschland, sondern in Tresoren der *Federal Reserve Bank of New York*, bei der *Bank of England* in London und der *Banque de France* in Paris.[432]

Die deutschen Goldreserven lagern nicht in Deutschland!

Dieser Umstand führt immer wieder zu den wildesten Spekulationen und Verschwörungstheorien. Etwa, dass Deutschland nicht frei über das Gold verfügen könne oder die Reserven sich gar nicht mehr in den Tresoren befinden würden.

Die »offizielle« Version ist folgende: In den 1950er- und 1960er-Jahren waren der Bundesbank aufgrund deutscher Exportüberschüsse die Goldreserven von anderen Nationen übertragen worden. Wegen der hohen Transport- und Baukosten neuer Tresore lehnt es die Bundesbank jedoch bis heute aus »betriebswirtschaftlichen Gründen« ab, die Goldbarren nach Deutschland zu schaffen.[433] Eine billige Ausrede? Kann schon sein.

Lässt man alle »Verschwörungstheorien« außer Acht, ist es dennoch seltsam, dass ein souveräner Staat seine gesamten Goldreserven in anderen Ländern lagert. Was, wenn diese Staaten eines Tages den Zugriff verweigern?

Die Goldreserven ausgesuchter Länder pro Kopf (in Gramm):

❶ Schweiz	135,06	❺ USA	26,63
❷ Deutschland	41,57	❻ Russland	3,50
❸ Italien	41,00	❼ China	0,45
❹ Frankreich	38,80		

Gold ist »sicher«

Im Gegensatz zu Papiergeld können die Notenbanken Gold nicht beliebig vermehren. Goldmünzen und Barrengold werden von sehr vielen Zentralbanken auf der Welt als Währungsreserve gelagert. Die meisten Länder haben Goldreserven in ihren Tresoren. Diese nationalen Goldbestände stehen meistens im Verantwortungsbereich einer Zentralbank oder des Finanzministeriums.

Notenbanken können Gold nicht beliebig vermehren.

Goldreserven der Notenbanken in Tonnen:

❶ USA	8134	❹ Frankreich	2445
❷ Deutschland	3408	❺ China	1054
❸ Italien	2452	❻ Schweiz	1040[434]

Der »Börsenprophet« Roland Leuschel prognostizierte bereits im November 2009 in einem Interview mit der *Welt am Sonntag*:

- »Der Dollar und auch der Euro sind dem Untergang geweiht. Die private und öffentliche Überschuldung wird den Zusammenbruch unseres Währungssystems nach sich ziehen. Dann schlägt die Stunde des Edelmetalls.«
- »Die meisten Währungen, die nicht auf Edelmetall basierten, gingen unter.«

Die meisten Währungen, die nicht auf Edelmetall basierten, gingen unter.

- »In Europa verletzen 20 von 27 Staaten die Maastricht-Kriterien. Wir sollten endlich aufhören zu glauben, dass der Euro eine stabile Währung ist. Anderswo sieht es nicht viel besser aus. Am Ende werden wir nicht umhin können, ein neues Weltwährungssystem auf Goldbasis aufzubauen. Das jetzige Regime ist nicht zu retten.«
- »Im ersten Schritt müsste das Gold wohl auf 3000 bis 5000 Dollar steigen, damit sich eine neue Goldbindung schaffen ließe.«
- »Immer mehr Menschen erkennen, dass der Wert unseres Geldes durch Politik und Notenbanken ausgehöhlt wird.«[435]

»Immer mehr Menschen erkennen, dass der Wert unseres Geldes durch Politik und Notenbanken ausgehöhlt wird.«

Ist Gold inflationssicher?

Bei dieser Frage scheiden sich die Geister. Die Fachautoren Werner Bareis und Niels Nauhauser kommen zu einer klaren Analyse: »Die Steigerungen beim Goldpreis haben in den letzten 25 Jahren die Inflationsrate bei weitem nicht ausgeglichen.«[436]

Eine andere Sicht geht genau vom Gegenteil aus, nämlich dass Gold eine langfristige Werthaltigkeit beziehungsweise eine konstant bleibende Kaufkraft besitzt. Bei einer Inflation vermehrt sich die Menge des umlaufenden Geldes. Der Goldpreis wird in Geldeinheiten gemessen. Bei einer Inflation steigt demnach auch der Goldpreis. Je nach Auf- und Abwertung einer Währung verändert sich der Preis des Goldes, aber der Wert bleibt konstant. Oder anders ausgedrückt: *Langfristig* gleicht der Goldpreisanstieg immer den Kaufkraftverlust durch Inflation aus.

Langfristig gleicht der Goldpreisanstieg immer den Kaufkraftverlust durch Inflation aus.

Aber kurz- und mittelfristig kann es durchaus Abweichungen zum realen Wert geben.[437]

Droht ein Goldverbot?

In vielen Blogs und Foren gibt es immer wieder Befürchtungen, die Regierung könnte ein »Goldverbot« verhängen und somit wären die Anlagen in Edelmetalle gefährdet und Gold nicht mehr als Zahlungs- oder Tauschmittel anerkannt. Sogar die Bankschließfächer könnten durchsucht werden, so geschehen in den USA im Jahr 1933.[438] Das ist allgemein bekannt. Was weniger geläufig sein dürfte, ist die Tatsache, dass dieses Verbot auch die Besitzer von *Silber*vermögen betraf.

Auf der Internetseite *www.goldseiten.de* findet man den Wortlaut des Goldverbot-Erlasses von Franklin D. Roosevelt. Der US-Präsident untersagte im Jahr 1933 seinen Bürgern für fast 40 Jahre den Besitz von Gold und Silber. Hier der Wortlaut (Hervorhebungen durch mich):

Weißes Haus, Washington
Donnerstag, 9. März 1933

Durchführungsverordnung des Präsidenten der Vereinigten Staaten von Amerika:

»Aufgrund der mir übertragenen Vollmacht aus Abschnitt 5 (b) des Gesetzes vom 6. Oktober 1917, geändert durch Abschnitt 2 des Gesetzes vom 9. März 1933 [...], in dem der Kongress erklärte, dass ein ernsthafter Notstand existiert, verkünde ich als Präsident, dass der nationale Notstand noch besteht, existiert und dass ***das fortgesetzte private Gold- und Silberhorten der Bürger der Vereinigten Staaten eine ernsthafte Bedrohung für den Frieden, die Gerechtigkeit und das Wohlergehen der Vereinigten Staaten darstellt.*** *Um die Interessen unseres Volkes zu schützen, müssen geeignete Maßnahmen sofort ergriffen werden.*

Daher verkünde ich in Ausübung der oben genannten Vollmacht, dass solcher ***Gold- und Silberbesitz verboten ist und dass jeder solche Münzen, Anlagemünzen oder anderen Gold- und Silberbesitz innerhalb von vierzehn Tagen bei amtlichen Beauftragten der Regierung der Vereinigten Staaten gegen Erstattung zum offiziellen Preis in offiziellen Zahlungsmitteln der Regierung abzuliefern hat.***

Alle Tresorfächer in Banken oder Geldinstituten sind versiegelt worden und warten auf bevorstehende gesetzliche Maßnahmen. Mithin ist jeder Verkauf, Ankauf oder die Bewegung von solchem Gold oder Silber innerhalb der Grenzen der Vereinigten Staaten und ihrer Gebiete verboten, sowie jedes Devisengeschäft und jede Bewegung von solchen Metallen über die Grenze.

Der Besitz dieser verbotenen Metalle sowie die Unterhaltung eines Schließfachs für deren Lagerung sind der Regierung durch die Bank- und Versicherungsunterlagen bekannt. ***Es wird darauf hingewiesen, dass Ihr Schließfach versiegelt bleiben muss und nur in Anwesenheit eines Vertreters des Finanzamtes geöffnet werden darf.***

Per gesetzlicher Verordnung erlassen an diesem Tage.
(By Executive Order of the President of the United States)

Franklin Roosevelt, 9. März 1933«[439]

Das Verbot wurde erst Anfang der 1970er-Jahre mit der Aufkündigung von Bretton Woods aufgehoben.

Sie fragen sich demnach völlig zu Recht: Könnte so etwas auch bei uns geschehen? Meine Antwort: *Vielleicht,* denn am Rande des Staatsbankrotts wird jeder Staat kreativ, wenn es darum geht, an das Privatvermögen seiner Bürger zu kommen.

Die beiden Edelmetall-Experten Johann Saiger und Frank Winkler sehen das ähnlich: »Bei einer Währungsreform wird man wieder zu einer Art Goldstandard zurückkommen müssen. Breite Bevölkerungskreise werden nach den Erfahrungen mit ›Fiat Money‹ keinesfalls mehr ›ungedeckte Währungen‹ akzeptieren. Für eine durch Gold gedeckte Währung sind jedoch die offiziellen Goldreserven zu gering. Mit der Einbeziehung der privaten Goldbestände wäre dies jedoch sehr viel eher möglich. Damit besteht die Gefahr, dass der Goldbesitz wieder verboten werden könnte und Gold somit ablieferungspflichtig wird.«[440]

Die Gefahr, dass Goldbesitz verboten wird, ist möglich.

Natürlich gibt es auch die Möglichkeit, sein Gold in »goldfreundlichen« Ländern wie Singapur, Hongkong oder die Vereinigten Arabischen Emirate zu lagern. Aber die Logistik dürfte nicht einfach sein, denn man muss seinen Edelmetallvorrat ja erst mal »aus dem Land schaffen.«

Goldanlagen und Steuern

Gold als Crashwährung, Gold als sicherer Hafen. Inflationsgeschützt und seit Jahrtausenden begehrt. Aber Gold ist nicht gleich Gold, und obwohl es keine Zinsen bringt, unterliegt es – zumindest in Deutschland – *in manchen Fällen* der Besteuerung.

Gold unterliegt in manchen Fällen der Besteuerung.

Je nachdem *können* also Einkommenssteuer, Abgeltungssteuer, Erbschaftssteuer oder Mehrwertsteuer fällig werden.

Hier ein Überblick:

- *Anlagegold:* Dazu gehören Barren oder Plättchen mit einem Feingehalt von mindestens 995. Zudem auch Goldmünzen, die in ihrem Ursprungsland gesetzliches Zahlungsmittel (»bullion coins«) sind oder waren. Diese müssen nach dem Jahr 1800 geprägt worden sein, einen Feingehalt von mindestens 900 besitzen und üblicherweise zu einem Preis verkauft werden, der den Offenmarktwert ihres Goldgehalts um nicht mehr als 80 Prozent übersteigt. Innerhalb der EU fällt beim Kauf oder Verkauf seit 1. Januar 1993 *keine* Mehrwertsteuer mehr an. Für die Finanzbehörden ist der Verkauf von Anlagegold ein »privates Veräußerungsgeschäft« und unterliegt deshalb auch *nicht* der Abgeltungssteuer (§ 23. Abs. 1 Nr. 2 des ESt-Gesetzes). Wer das Gold allerdings innerhalb eines Jahres verkauft, muss diese Transaktion mit seinem persönlichen Steuersatz versteuern (Freigrenze 600 Euro).
- *Schmuck oder Sammlermünzen:* Hier fällt immer die Mehrwertsteuer von 19 Prozent an.
- *Papiergold wie Goldfonds, -zertifikate oder -aktien:* Wenn Sie im Besitz von Goldfonds sind, Gold-ETFs (siehe unten), Gold-ETCs (siehe unten), Aktien von Goldminen, Goldminenfonds oder Goldzertifikate haben, dann handelt es sich um Investmentanlagen, die der Abgeltungssteuer von 25 Prozent unterliegen. Dazu

kommen noch der Solidaritätszuschlag von 5,5 Prozent auf die Abgeltungssteuer sowie eventuell anfallende Kirchensteuer. Somit ist man schlimmstenfalls 28,625 Prozent los, egal wie lange diese Papiere in einem Depot lagern. Steuerrechtlich durch die Finanzgerichte noch nicht geklärt ist der Fall, wenn die Rückzahlung nicht in Geld erfolgt, sondern stattdessen ein Goldbarren geliefert wird.

- *Xetra-Gold:* Ist eine mit physischem Gold besicherte Schuldverschreibung. Laut Erlass des Bundesfinanzministeriums (Az. IC C1-S 2252/08/10004) vom 22.12.2009 unterliegen Gewinne beim Verkauf auch der Abgeltungssteuer, dem Solidaritätszuschlag und eventuell anfallender Kirchensteuer. Auch hier haben die Finanzgerichte noch nicht abschließend geurteilt.
- *Erbschaft:* Gold zählt in jeder Anlageform immer zum Nachlass. Sind die Freigrenzen ausgeschöpft, unterliegt es ebenfalls der Steuer zwischen sieben und 50 Prozent (je nach Steuerklasse). Als Bewertungsstichtag gilt der Todestag des Erblassers.

Noch ein Wort zu den Bankschließfächern: Nach geltendem Recht in Deutschland muss jede Bank Edelmetalle herausgeben, die in Schließfächern lagern, auch wenn die Bank pleitegeht, denn Edelmetalle gehören nicht zu den Bankeinlagen.

Edelmetalle gehören nicht zu den Bankeinlagen.

Wird der Goldpreis in Zukunft noch steigen?

Das ist eine gute Frage und nicht so leicht zu beantworten. Wie schon erwähnt, muss man kurz- oder mittelfristig immer mit Einbrüchen rechnen. Langfristig jedoch hat sich der Goldpreis enorm gesteigert, wie die Tabelle weiter oben zeigt.

Langfristig hat sich der Goldpreis enorm gesteigert.

Dafür, dass dies auch in Zukunft so bleiben wird, sprechen folgende Parameter:

- Sinkende Minenproduktionen
- Steigende Schmucknachfrage in den Schwellenländern
- Steigende Industrienachfrage
- Steigende Käufe durch ETFs
- Negative Realzinsen
- Rückkäufe von alten Terminsicherungsgeschäften (»Produzenten-De-Hedging«)
- Zunehmende geopolitische Risiken
- Rasant steigende Staatsverschuldungen
- Steigende Inflation
- Angst vor Staatsbankrotten
- Angst vor Währungsreformen[441]

Wer sich für den Kauf von physischem Gold entscheidet, sollte sich an angesehene Gold- oder Edelmetallhändler halten. Diese bieten Edelmetalle in der Regel etwas billiger an als bei der Bank und haben häufig auch größere Lagerbestände. Das Internet bietet dazu gute Recherchemöglichkeiten, um die einzelnen Händler einschätzen zu können und einen ersten Preisüberblick zu erhalten. Große Händler sind Westgold, muenzenmueller, FWM und einige andere.

Sollten Sie sich für Münzen entscheiden, weil diese besser zu handeln sind, kaufen Sie Münzen von einer Unze, ansonsten haben Sie einen zu großen Prägeaufschlag. Gängige und weltweit anerkannte Goldmünzen sind:

- Krügerrand (Südafrika)
- Maple Leaf (Kanada)
- American Eagle (USA)
- American Buffalo (USA)

- Britannia (Großbritannien)
- Goldvreneli (Schweiz)
- Kookaburra (Australien)
- Panda (China)
- Wiener Philharmoniker (Österreich)

So, ich habe jetzt viel über Gold lamentiert, jetzt wird es Zeit, die Vor- und Nachteile objektiv zu analysieren:

Pro

- Hat sich seit Jahrtausenden bewährt
- Wird (fast) auf der ganzen Welt akzeptiert
- In Krisenzeiten als Geldersatz für den Warentausch einsetzbar[442]
- Ist immun gegen Währungsreformen
- Gold ist Geld und verbrieft nicht nur Forderungen auf Geld wie Wertpapiere, Anleihen oder Festgeldanlagen[443]

Gold ist Geld und verbrieft nicht nur Forderungen auf Geld.

- Absicherung gegen negativen Realzins (wenn Inflationsrate über dem Sparzins liegt); Festzinsanlagen können heutzutage das zinslose Gold nicht mehr ausstechen[444]
- Mehrwertsteuerfrei
- Große Werte sind einfach zu transportieren
- Goldmenge kann nicht beliebig vermehrt werden
- Kann jederzeit verkauft werden
- Auch wenn die Bank pleitegeht, gehört dem Anleger das Gold
- Keine Angst vor der Entwertung der Ersparnisse im Alter
- Gute Wertentwicklung

Festzinsanlagen können das zinslose Gold nicht mehr ausstechen.

Contra

- Gold wirft keine Zinsen ab
- Unkomfortabel in der Anschaffung und Lieferung
- Lagerung kostet Geld (Tresor, Schließfach)
- Ausgabeaufschlag, der mit sinkendem Gewicht steigt
- Wenn viele Investoren in Liquiditätsnot sind und ihre Goldpositionen verkaufen, fällt der Preis[445]
- Teilweise hohe Differenzen zwischen Ankaufs- und Verkaufspreis
- Eventuell Besteuerung (siehe oben)
- Registrierungspflicht für Käufe über 15 000 Euro

Fazit: Andreas Beck, Vorstand des Instituts für Vermögensaufbau, vertritt die Meinung, dass Gold als »Spekulation« für die Altersvorsorge »untauglich« ist.[446] Ich bin – übrigens wie mein Kollege Michael Mross[447] – genau der gegenteiligen Meinung, nämlich, dass es *keine* andere Möglichkeit gibt, die Kaufkraft Ihres Vermögens zu *erhalten,* ohne es in Edelmetalle anzulegen. Physisches Gold ist also ein MUSS in jedem Portfolio.

Physisches Gold ist ein MUSS in jedem Portfolio!

»Papier«-Edelmetalle

Kaum erreichen die Edelmetalle Höchststände, kreieren findige Finanzinstitute schon neue Anlageprodukte, die auf die Preisentwicklung von Gold oder Silber wetten. Kritiker hingegen sagen: »Wer Papiergold oder -silber kauft, hat nichts verstanden«.

Die globale Wirtschafts- und Finanzlage bleibt angespannt. Viele Menschen haben Angst um ihr Erspartes und investieren deshalb in Edelmetalle wie Gold und Silber. Deren Preise erklimmen, dank der steigenden Nachfrage, immer neue Höchststände.

Natürlich wollen sich Finanzinstitute diesen Trend zunutze machen und damit Geld verdienen. Schon kommen neue Produkte auf den

Markt, die offensive wie auch risikoscheue Anleger ansprechen sollen, allerdings nicht mit »physischen« Edelmetallen, sondern als Zertifikate. Dabei machen sie sich auch die Ängste mancher Anleger zunutze, die Goldbarren nicht gerade zu Hause in ihrem Keller lagern wollen.

»Wer Papiergold oder -silber kauft, hat nichts verstanden.«

Es werden und wurden bereits verschiedene Papiere aufgelegt, die einerseits von einem anhaltenden Gold- und Silberboom profitieren sollen und ausschließlich für offensive Investoren gedacht sind.

Es gibt unzählige solcher Papiere, mit denen Anleger an der Entwicklung der Edelmetall- oder Rohstoffpreise teilhaben können. Da wären zum Beispiel:

- *ETCs* (Exchange Traded Commodities): Börsengehandelte Fonds, die ausschließlich in Rohstoffe investieren. Die meisten bilden die entsprechenden Indizes ab, und nur wenige halten tatsächlich Rohstoffe oder Edelmetalle im Depot.[448] Der Anleger muss keine terminlich gebundenen Kontrakte eingehen oder sich die Rohstoffe liefern lassen. Die meistgehandelten ETCs sind Gold und Erdöl. Gehandelt werden sie an der Börse auf Xetra. Durch die Vorgabe von verschiedenen Orders bieten sich den Anlegern vielfältige Strategien für die Erwirtschaftung von Renditen.[449] Es gibt zwischenzeitlich aber auch ETCs, die – obwohl es Anleihen sind – keinem Ausfallrisiko mehr unterliegen.[450]
- *ETFs* (Exchange Traded Funds): Sie investieren ebenfalls in verschiedene Rohstoffklassen, sind aber nicht den Schuldverschreibungen zuzuordnen. Sie stellen Sondervermögen dar, demzufolge unterliegen sie nicht den Insolvenzrisiken wie die meisten ETCs.[451]

Was spricht also für und was gegen Papier-Edelmetalle, ob sie nun mit Gold oder Silber besichert sind oder nicht?

Pro

- Niedrige Gebühren
- Differenz zwischen An- und Verkauf durchschnittlich nur rund 0,1 Prozent
- Täglich handelbar
- Kein Ausgabeaufschlag
- Zusammensetzung des Fonds-Portfolios wird börsentäglich veröffentlicht
- Emittentenschutz bei Insolvenz, weil das angelegte Kapital als Sondervermögen geführt werden muss (bei ETFs)
- Kurzfristige Gewinnabsichten
- Vielfältige Strategien zur Erwirtschaftung von Renditen

Contra

- Inhaberschuldverschreibung (bei Zertifikaten und ETCs)
- Schwer zu durchschauen
- Liquidität ist laufzeitabhängig
- Risiko durch Direktinvestment
- Bei Insolvenz erschwertes oder gar kein Zugriffsrecht (bei ETCs)
- Nur in Ausnahmefällen physische Hinterlegung der Edelmetalle, dann mit Lagerkosten verbunden
- Emittenten verfügen häufig über wenig haftendes Eigenkapital[452]
- Emittentenrisiko wird auf Käufer übertragen
- Ausfallrisiko bei gegebenenfalls unterversichertem Goldbestand (bei ETCs)
- Bei Absicherung gegen das Währungsrisiko fällt eine Absicherungsgebühr von jährlich ein bis zwei Prozent an
- Bei physischer Hinterlegung des Edelmetalls in einem Tresor rund 0,4 Prozent jährliche Gebühren[453]

Fazit: Verbriefte Auslieferungsversprechen sind langfristig gesehen mit einem hohen Risiko versehen. Der bereits erwähnte Gold-Experte des *Handelsblatts,* Ingo Narat, hat sich dazu eine satirische Frage ausgedacht: »Stellen Sie sich vor, Sie sind am Unglückstag auf der Titanic. Ein Vertreter gibt Ihnen zur Wahl: einen Rettungsring oder einen Berechtigungsschein zur Auslieferung eines Rettungsrings. Was wählen Sie?«[454]

Wählen Sie einen Rettungsring oder einen Berechtigungsschein zur Auslieferung eines Rettungsrings?

Zertifikate bleiben ein auf Papier geschriebenes »Versprechen«, manche bezeichnen sie sogar als »Wettscheine«, die mit einem Tipp auf die Enter-Taste verschwunden sein können.[455] Der Käufer verzichtet also auf den tatsächlichen Besitz.[456] Papier-Edelmetalle eignen sich meiner Meinung nach nicht für die Absicherung gegen Notfälle oder gar für die Altersvorsorge, sondern sind etwas für offensive Anleger, die kurzfristig höhere Renditen erwirtschaften wollen.

Silber

Silber ist härter als Gold und leitet von allen Metallen Elektrizität und Wärme am besten. Zudem hat es den geringsten Kontaktwiderstand, was die große industrielle Bedeutung des Edelmetalls erklärt. Schon 5000 Jahre vor Christus wurde Silber zu Schmuck verarbeitet und diente in vielen frühen Gesellschaften als Zahlungsmittel.[457]

Die weltweiten Silbervorkommen werden etwa 15- bis 20-mal höher geschätzt als die von Gold. Die Fördermenge beträgt etwa das Achtfache. 90 Prozent der Jahresproduktion stammt aus folgenden Ländern:

- Mexiko
- Peru
- Australien
- China
- Polen
- Chile
- Kanada
- USA
- Russland
- Kasachstan[458]

Gold stellt für Silberfans »nur« einen Wertspeicher und ein Vermögenssicherungsinstrument dar, das keine Zinsen abwirft. Das ideale Edelmetall ist demnach jenes, das darüber hinaus aufgrund vielfältiger und stetig zunehmender Anwendungsgebiete eine steigende realwirtschaftliche Bedeutung hat. Auf Silber, eines der vielversprechendsten Investments, trifft dies zu.

Silber ist eines der vielversprechendsten Investments.

Die Industrie braucht zukünftig aber noch mehr von dem weißen Edelmetall. Vor allem für folgende Zukunftstechnologien:

❶ Silberbasierte Leitpasten in RFID-Transpondern
❷ Nano-Silber in antibakteriellen Anwendungen
❸ Silber-Zink-Akkumulatoren in mobiler Informations- und Kommunikationstechnologie
❹ Silber-Katalysatoren in alkalihaltigen Brennstoffzellen
❺ Bei OLED-Displays, Farbstoffzellen und solarthermischen Kraftwerken

Die Bedeutung des Silbers wird in der Realwirtschaft also weiter zunehmen.

Die Bedeutung des Silbers wird zunehmen.

Die größten Nachfrager sind:

- Industrie: 45 %
- Schmuckindustrie: 30 %
- Fotoindustrie: 20 %
- Anlagezwecke: 5 %[459]

Es gibt aber einen großen Unterschied zwischen Gold und Silber: die Werthaltigkeit. Stellen Sie sich vor, Sie wollen nach dem Zusammenbruch der Papierwährung ein Stück Fleisch beim Metzger kaufen. Sie bezahlen mit einer Goldmünze im Wert von dann vielleicht 1500 oder

2000 Euro. Wie soll der Metzger Ihnen herausgeben? Zwar könnte er Ihnen Fleisch für Monate besorgen, aber bei einer eventuell vorgeschriebenen Rationierung geht das wohl kaum.

Deshalb sollten Sie im Krisenfall eher Silbermünzen (1 Unze) als Zahlungsmittel verwenden. Ich komme weiter unten noch einmal genauer darauf zurück.

Im Krisenfall sollten Sie lieber Silbermünzen als Zahlungsmittel verwenden.

Silber wird zu einem großen Teil industriell »verbraucht«. Die Bestände sind in den letzten Jahren drastisch geschmolzen. Gerhard Spannbauer schreibt in seinem Buch *Finanzcrash:* »Betrachtet man die glaubhaften bekannten Silber-Ressourcen, so sehen wir, dass [...] circa 270 000 Tonnen entdeckt sind, die man mit der heutigen Technik zu den aktuellen Preisen fördern kann. Pro Jahr werden derzeit circa 20 000 Tonnen gefördert, wovon die Industrie pro Jahr 13 500 Tonnen verbraucht. Industriell verarbeitet bedeutet, dass das Silber in Lichtschaltern, Computern, Handys, Schaltkreisen et cetera unwiderruflich verbraucht wurde. Dazu kommt noch die Nachfrage für Schmuck und Silber als Geldanlage. Dies zeigt, dass die bekannten Ressourcen in knapp 20 Jahren völlig aufgebraucht sein werden. Aufgrund dieser und der anderen Tatsachen denke ich, dass der Kauf von physischem Silber die beste Altersvorsorge darstellt.«[460] Unter diesen Gesichtspunkten ist Silber eine gute Alternative zu Gold.

Silber ist eine gute Alternative zu Gold.

Ein nochmaliges Silberverbot ist im Gegensatz zu einem Goldverbot schwer denkbar, weil

- der Markt zu klein ist: Ein Verbot durchzusetzen und zu kontrollieren würde aus staatlicher Sicht vermutlich mehr kosten als einbringen.
- der industrielle Verbrauch zu hoch ist: Silber wird in der Industrie vielfach verwendet. Auch ein Teilverbot ist daher unwahrscheinlich, denn warum sollte es die Industrie besitzen dürfen, private Investoren jedoch nicht?
- Silberbarren mit Umsatzsteuer besteuert werden: Der Staat betrachtet Silber nicht als Edelmetall, sondern als Industrierohstoff wie Kupfer oder Stahl. Dies bestätigt auch die Auffassung der BaFin, dass physische Edelmetalle generell nach dem Kreditwesengesetz keine Finanzinstrumente darstellen.[461]
- Silber von Notenbanken in Form von kursfähigen Münzen in Umlauf gebracht wird. Dies soll das Vertrauen in die Währung untermauern. Das ist wohl der Grund, warum Silber nicht ablieferungspflichtig wurde.[462]

Silber dürfte unter *diesem* Aspekt also »sicherer« sein als Gold.

Silber ist »sicherer« als Gold.

Gängige Silbermünzen sind:

- Wiener Philharmoniker (Österreich)
- Maple Leaf (Kanada)
- American Eagle (USA)
- Britannia (Großbritannien)
- Kookaburra (Australien)
- Panda (China)
- Libertad (Mexiko)

Auch hier einige Eckdaten zur Entwicklung des Silberpreises (je Feinunze in US-Dollar):

1864:	3,62
1886:	0,91
1902:	0,47
1919:	1,38
1932:	0,24
1993:	3,56
2001:	4,04
2004:	8,02
2006:	14,69
2008:	20,82
2010:	23,25
Allzeithoch:	50,0 (am 18. Januar 1980)[463]

Was ist der faire Preis für Silber im Vergleich zu Gold?

In den USA existierte im 19. Jahrhundert ein Währungssystem, das durch Gold *und* Silber gedeckt war.[464] Die Preise beider Edelmetalle entwickelten sich bis dahin parallel zueinander. Silber büßte aber seine Bedeutung ein, als der Übergang zur reinen Golddeckung vollzogen wurde. Sein absoluter und relativer Wert sank.

Bis heute versuchen Fachleute einen »fairen« Preis für Silber festzulegen. Dies geschieht meist über einen Vergleich mit historischen Preisrelationen. Bei einem Verhältnis von 1 : 50 würde man also für eine Feinunze Gold 50 Feinunzen Silber erhalten.

Im Durchschnitt der letzten *Jahrhunderte* lag dieses Verhältnis, Schätzungen zufolge, zwischen 1 : 10 und 1 : 20.[465] Bei Drucklegung des Buches notierte Silber zu Gold in einem Verhältnis von rund 1 : 54, der Wert einer Feinunze Gold entspricht also dem von 54 Feinunzen Silber.

Der Preis des Silbers ist also unterbewertet, denn das Verhältnis des natürlichen Vorkommens liegt nur bei 1 : 17,5.[466]

Der Preis des Silbers ist unterbewertet.

In den letzten fünf Jahren hat sich der Silberpreis um etwas mehr als 160 Prozent erhöht.[467] Und dennoch: Silber spielt (leider) bei den Vermögensanlagen der Deutschen kaum eine Rolle. Das Silberinvestment wird sich allerdings in Zukunft deutlich steigern.

Silber als Vermögensanlage spielt kaum eine Rolle.

Der Silber-Experte Thorsten Schulte rät: »Im Silbermarkt stets antizyklisch investieren! Der Silbermarkt schwankt mitunter unheimlich stark. […] Auch der Silberanleger muss sich auf schmerzhafte Erfahrungen vorbereiten, wird aber langfristig dafür fürstlich belohnt.«[468]

Hier die Vor- und Nachteile von Silber:

Pro

- Silbervorkommen sind in circa 30 Jahren ausgeschöpft, dadurch droht in den nächsten Jahren eine Verknappung
- Realwirtschaftliche Bedeutung wird zunehmen
- Bessere Zahlungsmöglichkeiten als mit Gold
- Hat sich seit Jahrtausenden bewährt
- In Krisenzeiten als Geldersatz für den Warentausch einsetzbar[469]
- Ist immun gegen Währungsreformen
- Silber ist Geld und verbrieft nicht nur Forderungen auf Geld wie Wertpapiere, Anleihen oder Festgeldanlagen[470]
- Absicherung gegen negativen Realzins (wenn Inflationsrate über dem Sparzins liegt)[471]
- Silbermenge kann nicht beliebig vermehrt werden
- Kann jederzeit verkauft werden

- Keine Angst vor der Entwertung der Ersparnisse im Alter
- Gute Wertentwicklung
- Silberverbot ist unwahrscheinlicher als ein Goldverbot
- Verkauf nach einem Jahr abgeltungssteuerfrei

Contra

- Silber wirft keine Zinsen ab
- Unkomfortabel in der Anschaffung und Lieferung
- Lagerung kostet Geld (Tresor, Schließfach)
- Ausgabeaufschlag, der mit sinkendem Gewicht steigt
- Teilweise hohe Differenzen zwischen Ankaufs- und Verkaufspreis
- Besteuerung (Münzen: sieben Prozent Mehrwertsteuer, Barren: 19 Prozent Mehrwertsteuer)
- Vorkommen ist auf nur wenige Länder begrenzt
- Nachfrage ist konjunkturabhängig, da Silber hauptsächlich ein Industrierohstoff ist[472]
- Abgeltungssteuerpflichtig bei Verkauf innerhalb eines Jahres
- Registrierungspflicht für Käufe über 15 000 Euro

Fazit: Meine Beurteilung ist hier ähnlich wie beim Gold, aber mit einem entscheidenden Unterschied: Silber eignet sich meiner Meinung nach besser als Krisenwährung als Gold. Die Gründe habe ich oben angeführt. Auf die Unterschiede komme ich im nächsten Kapitel noch einmal zu sprechen. Für mich gilt auch für Silber:

Es gibt keine andere Möglichkeit, die Kaufkraft Ihres Vermögens zu erhalten, als es in Edelmetalle anzulegen.

Physisches Silber ist neben Gold also ebenfalls ein MUSS in jedem Portfolio.

Gold oder Silber?

Kennen Sie den Spruch: »Silber wird verbraucht, während Gold verstaubt«?[473] So oder so ähnlich denken manche über den Unterschied von Gold und Silber.

In Zeiten unsicherer Börsen, Notenbanken, die unentwegt Geld drucken und einer Schuldenkrise, die immer noch nicht ausgestanden ist, flüchten viele Anleger in Gold und Silber. Die Kardinalsfrage ist jedoch: Welches der beiden Edelmetalle ist krisensicherer?

Das Internetportal *www.goldreporter.de* hat dazu einen interessanten Vergleich veröffentlicht, auf den ich mich im Folgenden als Quelle beziehe.

Vergänglichkeit

- *Gold* ist fast unzerstörbar, rostet nicht und lässt sich nur mit einer speziellen Säuremischung zersetzen. Reines Gold hingegen ist sehr weich und empfindlich gegenüber äußeren Einwirkungen.
- *Silber* ist noch härter und schwerer als Gold und wird in der Industrie verbraucht. Wird es nicht luftdicht gelagert, bildet sich auf seiner Oberfläche nach einiger Zeit Silberfluid, das heißt, es läuft schwarz an.

Gold- und Silbermünzen sollten deshalb stets in Kapseln oder Röhren aufbewahrt werden.

Transport und Lagerung

- *Gold* besitzt einen sehr hohen Wert, deshalb lassen sich auch größte Vermögen leicht transportieren. Zum Beispiel passt der Gegenwert von 30 000 Euro in eine Zigarettenschachtel.
- *Silber* ist bei gleicher Anlagesumme etwa 60-mal schwerer als Gold, deshalb ist der Transport von größeren Mengen nicht so leicht zu bewerkstelligen.

In Sachen Mobilität und Lagerung ist Silber gegenüber Gold demnach klar im Nachteil.

Kosten

- *Gold* ist von der Mehrwertsteuer befreit. Demnach kann man Goldbarren zu einem Preis kaufen, der nur ein bis zwei Prozent (bei größeren Banken) über dem reinen Materialwert liegt.
- *Silber* ist von der Mehrwertsteuer hingegen nicht befreit. Beim Kauf von Münzen und Münzbarren zahlt man deshalb im Edelmetallhandel sieben Prozent Mehrwertsteuer, bei Barren sogar 19 Prozent.

Für kurzfristige Anleger ist Silber demnach nicht so interessant wie Gold, denn die Mehrwertsteuersätze müssen als Wertsteigerung erst einmal erwirtschaftet werden.

Wertsteigerung

- *Gold* wird vor allem in der Schmuckindustrie nachgefragt. Sein nominaler Wert steigt bei Inflation und die Nachfrage bei Unsicherheiten im Finanz- und Geldsystem. Die Minenproduktion von Gold ist auf lange Sicht hin rückläufig. Der Goldpreis ist zudem ein Indikator für die Entwertung des Papiergeldes.
- *Silber* gilt gegenüber Gold als unterbewertet, wenn man die Preis-Relation der beiden Edelmetalle über die vergangenen Jahrhunderte hinweg betrachtet. Der Grund dafür: Silber war zwar früher ein wichtiges Währungsmetall, wurde aber in den vergangenen Jahrhunderten systematisch demonetisiert, etwa durch die künstliche Drückung des Silberpreises und eine Rückkehr zum früheren »Wechselkurs«.

Knappheit

- *Gold* ist unvergänglich. Alles jemals geförderte Gold ist noch vorhanden.
- *Silber* wird gegenüber dem Gold immer knapper, da es industriell verbraucht wird.

Gold wird nicht verbraucht, aber Silber.

Risiken

- *Gold* war in den USA schon Gegenstand verschiedener staatlicher Reglementationen, zum Beispiel dem Goldverbot von 1933 oder der Zeit des Goldstandards in den 1970er-Jahren, aber Gold war jahrhundertelang auch ein wichtiger Bestandteil von Währungssystemen. Dennoch ist es zumindest in der Theorie möglich, dass größere Goldbestände gegen einen fixierten Unzenwert, etwa im Rahmen eines neuen Goldstandards, wieder eingezogen werden könnten.
- *Silber* gilt als »sicherer« vor dem Zugriff des Staates, da es ein wichtiger Industrierohstoff ist.

Funktion als »Krisengeld«

- Gold hat bereits seit Jahrtausenden bewiesen, dass es in schweren Krisen wie Krieg oder Hyperinflationen sehr schnell sehr hohe Werte annehmen kann. Hier kommt ihm seine große Wertdichte zugute, weil sich große Vermögen leicht von Ort zu Ort schaffen lassen.
- *Silber,* vor allem Münzen, könnten sich als Ersatzwährung und Krisengeld Nummer eins entwickeln, weil sich deren Wert zur täglichen Grundversorgung eignet, was beim Gold nicht der Fall ist.[474]

Fazit

Gold und *Silber* eignen sich demnach gleichermaßen, um sich gut gegen eine Inflation oder Währungsreform abzusichern. Obwohl der Goldpreis von steigenden Systemrisiken besser profitiert als Silber und weithin als »sicherer Hafen« gilt, ist mit Silbermünzen als »Gold des kleinen Mannes« in Krisenzeiten eher als Ersatzwährung zu rechnen.[475]

Wie eine Edelmetallanlage aussehen kann

Sie werden sich nun berechtigt fragen, wie eine strukturierte Edelmetallanlage aussehen *kann.*

Gold und Silber sollten den Grundstock und das Fundament bilden.[476] Silbermünzen sind, wie ich oben aufgeführt habe – meiner Meinung nach –, die *bessere* Wahl, da sie bei Währungskrisen als Zahlungsmittel flexibler einsetzbar sind, weil man sie auch für kleinere Käufe verwenden kann.

Gold und Silber sollten das Fundament bilden.

Wenn Sie möchten, können Sie Ihre Edelmetallrücklagen in zwei Drittel Silber und ein Drittel Gold als 1-Unze-Münzen aufteilen. Natürlich kann man diese Einteilung individuell verändern. Zwar wird von »Experten« manchmal auch empfohlen, Gold- und Silberbarren zu kaufen, aber im Krisenfall sind diese – im wahrsten Sinne des Wortes – nur sehr »schwer« zu transportieren und dienen in dieser großen Stückelung eben meist nicht als Zahlungsmittel, weil es schwierig sein dürfte, auf ein Kilo Gold oder Silber herauszugeben.[477]

Die Edelmetallexperten Johann Saiger und Frank Winkler empfehlen: »Ein weiterer Grund, Silberinvestments zu bevorzugen, liegt natürlich auch darin, dass der Silberpreis in Inflationsphasen meist deutlich stärker ansteigt als der Goldpreis. Klein gestückelte Silbermünzen als Krisenschutz sind absolut ratsam!«[478]

Faustformel: Kaufen Sie pro Woche eine Unze Silber.

Der Edelmetallexperte Jürgen Müller empfiehlt, für sich und seine Familie zunächst rund 350 bis 400 Silbermünzen zu erwerben,[479] um sich ein kleines Sicherheitspolster zu schaffen. Der Wert einer Münze liegt derzeit bei rund 23 Euro (inklusive sieben Prozent Mehrwertsteuer).

Sie können Ihre Rücklagen dann nach und nach mit den viel teureren Goldmünzen aufstocken.

Eine Anlage in Edelmetalle ist auf jeden Fall empfehlenswert, das hat die Vergangenheit mehrfach gezeigt:

Währungen kamen und gingen, Gold und Silber aber blieben.

SELTENE ERDEN

Der Ausdruck »Seltene Erden« hat nichts mit anderen Planeten zu tun und auch nicht damit, dass sie selten auf der Erde zu finden sind, sondern bezeichnet Metalle, die aufgrund ihrer ähnlichen chemischen Zusammensetzung gemeinsam in der dritten Gruppe des Periodensystems stehen. Sie werden auch »Lanthanoide« oder »Seltenerdmetalle« genannt. Die Elemente wurden zuerst in seltenen Mineralien gefunden und aus diesen in Form ihrer Oxide (Sauerstoffverbindungen, früher »Erden« genannt) isoliert, daher die Bezeichnung.

Der Ausdruck »Seltene Erden« hat nichts mit anderen Planeten zu tun.

Dank der Ionenchromatographie (analytische Methode, um Stoffe zu trennen) können die Seltenen Erden – wenn auch sehr aufwendig – im industriellen Maßstab abgespalten werden. Ihre zunehmend große Bedeutung im weltweiten Metallhandel ist unbestritten. Das lockte natürlich auch verschiedene Anbieter auf den Plan, um Seltene Erden attraktiv für Anleger zu machen. Doch dazu später mehr.

Ich möchte Ihnen zuerst *einige* der wichtigsten der Seltenen Erden kurz vorstellen:

Lanthan

1839 entdeckte der schwedische Chemiker Carl Gustav Mosander das Element Lanthan, das auch der Namensgeber der Lanthanoide werden sollte. Lanthan ist ein Allrounder, kommt sehr häufig vor und ist flexibel einsetzbar: Kameralinsen und optische Gläser werden mit ihm hergestellt, ebenso findet es Verwendung als Magnetwerkstoff bei höheren Temperaturen, als Elektrode in magnetohydrodynamischen Generatoren, als Bestandteil eines Zündsteins und als Legierungsmetall.

Das größte Lanthanvorkommen ist in China.

Cer

Cer hat gleich drei »Väter«: den deutschen Chemiker Martin Heinrich Klaproth sowie die beiden Schweden Wilhelm von Hisinger und Jöns Jakob Berzelius, die das Metall zeitgleich im Jahr 1803 entdeckten. Cer ist pyrophor, kann also in der Luft Feuer fangen und kommt auf der Erde sechsmal so häufig vor wie Blei. Es wird in Katalysatoren verwendet, wo es das Kohlenmonoxid reduzieren soll, und ist auch ein beliebtes Legierungselement bei der Aluminium- und Stahlherstellung. Cer ist ebenso in LEDs enthalten und wird möglicherweise in Zukunft bei der Herstellung von Wasserstoff durch Solarenergie eine wichtige Rolle spielen.

95 Prozent des Cer stammen aus China.

Yttrium

Yttrium gehört streng genommen gar nicht zu den Lanthanoiden, wird aber allgemein zu den Seltenen Erden gezählt. 1794 entdeckte der finnische Chemiker Johan Gadolin Yttrium im Mineral Ytterbit. Heute findet man es in der Mikrowellenelektronik, in Speicherchips, in Nickel-Kobalt-Magneten oder im Flugzeugbau. Auch in der Lambdasonde (zur Reduzierung von schädlichen Autogasen) von Fahrzeugen ist das Metall enthalten.

Die Weltjahresproduktion ist nicht bekannt, allerdings beliefert China (inklusive der Mongolei) 95 Prozent des Weltmarktes.

Neodym

Der österreichische Unternehmer und Chemiker Freiherr Carl Auer von Welsbach entdeckte im Jahr 1885 zunächst das Didym. Daraus isolierte er später das Neodym, einen Rohstoff, der zum bekanntesten aller Lanthanoide werden sollte. Es hat hervorragende magnetische Eigenschaften. Neodym-Bor-legierte Magneten sind die stärksten der Welt. Die Schmuckindustrie nutzte die Anziehungskraft zum Beispiel für Ohrringverschlüsse, ohne dass man sich vorher Löcher durchstechen lassen musste. Neodym wird aber auch in Hochleistungslasern, Lautsprechern, Kopfhörern, in der Kernspintomografie und in der Glasindustrie verwendet.

Wie bei den meisten anderen Seltenen Erden gilt auch hier: Der Großteil der Produktion stammt aus China. In Australien gibt es einzelne Abbaugebiete.

Samarium

Wer dieses Metall letztendlich entdeckte, ist umstritten. Zugesprochen wird es dem französischen Chemiker Paul Emile Lecoq de Boisbaudran, der auch der Entdecker von Gallium war (s. u.) Er isolierte das Element 1879 aus dem Mineral Samarskit. Die Eigenschaften von

Samarium sind dem von Neodym nicht unähnlich. Auch hieraus lassen sich starke Magneten herstellen, die sogar noch hitzebeständiger sind. Samarium-Oxid wird zudem in der Glasindustrie verwendet. Der Großteil stammt ebenfalls aus China.

Europium

Eugène-Anatole Demarçay, ein Chemiker und Weggefährte von Marie Curie, konnte Europium 1901 zum ersten Mal isolieren. Bei mehr als 150 Grad Hitze entzündet es sich von selbst und verbrennt. Europium ist nicht magnetisch. Dafür hat es viel mit Leuchtkraft zu tun. Die rote Farbe in Leuchtstofflampen stammt zum Beispiel von Europium. Auch wird es für Strahlenschutzkeramiken in der Reaktortechnik und in foliendünnen Supraleitern verwendet. Es ist das leichteste aller Schwermetalle und wird vorwiegend in China gefördert.

Gemein haben alle Seltenen Erden, dass sie in der Industrie benötigt werden und auch in Zukunft eine wichtige Rolle spielen werden. Allerdings ist ihre Wertentwicklung konjunkturabhängig, so wie bei allen Industrierohstoffen. Dennoch bieten sie eine Alternative oder eine Ergänzung zu den Edelmetallen und gelten als Sachwerte.

Die Wertentwicklung ist konjunkturabhängig.

Ich konzentriere mich hierbei (wie später bei den strategischen Metallen) auf den »physischen« Besitz und *nicht* auf Fonds, Derivate oder andere Finanzprodukte, die diese Metalle im Portfolio halten und an denen man sich per Zertifikaten oder Ähnlichem beteiligen kann. Wie man Seltene Erden erwerben kann und wie das Procedere ist, erläutere ich am Ende des Kapitels »Strategische Metalle«, da die Abwicklung ähnlich ist.

Doch jetzt zu den Vor- und Nachteilen von Seltenen Erden:

Pro

- Alternative oder Ergänzung zu Edelmetallen
- Umsatzsteuerfrei bei Kauf
- Wertgewinne sind (derzeitig) nach einem Jahr steuerfrei
- Keine Unternehmensbeteiligung (je nach Anbieter)
- Die Metalle lagern physisch in Tresorräumen und sind versichert (je nach Anbieter)
- Bei Insolvenz des Anbieters bleiben die Metalle Eigentum des Käufers
- Ein Zugriff durch Gläubiger ist nicht möglich (Eigentumsbestätigung und Hinterlegung durch 100 Prozent physisch vorhandene Ware)
- Positive Renditeaussichten
- Nachfrage hat sich in den letzten Jahren verzehnfacht
- Bei einem guten Anbieter entsprechen die Metalle dem Industriestandard (= bestimmte Reinheit), um sicherzustellen, dass sie bei einem eventuellen Verkaufswunsch des Eigentümers schnellstmöglich veräußerbar sind
- Je nach Anbieter: Auch zu Hause lagerbar (steuerliche Nachteile und zusätzliche Kosten beachten, siehe unten)
- Inflationssicher
- Nicht an der Börse gehandelt – Angebot und Nachfrage bestimmen den Preis (je nach Anbieter)
- Besichtigung der Ware möglich (je nach Anbieter)
- Jederzeit veräußerbar (über Anbieter meist kostengünstiger, da andere Händler eventuell eine teure Analyse erstellen); Vortags-Marktpreis abzüglich Einstandspreis und Abschlag des Anbieters = Gewinn oder Verlust
- Kein Finanzprodukt, sondern Handelsware
- Kein Emittentenrisiko wie beispielsweise bei Rentenpapieren[480]

Contra

- Vorkommen ist nur auf wenige Länder begrenzt
- Mittelfristiger Anlagehorizont von fünf bis zehn Jahren

- Abschlag bei Kauf oder Verkauf je nach Anbieter 14 Prozent und mehr (ausgehend vom tagesaktuellen Preis)
- Jährliche Lagergebühren ab 40 Euro und mehr pro Warenkorb (je nach Anbieter)
- Umsatzsteuerpflichtig bei Auslieferung
- Nachfrage ist konjunkturabhängig
- Preisänderung bei Verstaatlichung der Förderunternehmen möglich[481]
- Politische Instabilität in Förderländern kann Investitionen bedrohen[482]

Fazit: Seltene Erden sind Sachwerte und *können* je nach Portfolio eine Ergänzung oder Alternative zu Edelmetallen darstellen. Die Kosten und Gebühren sind (im Vergleich zu Lebensversicherungen et cetera) günstiger. Die Risiken sind überschaubar. Aber auch hier gilt: Es ist reine Spekulation, wie sich die Weltkonjunktur in den nächsten Jahren entwickeln wird. Zudem stammen derzeit 95 Prozent der Seltenen Erden aus China. Peking hat also die Kontrolle über (fast) den gesamten Weltmarkt. Wird die Ausfuhr deutlich reduziert, steigt der Preis, umgekehrt fällt er. Dennoch dürfte eine maßvolle Beimischung im Depot sinnvoll sein.

Die Abhängigkeit des Marktes und des Preises vom Goodwill einer einzelnen Regierung darf nicht unterschätzt werden.

STRATEGISCHE METALLE

Ohne strategische Metalle funktioniert heutzutage (fast) nichts mehr. Sie sind sozusagen die »Mutter« aller Sachwerte. Ohne sie gäbe es zum Beispiel keine Computer, Handys, Autos, Häuser oder Hosen. Und dennoch werden sie kaum beachtet.

Die »Mutter« aller Sachwerte

Anders bei den Chinesen, die sich in vielen Förderländern alle verfügbaren Rohstoffe sichern, weil sie schon heute der größte Verbraucher vieler Metalle sind und rund ein Viertel des weltweiten Angebots für sich in Anspruch nehmen.

Die Nachfrage an metallischen Rohstoffen ist ungebrochen, was die Preissteigerungen von 50 bis 80 Prozent in den letzten Jahren beweisen. Ein weiterer Grund liegt in der Vergangenheit und ist auf die mangelnde Investitionsbereitschaft zur Erschließung neuer Minen zurückzuführen. Neue Vorkommen zu fördern dauert Jahre. Deshalb ist in absehbarer Zeit nicht damit zu rechnen, dass die Minengesellschaften ihr Angebot erhöhen werden.

Die Situation an den Finanzmärkten zeigt, dass physisches Eigentum an Sachwerten wie zum Beispiel strategischen Metallen oder Edelmetallen eine höhere Sicherheit bietet als geldwerte Zertifikate irgendeiner Bank.

Strategische Metalle decken die wichtigsten Schlüsselindustrien ab und sind für die Zukunftstechnologien unverzichtbar.

Verschiedene Studien[483] zeigen, dass die Nachfrage nach Metallen weiter steigen wird. Deutschland ist zudem *komplett* abhängig von Metallimporten, will man dem Bundesverband der deutschen Industrie (BDI) glauben. Jährlich werden für rund 20 Milliarden Euro metallische Rohstoffe importiert. Die stetige Verbesserung der Technologien wird auch in Zukunft die Notwendigkeit der Metalle garantieren.[484]

Studien zeigen, dass die Nachfrage nach Metallen weiter steigen wird.

Beginnen möchte ich mit einem strategischen Metall, das gleichzeitig auch ein Edelmetall ist:

Platin

Platin ist sehr selten und sehr teuer. Schon jetzt ist das grau-weiße Edelmetall der größte Konkurrent von Gold – und wird es wohl auch bleiben.

Platin ist der größte Konkurrent von Gold.

Gold erzielt immer neue Rekordpreise. Doch es gibt noch andere Edelmetalle, die sich vor dem Hintergrund des gestiegenen Interesses an krisensicheren Anlagen rapide verteuern. Eines davon ist Platin.

Platin ist ein grau-weißes, schweres, schmied- und dehnbares Metall, das sich zudem sehr korrosionsbeständig zeigt. Der Name leitet sich vom spanischen Wort »platina« ab, einer Verkleinerungsform von »plata« (Silber). Platin wurde vermutlich erstmals um 3000 vor Christus im Alten Ägypten bei der Schmuckherstellung verwendet.

Platin kommt auf der Erde ungefähr 30-mal seltener vor als Gold. Jährlich werden global rund 175 Tonnen des Edelmetalls gefördert, was nur etwa sechs Prozent der Goldförderung entspricht. Laut dem US-Finanzfachportal *Money Morning* ist es in der Tat so selten, dass wenn man alles Platin der Welt in ein Olympiaschwimmbecken schütten würde, es kaum tief genug wäre, um die Knöchel eines darin stehenden Menschen zu bedecken.[485]

Platin kommt 30-mal seltener vor als Gold.

Der größte Produzent von Platin ist Südafrika (Transvaal), gefolgt von Russland (Norilsk) und Kanada (Ontario). Der Hauptkonkurrent von

Platin ist Palladium. Die Preise der beiden Metalle bewegten sich in der Vergangenheit parallel, wobei Platin bisher drei- bis viermal so teuer war wie Palladium. Doch in letzter Zeit hat sich der Preis für Palladium erhöht, womit sich das Preisleistungsverhältnis zum Platin auf ein außergewöhnliches Niveau bewegt.

Im Gegensatz zum Gold besteht bei Platin ein noch höherer Bedarf durch die Industrie. Seit den 1980er-Jahren wird es unter anderem auch im Katalysatorbau verwendet. Es wandelt giftiges Kohlenmonoxid und unverbrannte Kohlenwasserstoffe in Kohlendioxid und Wasser um. Schon jetzt werden 50 Prozent der weltweiten Minenförderungen zur Produktion von Katalysatoren gebraucht. Im letzten Jahr haben die chinesischen Hersteller meist Palladiumkatalysatoren verwendet, während in Europa Platin verbaut wurde. Durch die steigende Automobilnachfrage in Indien und China und das veränderte Preisverhältnis der beiden Metalle hat Platin nun auch für die Chinesen an Attraktivität gewonnen.

Doch auch der Platinpreis verändert sich rasant. Kostete eine Feinunze 1970 noch 180 US-Dollar, waren es 1990 schon 536 USD und im Jahr 2000 800 USD. Aktuell liegt die Feinunze bei rund 1530 US-Dollar.[486]

Ein anderer Grund für immer höhere Platinpreise ist das gestiegene Interesse chinesischer Rohstoffinvestoren. Die Nachfrage stieg von 1 060 000 Unzen im Jahr 2008 zu einem Allzeitrekord von 2 080 000 Unzen. Dies entspricht 35 Prozent der weltweiten Minenproduktion, die insgesamt 5 900 000 Unzen beträgt. Damit ist das »unreife Gold«, wie es die Spanier nannten, eine attraktive Alternative zu »echtem« Gold.[487]

Das »unreife« Gold ist eine Alternative zum »echten« Gold.

Die sechs wichtigsten strategischen Metalle aber sind Indium, Hafnium, Gallium, Wismut, Tantal und Tellur. Sie werden in rund 80 Prozent aller Industriezweige weltweit dringend benötigt.

Indium

Indium wurde 1863 von den beiden deutschen Chemikern Ferdinand Reich und Theodor Richter entdeckt und 1867 erstmals auf der Weltausstellung in Paris präsentiert. Aber erst während des Zweiten Weltkriegs begann die kommerzielle Nutzung als Beschichtung von Lagern in Flugzeugmotoren. Heute findet man Indium im iPhone, in allen Displays, im Handy, im Flachbildschirm und am Computer. Weitere Verwendungen: Lager in Triebwerken, Touchscreens, Medizintechnik, Solartechnologie, Leuchtdioden, Apparatebau, Lote und Spezialbeschichtungen.

Die Weltjahresproduktion beträgt nur rund 600 Tonnen; mehr als fünfzig Prozent davon stammen aus China. Bis 2030 soll der Jahresbedarf bei knapp 1600 Tonnen liegen.

Gallium

Der Chemiker Paul Emile Lecoq de Boisbaudran entdeckte Gallium im Jahr 1875. Es wurde oft als ungiftiger Quecksilberersatz in Thermometern verwendet. Heute ist es in der Halbleitertechnik unabdingbar. In zahlreichen Verbindungen findet man Gallium in vielen Leuchtdioden (LEDs). Das Metall ist sehr selten.

Nur rund 100 Tonnen werden weltweit produziert, die Hälfte davon in China, Deutschland und Japan. Edel, gut und wertvoll ist Gallium, das außerdem in elektronischen Hochfrequenzbauteilen, integrierten Schaltkreisen, Laser, Solarzellen zur Stromversorgung von Satelliten, Legierungszusätzen und Flüssigmetall-Wärmeleitpasten verwendet wird.

Hafnium

Zufällig entdeckten der niederländische Physiker Dirk Coster und der ungarische Chemiker George de Hevesy bei einer Röntgenspektroskopie im Jahr 1923 das Hafnium. Es ist sehr schwer zu gewinnen, da man es erst aufwendig vom Zirkonium trennen muss. Hafnium stammt zu großen Teilen aus Südamerika und Australien und kommt in großen Mengen vor. Das Gesamtvolumen wird auf etwa eine Million Tonnen geschätzt. Das Metall ist sehr korrosionsbeständig und hat die einmalige Eigenschaft, Elektronen in die Luft abzugeben. Hafnium wird auch in Kernreaktoren und in Computerchips eingesetzt, wo es allmählich das Silizium ablöst, da es weniger Leckströme verspricht.

Die Weltjahresproduktion beträgt – trotz des reichen Vorkommens – nur 65 Tonnen.

Wismut

Das Metall wurde 1830 erstmals als eigenständiges Element nachgewiesen, nachdem es lange Zeit als Abart von Blei und Zinn angesehen wurde. Die Produktion von Wismut ist bis heute abhängig von Blei oder Wolfram, da es überwiegend aus dessen Erzen gewonnen wird. Wismut wird heute für Legierungen und in der Pharmaindustrie eingesetzt, etwa in einem Magenmittel. Es hat ähnliche Eigenschaften wie Schwermetalle, ist aber (nach bisherigem Forschungsstand) ungiftig. Es dient daher auch als Bleiersatzstoff. Es wird zudem verwendet in antiseptischen Brandsalben und Puder, Magentherapeutika, Blutstillungspuder, Röntgenkontrastmitteln, optischen Gläsern, hochwertigen Lacken, Kunststoffen, Druckfarben und Kühlmitteln für Kernreaktoren.

Die Weltjahresproduktion beträgt 7500 Tonnen. 60 Prozent davon kommen aus China, wo noch 240 000 Tonnen Wismutreserven vermutet werden.

Tantal

Gustaf Ekeberg entdeckte Tantal im Jahre 1801 in finnischem Columbit-Erz. Bevor es Wolfram gab, war es der Stoff, aus dem Drähte in Glühbirnen hergestellt wurden. Heute findet man Tantal in Kondensatoren für Handys und Autos, Computern, Spielekonsolen und medizinischen Geräten. Weil Tantal mit 3017 Grad Celsius einen sehr hohen Schmelzpunkt besitzt, wird es auch als Hochtemperaturlegierung etwa bei Flugzeugturbinen eingesetzt. In der Chirurgie wird es dank seiner Ungiftigkeit als Implantat (Knochennägel, Prothesen, Kieferschrauben) eingesetzt, da es mit Körperflüssigkeiten nicht reagiert.

Die Weltjahresproduktion beträgt 1160 Tonnen, doch das ist zu wenig, da für die Kondensatoren schon alleine 551 Tonnen verbraucht werden. Tantal wird vor allem in Australien produziert, danach folgen Brasilien und Kanada als Abbaugebiete.

Tellur

Das Halbmetall Tellur ist weich und spröde und lässt sich damit perfekt zu Pulver verarbeiten. Der österreichische Chemiker und Mineraloge Franz Joseph Müller entdeckte es bereits im Jahre 1782 und hielt es zunächst für »geschwefelten Wismut«. Erst 15 Jahre später verifizierte der Berliner Chemiker Martin Heinrich Klaproth das Element Tellur. Heute wird es als Legierungselement für die Stahl-, Gusseisen-, Kupfer- und Bleiherstellung, die Kabelindustrie und für DVD- und Blu-ray-Beschichtungen verwendet, ebenso in der Fotovoltaik und für Glas- und Keramikfarben.

Die Weltjahresproduktion beträgt 180 Tonnen, zwei Drittel davon kommen aus den USA, Kanada, Japan und Peru.

Neben diesen sechs wichtigen strategischen Metallen gibt es noch eine Vielzahl anderer, zum Beispiel:

Kobalt

Der schwedische Chemiker Georg Brand entdeckte das seltene Element im Jahr 1735. Es wird überwiegend aus Kupfer- oder Nickelerzen gewonnen. Kobaltstahl ist eine der härtesten Legierungen, die es überhaupt gibt, und wird zum Beispiel für Bohraufsätze und Fräsen verwendet. Aber auch im Maschinenbau, in Schiffsschrauben oder Flugzeugturbinen, für Katalysatoren, Akkus, als Spurenelement in der

Medizin und als hitzefeste Farbe wird es gebraucht. Kobalt ist somit ein strategisch äußerst wichtiges Metall.

Die Weltjahresproduktion beträgt 57 500 Tonnen, 25 000 Tonnen kommen alleine aus der Demokratischen Republik Kongo.

Molybdän

Auch dieses Metall wurde von einem Schweden entdeckt, und zwar vom Chemiker und Mineralogen Peter Jacob Hjelm im Jahr 1781. Seine Hochzeit erlebte Molybdän während der beiden Weltkriege als Legierung an den Panzerrohren. Auch heute noch gilt Molybdän als Industriemetall mit herausragenden Eigenschaften. Man findet es in Superlegierungen, Ventilen, Turbinenschaufeln der Luft- und Raumfahrt, in der chemischen Industrie, bei Bohrern und Fräsen, in Katalysatoren für Erdöl verarbeitende Betriebe und als Röntgenkontrastmittel.

Die Weltjahresproduktion beträgt ganze 200 000 Tonnen. Globaler Marktführer ist China, das 38 Prozent der Reserven beherbergt. In den USA und Chile sind ebenfalls noch große Vorkommen.

Germanium

Der deutsche Chemiker Clemens Winkler entdeckte Germanium im Jahr 1886. Es kommt nur in sehr geringen Konzentrationen vor, meistens als Nebenprodukt bei der Kupfer- und Zinkherstellung. Seine Einsatzmöglichkeiten sind beschränkt, da es vom Silicium verdrängt wurde. Bis dahin wurde es als führendes Material in der Elektronik als Halbleiter eingesetzt. Heute wird es in der Glasfaser- und Infrarotoptik verwendet, ebenso als Wafer für Solarzellen, bei Nachtsichtgeräten, in der Hochfrequenztechnik und als Katalysator zur Herstellung von PET-Flaschen.

Die Weltproduktion beträgt jährlich nur 140 Tonnen, davon kommen alleine 100 Tonnen aus China.

Chrom

1798 entdeckte der Franzose Louis-Nicolas Vauquelin das Chrom. Es wurde zuerst als Farbpigment und in der Chromgerberei eingesetzt. Heute wird es bei der Hartverchromung von Gusseisen und Kupfer und als Dekorverchromung auf Stoßstangen, Alufelgen und Armaturen verwendet. Auch der Chrom-Vanadium-Stahl gilt als besonders hart und langlebig. Chrom fließt ebenso bei der Herstellung von rostfreiem Stahl ein. Weitere Verwendungen: in Schaufeln von Gas-Turbinen; als Werkstoff für Formplatten sowie Press- und Schlagsenken; bei Apparateteilen in der chemischen, medizintechnischen und Lebensmittelindustrie und als härtende Oberflächenbeschichtung für Walzen und Kolben.

Die Weltjahresproduktion liegt bei 15 Millionen Tonnen, die Reserven betragen rund 350 Millionen Tonnen, die Ressourcen werden auf zwölf Milliarden Tonnen taxiert. Chromit kommt vor allem aus Kasachstan und Südafrika.

Zirkonium

Martin Heinrich Klaproth, einer der bedeutendsten deutschen Chemiker, entdeckte nach dem Uran im Jahr 1789 auch das Zirkonium. In der Öffentlichkeit ist das Element nicht sehr bekannt, obwohl es häufiger vorkommt als Kupfer. Zirkonium bindet Gase und hat eine hohe Durchlässigkeit für Neutronen. Das macht es ideal als Hüllrohrmaterial für Brennelemente in Atomkraftwerken, bei der Desoxidation und Entschweflung von Stählen, für feuerfeste Keramiken, als Elektrolyt in Feststoffoxidbrennstoffzellen und als Gettermaterial für Vakuumpumpen. Zirkoniumdioxid (Zirkonia) ist zudem das beliebteste Imitat von Diamanten.

Die Jahresproduktion beträgt 920 000 Tonnen. Es wird vor allem in den USA, Australien und Südamerika gewonnen.[488]

Beispiel: So werden strategische Metalle und Seltene Erden gehandelt

Wie aber können Sie diese strategischen Metalle oder Seltenen Erden erwerben – und wie ist das Procedere?

Dies ist sicherlich bei den Anbietern – und davon gibt es einige – unterschiedlich. Dennoch habe ich mich dazu entschlossen, Ihnen anhand der Schweizerischen Metallhandels AG (SMH) und ihres deutschen Partners Haines & Maasen als *Beispiel* zu zeigen, wie ein Kauf dieser Metalle vonstatten gehen kann,[489] damit Sie auch etwas aus der »Praxis« erfahren.

Die SMH wählt nach ihrer Selbstdarstellung nur die Metalle aus, welche die wichtigsten Schlüsselindustrien abdecken und gleichzeitig für Zukunftstechnologien unverzichtbar sind. Sie werden nicht an der Börse gehandelt, um Preis- und Mengenmanipulationen durch Massenkäufe (wie bei Zertifikaten) weitgehend einen Riegel vorzuschieben. So bestimmen lediglich Angebot und Nachfrage den Preis.

Nach der Ankunft mit dem Flugzeug werden die strategischen Metalle verzollt und für die SMH von der Spedition in bestimmte Warenkörbe verpackt. Dann erfolgt die Anlieferung zum Zürcher Zollfreilager, welches geografisch zwar in der Schweiz liegt, jedoch einer 144 000 Quadratmeter großen Insel gleicht, die zolltechnisch zum Ausland gehört und deren Sicherheitseinrichtungen denen eines Hochsicherheitsgefängnisses entsprechen. Rund 450 Menschen sind hier beschäftigt. Pro Jahr werden rund eine Million Tonnen verschiedenster Güter umgeschlagen. Dazu gehören außer den Metallen Orientteppiche, Parfums, Kunstwerke, Fahrräder und vieles andere mehr. Das Metall wird nun hinter schweren Tresortüren mit konstanter Luftfeuchtigkeit gelagert.

Die SMH offeriert Unternehmen und Privatpersonen die Möglichkeit, die seltenen Metalle zu erwerben und bietet zwei verschiedene Warenkörbe an, wobei die Gefahren extremer Preisschwankungen minimiert werden. Die Warenkörbe werden nach verschiedenen Themen ausgerichtet:

❶ *Warenkorb »Schlüsselindustrien«:* Indium, Gallium, Hafnium, Wismut, Tantal, Tellur. Diesen Korb kann man für rund 15 000 Euro erwerben.[490]

❷ *Warenkorb »Solar- und Energietechniken«:* Indium, Gallium und Hafnium. Diesen Korb kann man für rund 5000 Euro erwerben.[491]

Für beide Warenkörbe kann man aber auch einen Sparplan ab 50 Euro monatlich einrichten lassen.

Laut SMH werden folgende Vorteile geboten:

- Sie werden zu 100 Prozent Eigentümer der gekauften Metalle
- Die Metalle sind Ihnen eindeutig zugeordnet
- Sie zahlen keine 19 Prozent Umsatzsteuer
- Alle Wertgewinne sind derzeit nach einem Jahr steuerfrei
- Frei von Börsenspekulationen
- Sie erhalten keine Unternehmensbeteiligungen
- Sie erhalten keine Zertifikate
- Die Metalle lagern physisch in einem Hochsicherheits-Zollager außerhalb der EU
- Tresorraum der Sicherheitsklasse I (Bankenstatus)
- Überwachung durch Schweizer Zollbehörden
- Keine Warenbewegungen ohne vorherigen Zolleingriff möglich
- Lückenlose Versicherung Ihrer Metalle
- Faire und günstige Lagerkosten, die nicht mit dem Wert Ihrer Metalle steigen
- Moderne, sichere und von der Industrie weltweit anerkannte Verpackungen
- Die Metalle sind gas-, wasser- und feuergeschützt in UN-Standard-Verpackungen verpackt
- Verständliche und ins Deutsche übersetzte chemische Analysen. Auf Wunsch erhalten Sie auch die Originalanalyse des Herstellers
- Hochmodernes Alarmsystem mit direkter Polizeianbindung
- Bewegungs- und Erschütterungsmeldeeinheiten
- Zutritt zu den Lagerräumen nur gemeinsam mit drei befugten Personen möglich

Strategische Metalle sind also eine interessante Alternative oder eine Ergänzung zu anderen Sachwerten. Dennoch gibt es auch hier Vor- und Nachteile, die ich im folgenden aufführen möchte:

Strategische Metalle sind also eine interessante Alternative oder eine Ergänzung zu anderen Sachwerten.

Pro

- Alternative oder Ergänzung zu Edelmetallen
- Umsatzsteuerfrei bei Kauf
- Wertgewinne sind (derzeitig) nach einem Jahr steuerfrei
- Keine Unternehmensbeteiligung (je nach Anbieter)
- Die Metalle lagern physisch in Tresorräumen und sind versichert (je nach Anbieter)
- Bei Insolvenz des Anbieters bleiben die Metalle das Eigentum des Käufers, Zugriff durch Gläubiger nicht möglich (Eigentumsbestätigung und Hinterlegung durch 100 Prozent physisch vorhandene Ware)
- Positive Renditeaussichten
- Nachfrage hat sich in den letzten Jahren verzehnfacht
- Bei einem guten Anbieter entsprechen die Metalle dem Industriestandard (= bestimmte Reinheit), um sicherzustellen, dass sie bei einem eventuellen Verkaufswunsch des Eigentümers schnellstmöglich veräußerbar sind
- Je nach Anbieter: Auch zu Hause lagerbar (steuerliche Nachteile und zusätzliche Kosten beachten)
- Inflationssicher
- Nicht an der Börse gehandelt – Angebot und Nachfrage bestimmen den Preis (je nach Anbieter)
- Besichtigung der Ware möglich (je nach Anbieter)
- Jederzeit veräußerbar (über Anbieter meist kostengünstiger, da andere Händler eventuell eine teure Analyse erstellen); Vortags-Marktpreis abzüglich Einstandspreis und Abschlag des Anbieters = Gewinn oder Verlust

- Kein Finanzprodukt, sondern Handelsware
- Kein Emittentenrisiko wie beispielsweise bei Rentenpapieren[492]

Contra

- Vorkommen ist auf nur wenige Länder begrenzt
- Jährliche Lagergebühren ab 40 Euro und mehr pro Warenkorb (je nach Anbieter)
- Umsatzsteuerpflichtig bei Auslieferung
- Nachfrage ist konjunkturabhängig
- Preisänderung bei Verstaatlichung der Förderunternehmen möglich
- Politische Instabilität in Förderländern kann Investitionen bedrohen

Fazit: Mein Fazit ist hier das gleiche wie bei Seltenen Erden und ich wiederhole mich gerne: Strategische Metalle sind Sachwerte und *können* je nach Portfolio eine Ergänzung oder Alternative zu Edelmetallen sein. Die Kosten und Gebühren sind (im Vergleich zu Lebensversicherungen et cetera) günstiger. Die Risiken sind überschaubar. Aber auch hier gilt: Es ist reine Spekulation, wie sich die Weltkonjunktur in den nächsten Jahren entwickeln wird. Zudem stammt ein großer Teil der strategischen Metalle aus China. Wird die Ausfuhr deutlich reduziert, steigt der Preis, umgekehrt fällt er. Die Abhängigkeit des Marktes und des Preises vom Goodwill einer einzelnen Regierung darf nicht unterschätzt werden. Dennoch dürfte eine maßvolle Beimischung im Depot sinnvoll sein.

ROHSTOFFE

Rohstoffe (engl. »Commodities«) sind in der Natur vorkommende Ressourcen, die noch nicht weiter verarbeitet wurden.[493]

Die Märkte dafür entstanden bereits vor rund 160 Jahren in den USA. Etwa 80 Kaufleute gründeten im April 1848 das *Chicago Board of Trade.* 1851 begann dann der Terminhandel mit landwirtschaftlichen Gütern. Zum ersten Mal hatten Farmer zudem die Möglichkeit, ihre Ernten und Fleischprodukte schon im Voraus (»forward«) verkaufen zu können. Die Produzenten sicherten sich somit gegen fallende und die Händler gegen steigende Preise ab.[494] Ein Prinzip, das bis heute seine Gültigkeit hat.

Rohstoffe werden folgendermaßen klassifiziert:

---

❶ Nachwachsende Rohstoffe und erneuerbare Energien (Soft-Commodities)

A. Viehzucht/-mast, Fischerei et cetera:

- Mastrinder
- Mastschweine
- Kastrierte Jungbullen
- Geflügel
- Schafe
- Häute
- Tierische Fette
- Molkereiprodukte
- Schafwolle
- Fisch

B. Ackerbau und Forstwirtschaft:

- Kartoffeln
- Weizen
- Hafer
- Gerste
- Roggen
- Mais
- Reis
- Hirse
- Raps
- Sojabohnen
- Zuckerrüben
- Bauholz

- Kautschuk
- Kaffee
- Tee
- Kakao
- Früchte
- Baumwolle
- Fruchtsaft
- Palmöl
- Zuckerrohr

C. Erneuerbare Energien:
- Sonnenenergie
- Windkraft
- Wasserkraft
- Erdwärme
- Methangas (Rindermist)
- Holz
- Getreide
- Raps
- Rapsöl
- Ethanol (aus Zuckerrohr, Mais, Palmöl, Weizen et cetera)[495]

Diese Rohstoffe sind zeitlich unbegrenzt verfügbar, jedoch durch die Faktoren Flächenbedarf, Klima, naturräumliche Gegebenheiten, Produktionsaufwand und Investitionskosten beschränkt.

❷ Fossile Brennstoffe und Metalle (Hard-Commodities)

A. Fossile Brennstoffe:
- Rohöl/Raffinerieprodukte (Diesel, Benzin, Kerosin, Gasöl, Heizöl)
- Erdgas
- Kohle

B. Metalle:

- *Industriemetalle:*
    - Aluminium
    - Kupfer
    - Bronze
    - Blei
    - Nickel
    - Zink
    - Zinn
    - Eisen und Stahl
    - Selen
    - Chrom
- *Edelmetalle:*
    - Gold
    - Silber
    - Platin
    - Palladium
    - Rhodium
    - Ruthenium
    - Osmium
- *Radioaktive Metalle:*
    - Uran[496]

Diese Rohstoffe sind durch ihre Abbauwürdigkeit endlich.

Erst in den letzten Jahren wurden Rohstoffe als Anlageklasse erschlossen, da es deutschen Banken bis zum Jahr 1997 verboten war, mit Rohstoffen zu handeln.[497] Rohstoffe werden an speziellen Rohstoffbörsen (Kassa- und Terminbörsen) gehandelt.

Bis 1997 war es deutschen Banken verboten, mit Rohstoffen zu handeln.

Die Fachautoren Rolf Beike und Johannes Schlütz beschreiben den Terminhandel so: »Bei vielen Rohstoffen [findet] ein reger Terminhandel statt, wodurch Rohstoffproduzenten, -händler und –weiterverarbeiter die Chance bekommen, die Preise für im Zeitverlauf notwendige Kaufs- und Verkaufstransaktionen schon frühzeitig vertraglich zu fixieren. Das lässt sich am Beispiel von Getreide besonders schön verdeutlichen: Durch den Verkauf der nächsten Weizenernte auf Termin, dazu können zum Beispiel börsengehandelte Terminkontrakte (Weizen-Futures) eingesetzt werden, weiß der Landwirt bereits Monate im Voraus, welchen Preis pro Tonne er für die Ernte des nächsten Sommers erlösen wird. Ungewiss bleibt natürlich trotzdem die Erntemenge, die insbesondere durch extreme Witterungseinflüsse deutlich von den Erwartungen des Landwirts abweichen kann.«[498]

Seit etlichen Jahren gibt es Finanzprodukte im Rohstoffbereich, mit denen auch Privatanleger schon mit kleinen Beträgen am Rohstoffhandel teilhaben können. Dies kann durch zeitlich limitierte oder unbefristete Papiere geschehen. So kann man in Rohstoffe anlegen:

- *Rohstoffaktien:* Indirekte Investments, die mit all den Vor- und Nachteilen den Gesetzen der Aktienbörse unterliegen.
- *Rohstoff-Futures:* Börsengehandelte Terminkontrakte mit der Möglichkeit zur direkten Partizipation an den Rohstoffmärkten.
- *Exchange Traded Fund (ETF):* Können direkt in einen Rohstoff-Index auf Fondsbasis investieren.
- *Rohstoff-Fonds:* Investieren ihr Kapital an den Terminmärkten.
- *Rohstoff-Zertifikate:* Sie beziehen sich in der Regel auf Futures und teilen das Risiko oft in verschiedene Rohstoffe auf, indem sie Rohstoff-Körbe (zum Beispiel »Basket« oder »Strategie«) anbieten. Der Käufer (Inhaber) des Zertifikats nimmt an der zukünftigen Wertentwicklung teil.

Doch mit welchen Wertentwicklungen ist überhaupt zu rechnen? Dr. Thorsten Dennin, Rohstoffexperte der *Altira Group,* ist der Auffassung, dass ein diversifiziertes Rohstoffinvestment gegenüber dem Aktienmarkt viele Vorzüge aufweist: »Extreme Ausreißer in der Performance liegen bei Rohstoffen öfter im positiven Terrain, bei Aktien hingegen auf der Verlustseite [...] Der *MSCI-World*-Aktienindex büßte seit der Jahrtausendwende rund 25 Prozent an Wert ein – für Investoren ein verlorenes Jahrzehnt. Für die Rohstoffmärkte sieht die Bilanz im gleichen Zeitraum erfreulicher aus: Der *Dow-Jones-UBS-Commodity-Index* stieg um 80 Prozent oder durchschnittlich 5,8 Prozent per annum.«

Hat ein Rohstoffinvestment gegenüber dem Aktienmarkt Vorteile?

Gleichzeitig warnt Dr. Dennin aber auch: »Viele Unternehmen gerieten durch eine falsche Hedging-Strategie in finanzielle Schwierigkeiten, statt von den steigenden Preisen zu profitieren.«[499] Sicher gelten diese Angaben für die Vergangenheit und sind deshalb *kein* Garant für die Zukunft.

Investoren sind dabei nicht nur Privatanleger, sondern vor allem auch milliardenschwere Pensionsfonds und andere institutionelle Anleger, die nach neuen Investitionsmöglichkeiten suchen.[500]

Rohstoff-Investoren sind auch milliardenschwere Pensionsfonds.

Rohstoffe und Preise

Wenn Sie denken, die Preise für Rohstoffe bilden sich *grundsätzlich* durch Angebot und Nachfrage, irren Sie sich. Sie können auch durch den Staat oder andere Marktteilnehmer beeinflusst werden, zum Beispiel:

- Staatlich garantierte Mindest- oder Höchstpreise für Agrarprodukte
- Bindung der Erdgaspreise an den Rohölpreis

- Andere Preiskopplungen
- Monopolähnliche Marktstrukturen
- Zölle
- Transportkosten
- Lagerhaltungskosten
- Restbestände (»Carry-in«)
- Ernteentwicklung
- Auslandsangebot und -nachfrage

Rohstoffpreise können durch viele Faktoren beeinflusst werden

Dabei hat auch das sogenannte »Carry-over« nach folgender Formel Einfluss auf die Preise:

Restbestände der alten Ernte (»Carry-in«)	
+	neue Ernte
+	Getreideimporte
./.	Inländische Nachfrage
./.	Getreideimporte
>	0

Je größer der Saldo, desto stärker ist der Einfluss auf die Preise im nächsten Jahr.[501] Bei vielen Rohstoffen entwickeln sich die Preise zudem unter großen Schwankungen. Faustformel daher: Je begrenzter die Möglichkeiten zur Lagerhaltung, desto schwankungsintensiver ist die Preisentwicklung.[502]

Je begrenzter die Möglichkeiten zur Lagerhaltung, desto schwankungsintensiver ist die Preisentwicklung.

Aber auch die Spekulationsgeschäfte großer Fonds und Anleger dürfen an dieser Stelle nicht unerwähnt bleiben. Auch sie treiben die Nahrungsmittelpreise in astronomische Höhen und sorgen dafür, dass am anderen Ende der Kette immer mehr Menschen Hunger leiden, weil sie sich Lebensmittel nicht mehr leisten können. Laut Weltbank werden weitere zehn Millionen Menschen unter die Armutsgrenze rutschen, wenn die Lebensmittelpreise um zehn Prozent steigen. Nach dem Food-Price-Index verteuerten sich die Kosten für Essen innerhalb eines Jahres um sage und schreibe 39 Prozent.[503]

Die Kosten für Nahrungsmittel sind in einem Jahr um 39 Prozent gestiegen.

Es sind beileibe nicht mehr *nur* Klima- und Wetterfaktoren, die den Preis treiben, sondern das Agieren von Großinvestoren (wie Hedgefonds und Investmentbanken[504]), die mit ihren exzessiven Spekulationsgeschäften aus dem Lebensmittelmarkt einen Finanzmarkt machen. Es gibt auch Investoren, die Rohstoffe in gigantischen Mengen horten, um den Preis nach oben zu treiben, und dann verkaufen. Bei solchen »Geschäften« winken Millionen- und Milliardengewinne.

Spekulanten machen aus dem Lebensmittelmarkt einen Finanzmarkt.

Noch ein Wort zur Inflation in Korrelation mit Rohstoffen: Ein Anstieg des allgemeinen Preisniveaus schließt (in der Regel) auch einen Anstieg der Rohstoffpreise mit ein. Rohstoffe sind häufig auch Ursache oder mitverantwortlich für inflationäre Entwicklungen.[505] *Ein* Beispiel dafür: Seit Jahresanfang 2011 sind die Lebensmittel in Deutschland deutlich teurer geworden. Sie stiegen wegen ebenfalls steigender Rohstoffpreise bei den Discountern um vier Prozent, bei den Supermärkten um 2,3 Prozent.[506]

Wie schwankungsanfällig der Rohstoffmarkt sein kann, zeigen die Ereignisse vom Herbst 2011. Nachdem die Preise für Aluminium, Kupfer, Kobalt, Zink, Mais, Zucker, Kaffee und Edelmetalle jahrelang gestiegen waren, gab es bei Gold und Silber innerhalb kürzester Zeit den größten Preisverfall seit 30 Jahren, und die Preise für Rohstoffe brachen dramatisch ein. Was waren die Gründe dafür?

Der größte Preisverfall seit 30 Jahren

Die Angst vor einer weltweiten Rezession und einer Ausbreitung der europäischen Schuldenkrise hatte auch Auswirkungen auf die Rohstoff- und Edelmetallmärkte. Die Panik war zwischenzeitlich so groß, dass nur noch eine Devise galt: »Cash is King«. Anleger flohen regelrecht aus den Rohstoffmärkten und horteten Bargeld wie noch nie. Folgende Aspekte begründeten den rasanten Sinkflug der Rohstoff- und Edelmetallpreise:

- Anleger hatten Angst, dass eine weltweite Rezession die Nachfrage nach Rohstoffen dämpfen und die Preise fallen lassen könnte. Sie verkauften, um noch Gewinne mitzunehmen.
- Statt in Edelmetalle zu investieren, horteten viele Anleger Bargeld.
- Viele Investoren brauchten Cash, weil sie in Liquiditätsnot waren, damit sie ihre Verluste auf anderen Märkten (zum Beispiel Aktien) ausgleichen konnten.
- Spekulanten realisierten Gewinne der Edelmetalle.

Wie ich schon erläutert habe, ist der Markt heutzutage nicht mehr von den kleinen Privatanlegern, sondern hauptsächlich von großen Investoren beherrscht, wodurch der Rohstoffhandel hochspekulativ geworden ist.

Der Rohstoffhandel ist hochspekulativ geworden.

Die Preisentwicklung hängt auf Gedeih und Verderb von den Großanlegern ab, und deren Handeln lässt sich nicht vorhersehen, da dieses wiederum von politischen und ökonomischen Veränderungen bestimmt wird. Zu alldem kommen noch wetterbedingte Faktoren, die ebenso unberechenbar erscheinen.[507]

Deshalb ist ein Engagement in Rohstoffe keine leichte Entscheidung. Was spricht also dafür und was dagegen?

Pro

- Überdurchschnittliche Ertragspotenziale
- Begrenzt vorhandenes Angebot (bei manchen Rohstoffen)
- Geringe Abhängigkeit zwischen Wertpapier- und Rohstoffbörsen
- Risikostreuung
- Inflationsschutz
- Nachfragen steigen
- Neue Nachfragen (zum Beispiel Mais für Biosprit)
- Anbauflächen werden knapper[508]

Contra

- Abhängig von Angebot und Nachfrage oder gesetzlichen Regelungen
- Konjunkturabhängig
- Spekulationsgeschäfte
- Rohstoffe erwirtschaften keine Zinsen und keine Dividenden
- Durch bessere Recyclingmethoden wird der Preis eventuell nicht ewig steigen[509]
- Emittentenrisiko (Analyse der Emittentenbonität ist daher sinnvoll)
- Bewertungsrisiko
- Fehleinschätzung beim Investment möglich
- Zum Teil große Schwankungen bei der Preisentwicklung
- Bei Fremdwährungen gegebenenfalls Wechselkursrisiken
- Teils hohe Kosten
- Naturrisiken (unter anderem Klima- und Wetterrisiko)
- Abhängig vom Ernteergebnis

- Die Entwicklung neuer Technologien kann althergebrachte Rohstoffe überflüssig machen.

Fazit: Rohstoffe haben sich als Anlageklasse auch bei uns fest etabliert. Investitionen *können* eine profitable Vermögensanlage sein,[510] die allerdings von vielen Faktoren abhängig ist, die Sie nicht beeinflussen können. So ist ein nicht zu unterschätzendes Rendite-Risiko gegeben. Zwar sind alle weltweit knappen Rohstoffe als Vermögensanlage interessant, aber neue Rohstofffunde oder die Entwicklung solcher können die Preise in der Zukunft beeinträchtigen.[511] Es gibt eine Vielzahl von Akteuren auf den Rohstoffmärkten, und die Nachfrage ist schwer zu kalkulieren. Es kommt zudem auf die richtige Streuung an. Ob Sie für die Strukturierung Ihres Vermögens Rohstoffe in Ihr Portfolio übernehmen wollen oder nicht, hängt daher in erster Linie von der individuellen Gewichtung Ihres Nutzen-Risikos ab.

Es gibt eine Vielzahl von Akteuren auf den Rohstoffmärkten, und die Nachfrage ist schwer zu kalkulieren.

HOLZ

Bankenkrise, Immobilienkrise, Schuldenkrise. Die aktuelle Wirtschaftslage macht es Investoren immer schwieriger, ihre Gelder gut und sicher anzulegen. Hölzern und Waldstücken als Kapitalanlage wird deshalb immer mehr Beachtung geschenkt. Aber was ist dran an diesen Investments?

Edelmetalle sind für viele Anleger *der* Rettungsanker schlechthin. Aber welche Alternativen gibt es, wenn man sein Geld mittel- bis langfristig vor Verlusten schützen, aber dennoch in Sachwerte anlegen möchte? *Eine* Möglichkeit ist die Investition in Holz. Clevere Investmentunternehmen bieten seit geraumer Zeit Kapitalanlagen in diesem Bereich an.

Für Holzinvestments gibt es folgende Möglichkeiten:

- Offene Fonds
- Geschlossene Fonds
- Direktanlagen
- Zertifikate
- Holz-Aktienfonds
- Einmalinvestition
- Sparpläne[512]

Hölzer locken allenthalben: »Finanziell erstklassig, ökologisch, sozial verantwortungsvoll und sicher investieren, bei einer Rendite von bis zu 15 Prozent pro Jahr«.

Sicher, ökologisch, renditestark und sozial verantwortungsvoll?

Das sind die Versprechungen einiger Anbieter von sogenannten »Forstinvestments«. Bei manchen erwirbt der Anleger durch Beteiligungen Anteile an zertifizierten Baumbeständen, aus speziellen Plantagen, die als Bezugsquellen für tropisches Edelholz dienen und damit zur Entlastung des Regenwaldes beitragen sollen. So jedenfalls eine Fondsbetreiberfirma aus der Schweiz. Das Unternehmen hat sich auf die Pflanzung von »Königsholz« (Teakbäumen) spezialisiert, da diese schnell wachsen und dadurch stetig steigende Preise versprechen. Der Anleger muss eine gewisse Anzahl von Bäumen, bei diesem Anbieter mindestens 100, erwerben und wird dann am Erlös des Verkaufs beteiligt. Bevorzugte Gebiete zur Teakholzpflanzung sind Costa Rica und Ecuador.

Besonders in Indonesien wird massiv die Werbetrommel gerührt, um Investoren für eine Aufforstung von Industriehölzern zu finden. Im Land stehen die größten Torfmoorwälder der Welt, insgesamt rund 21 Millionen Hektar. Die Sprecher der Marketingfirmen argumentieren, dass Indonesien neben dem warmen Klima ein sehr starkes Vorkommen an Torfboden hat, der besonders dazu geeignet ist,

Kohlenstoff aufzunehmen. Sehr große Teile Indonesiens liegen brach und könnten laut der Aussage der Marketingexperten mit beliebigen Baumsetzlingen für die Papier- und Möbelindustrie bepflanzt werden. Auch hier locken unterschiedliche Fonds mit unterschiedlichen Versprechen, auf die ich im Einzelnen nicht eingehen möchte.

Aber es geht nicht nur um die begehrten Edelhölzer, sondern auch um ganz »normales« Holz. Der Naturholzmarkt boomt. Die Nachfrage auch nach deutschen Hölzern nimmt seit Jahren zu: Sägewerksbetreiber und Möbelhäuser bieten Höchstsummen. Besonders Eiche ist begehrt. Aufgrund der hohen Rohstoffpreise steigt ebenso der Bedarf an Brenn- und Papierholz.

Die Nachfrage nach Holz nimmt seit Jahren zu.

»Material« gibt es (noch) genug: Denn fast ein Drittel des Bundesgebiets (immerhin 11,1 Millionen Hektar) sind bewaldet. Davon sind rund sieben Millionen Hektar in privater beziehungsweise körperschaftlicher Hand. Schon vor Jahren haben Möbelhäuser, Papierfabriken und Energieunternehmen begonnen, Wälder zu kaufen, um den Rohstoff, den sie benötigen, selbst zu produzieren. Die Nachfrage nach Forstflächen hat so stark zugenommen, dass sie schon seit Längerem das Angebot übersteigt. Wie hoch der Gewinn ist, den ein Waldstück abwirft, ist jedoch vom Baumbestand abhängig.

Sogenannte »Waldfonds« decken diese Nachfrage ab. Investmentunternehmen versprechen bis zu zwölf Prozent Rendite und mehr pro Jahr bei einer Einhaltung der ökologischen Richtlinien sowie der Erfüllung von hohen Qualitätsstandards. Aber ohne Risiken geht es auch hier nicht.

Aber was ist dran? Fachleute jedenfalls sind sich einig, dass die Holzpreise langfristig steigen werden, da die Nachfrage nach Holzprodukten wie Möbeln, Parkett und Bauteilen für Fertighäuser stark zunehmen wird. Laut dem Hauptverband der Deutschen Holz verarbeitenden Industrie hat der Wettbewerb zwischen der verarbeitenden Industrie und den Energiefirmen gerade erst begonnen. Selbst wenn die Preise für den nachwachsenden Rohstoff vorübergehend nachlassen würden, wäre das nicht weiter tragisch, da die Bäume ohne Weiteres bis zur Erholung des Marktes einfach stehen gelassen werden könnten, so ein Investmentberater.

Laut Fachleuten wird der Holzpreis langfristig steigen.

Doch die Investition in Waldfonds ist bei Weitem nicht ohne Risiko. Die Nachfrage und somit der Preis für Holz und Holzprodukte (Papier, Zellstoff, Pappe, Bauholz et cetera) kann langfristig sinken, obwohl es im Moment nicht danach aussieht. Ein weiteres Risiko: Die Bäume brauchen viel Zeit, um auszuwachsen. Währenddessen muss mit Stürmen und anderen Naturkatastrophen, Schädlingsbefall und Feuer gerechnet werden, was die Investition schnell in ein Desaster führen kann. Hinzu kommt, dass eine Kontrolle, ob es den Baumbestand denn auch tatsächlich gibt, nur erschwert durchgeführt werden kann.

Bei Holzinvestments sind viele Risiken zu beachten.

Investments in Holz haben aber noch eine andere Kehrseite: Die bewaldete Fläche der Erde, die »grüne Lunge«, schwindet rasant. Vor allem Tropenwälder werden immer weiter abgeholzt. Die gerodeten Flächen werden aber nicht mehr neu aufgeforstet, sondern als Rinderweiden oder Plantagen zum Anbau von Zuckerrohr, Sojabohnen oder Ölpalmen genutzt. Immer weniger Wälder können Kohlendioxid in Kohlenstoff umwandeln. Die in den Tropen lebenden Wildtiere verlieren mehr und mehr Lebensraum. Laut der Aussage von Experten verringert sich die Fläche der tropischen Wälder jedes Jahr in einem Umfang, der mit der Größe Griechenlands vergleichbar ist. Die Differenzierung zwischen »waldfördernden« und »waldzerstörenden« Investments dürfte für einen Laien also sehr schwierig sein.

Kapitalanlagen in Holz sind für viele Investoren noch zu exotisch, obwohl sich dieses Engagement in den letzten Jahren vervielfacht hat. Weltweit werden jährlich acht bis zehn Milliarden Euro mit ihnen umgesetzt.[513]

Die Differenzierung zwischen »waldfördernden« und »waldzerstörenden« Investments dürfte für einen Laien sehr schwierig sein.

Auch hier gibt es Chancen und Risiken:

Pro
- Durch Sachwert gesicherte Anlagen
- Inflationsschutz
- Positive Marktwachstumsaussichten
- Attraktive Erträge
- Geringe Volatilität (Schwankungen)

Contra
- Bewertungsrisiko
- Fehleinschätzung beim Investment möglich[514]
- Bei Fremdwährungen gegebenenfalls Wechselkursrisiken[515]
- Teils hohe Kosten
- Unternehmensbeteiligung (bei manchen Anbietern)
- Rohstoffabhängig
- Nachfrageabhängig
- Bäume brauchen viel Zeit, um zu wachsen
- Naturrisiken: Schädlingsbefall, Feuer, Hochwasser et cetera
- Kontrolle ist schwierig
- (Meist) langfristige Anlage

Fazit: Eine Investition in Naturholz sollte auf jeden Fall langfristig gesehen und genau bedacht werden. Es winken attraktive Renditen, die aber auch mit Risiken einhergehen. Meiner Meinung nach gibt es noch zu wenig Erfahrungen mit Forstinvestments, die tatsächlich ausgelaufen sind. Ob man sie also unbedingt ins Portfolio nehmen will, sollte jeder nach seiner Risko/Rendite-Erwartung selbst entscheiden.

Es gibt noch zu wenig Erfahrungen mit Forstinvestments, die tatsächlich ausgelaufen sind.

Sie sehen also, dass auch Investitionen in alternative Anlagen bestimmte Vor- und Nachteile mit sich bringen. Die volatile Situation an den Finanzmärkten zeigt jedoch, dass physisches Eigentum von Sachwerten, wie zum Beispiel strategische Metalle, Seltene Erden oder Edelmetalle eine höhere Sicherheit bieten können als Zertifikate oder Papierwährungen. Wie Ihr eigenes Risikomanagement aussehen *könnte,* erläutere ich im nächsten Kapitel.

IHR RISIKO- UND ANLAGEMANAGEMENT

Sie haben jetzt viel über traditionelle und alternative Kapitalanlagen gehört, über Vor- und Nachteile, über Risiken und Chancen und werden sich sicher fragen: Wie sollte mein persönliches Risikomanagement dann eigentlich aussehen?

Wie ich in der Einleitung bereits erläutert habe, kann und werde ich Ihnen nicht sagen, *wie* Sie Ihr Geld anlegen *müssen.* Dieses Buch kann natürlich keine Expertenberatung ersetzen. Zudem wäre es auch höchst unseriös, wenn ich Ihnen *einheitliche* Normvorschläge machen würde.

Ja, ich weiß, es gibt Bücher, die Ihnen konkret vorschreiben, wie Sie Ihr Geld anlegen sollen. Soweit will ich mich aber nicht aus dem Fenster lehnen, denn letztlich trage ich ja auch eine gewisse Verantwortung.

Jede Situation ist individuell verschieden und hängt von bestimmten Faktoren ab. Ob Vermögenshöhe, Sparleistung oder Alter, jede Lebensplanung und Zielvorgabe ist anders und kann nicht über einen Kamm geschoren werden.

Jede Situation ist individuell verschieden und hängt von bestimmten Faktoren ab.

Welches finanzielle Wagnis Sie eingehen wollen, müssen Sie selbst entscheiden. Bedenken Sie aber, wie Sie auf Unwägbarkeiten reagieren, denn das Leben hält ja so manche Überraschungen bereit. Seien Sie offen für neue Gelegenheiten und flexibel. Die optimale Finanzplanung obliegt der Entscheidung jedes Einzelnen und natürlich seinem eigenen Ermessen. Ihre Anlageentscheidungen liegen demzufolge auch in Ihrer persönlichen Verantwortung.

An erster Stelle sollte aber auf jeden Fall die Analyse Ihrer finanziellen Situation stehen. Das heißt, Folgendes genau unter die Lupe zu nehmen:

- *Analyse der Ist-Situation:*
  - Wie sind Sie bis jetzt abgesichert?
  - Welche Risiken sind abgedeckt?
  - Wie ist Ihre Schuldensituation?
  - Wie sieht Ihre Notfallplanung aus?
  - Überprüfung der bestehenden Versicherungsverträge
  - Welche Ziele und Wünsche haben Sie?
  - Wie ist Ihr Vermögensaufbau?
  - Auswertung

Zum *Muss* gehört als *Erstes* die Risikoabsicherung für Sie und Ihre Familie. Sie besteht aus folgenden Modulen:

- *Risikolebensversicherung*
- *Haftpflichtversicherung*
- *Berufsunfähigkeitsversicherung*
- *Eventuell Krankenzusatzversicherung*

Risikoabsicherung hat Vorrang vor Vermögensbildung!

Zur Risikoabsicherung gehört natürlich auch

- *Barreserve:* Drei bis vier Monatsgehälter »Notgroschen« sollten Sie auf einem Tagesgeldkonto liegen haben, damit Sie bei unerwarteten finanziellen Engpässen gleich reagieren können, ohne das Girokonto zu überziehen oder gar einen Kleinkredit aufnehmen zu müssen.

Nein, es kommt noch immer kein Vermögensaufbau, denn zuvor müssen Sie sich noch um einen anderen wichtigen Punkt kümmern, nämlich die

- *Schuldentilgung:* Bevor Sie nämlich Kapital in eine Geldanlage stecken, sollten Sie zunächst Ihre Schulden tilgen, da die Darlehenszinsen immer höher sind als die Guthabenzinsen.

Erst wenn die Risikoabsicherung, die Barreserve und die Schuldentilgung gewährleistet sind, sollten Sie sich auf den Vermögensaufbau konzentrieren: Hier sind *Ihre* individuellen Ziele maßgeblich. Es gibt deshalb keine Pro-forma-Lösung, die ich Ihnen präsentieren kann. Wollen Sie ein Auto oder gar eine Immobilie erwerben oder für Ihr Alter vorsorgen? Hier sind flexible Lösungen vorzuziehen, da diese besser an veränderte Lebensumstände angepasst werden können.

Grundsätzlich: Es gibt keine eierlegende Wollmilchsau!

Das heißt übersetzt: Kein Finanzprodukt kann eine hohe Rendite mit maximaler Sicherheit und hoher Liquidität garantieren. So etwas gibt es nicht. Als Faustformel gilt: Je höher die Rendite, desto höher auch das Risiko. Darüber *müssen* Sie sich im Klaren sein!

Je höher die Rendite, desto höher auch das Risiko!

Zum Thema »Rendite« noch ein Beispiel aus dem Buch *Cashkurs* von Dirk Müller: »Wenn Sie mit einer bescheidenen Rendite von vier Prozent kalkulieren, bringt Ihnen ein Sparplan mit 100 Euro bei Rentenbeginn mit 65 Jahren:

- 160 Euro Monatsrente, wenn Sie 20 Jahre lang sparen,
- 225 Euro Monatsrente, wenn Sie 25 Jahre lang sparen und
- 300 Euro Monatsrente, wenn Sie 30 Jahre lang sparen.«[516]

Inflationsbereinigt (bei »nur« zwei Prozent angenommener Preissteigerung) sieht die Rechnung ganz anders aus:

- In 20 Jahren entspricht die Rente der heutigen Kaufkraft von gut 107 Euro (wohlgemerkt: bei 100 Euro monatlicher Besparung!),
- in 25 Jahren sind es real 137 Euro und
- in 30 Jahren nur 165 Euro.[517]

Im besten Fall haben Sie also nach 30 (!) Jahren monatlicher Besparung von 100 Euro nur 65 Euro an realem, also inflationsbereinigtem, Wertzuwachs. Doch wer weiß schon, ob die Preissteigerungsrate bei *nur* zwei Prozent bleibt?

Auch bei »sicher« geglaubten Anlagen wie Sparbüchern, Tagesgeld oder ähnlichen können Inflation und eine eventuelle Änderung der Besteuerung (sprich: »die staatlich willkürliche Beeinträchtigung Ihres Vermögensertrags«)[518] die vermeintliche Sicherheit schnell ruinieren. Sicher ist also demnach nur, dass nichts sicher ist!

Sicher ist, dass nichts sicher ist!

Also nochmals: Ich kann und werde Ihnen nicht vorschreiben, wie Ihr Portfolio aussehen *muss,* aber ich kann Ihnen sagen, wie *meines* aussieht, wenn Sie das interessiert. Da ich 48 Jahre alt bin, also im »Mittelalter«, dürften sich meine Ziele und Wünsche von jenen, die jünger sind, schon einmal unterscheiden. Auch meine individuelle Ausrichtung dürfte ganz anders sein. Mein Portfolio für den *Vermögensaufbau* sieht oder soll zukünftig folgendermaßen aussehen:

15 %	**Silber**
15 %	**Gold**
5 %	**Strategische Metalle**
10 %	**Tagesgeld**
10 %	**Unternehmensanleihen**
5 %	**Immobilieninvestments**
10 %	**Konjunkturunabhängige Aktien**
20 %	**Aktienfonds**
10 %	**Private Equity**

Dazu kommen Haftpflicht-, Berufsunfähigkeits- und Risikolebensversicherungen.

Sie sehen, ich bin konservativ, sachwertorientiert und nutze dennoch verschiedene Anlagestrukturen, um das Risiko zu streuen und die Erträge möglichst inflationssicher zu erwirtschaften. Das Volumen an Aktien und Private Equity ist für mich aber das Zugeständnis für eine gewisse Risikobereitschaft, die vielleicht über die eines total sicherheitsbedürftigen Anlegers hinausgeht. Gleichzeitig sichere ich mir eine gewisse Liquidität und die Chance, an neuen Märkten teilzuhaben. Anlagen in irgendwelche Versicherungen zum Vermögensaufbau kommen bei mir nicht (mehr) vor.

Wichtig: Überprüfen Sie die Zusammensetzung Ihres Portfolios von Zeit zu Zeit und reagieren Sie auf sich verändernde Umstände.

Die Verantwortung für die Gestaltung meiner Vermögensanlage und die sich daraus ergebenden Konsequenzen habe ich selbst zu tragen und kann sie nicht auf irgendwelche Berater abschieben. Im nächsten Teil werde ich Ihnen erklären, was es bedeutet, Verantwortung für sein Handeln zu übernehmen.

TEIL 4
Ich bin, was ich bin

DIE BESTE KAPITALANLAGE SIND SIE SELBST!

Bei der täglichen Jagd nach Rendite, Wertsteigerung und Gewinn vergessen wir oft die wichtigste Kapitalanlage: uns selbst! Benjamin Franklin, einer der Gründerväter der Vereinigten Staaten von Amerika, sagte schon vor rund 250 Jahren: »Eine Investition in Wissen bringt immer noch die besten Zinsen.«

Daran hat sich nicht viel geändert. Heute spricht man allerdings nicht mehr von »Wissen«, sondern von »Humanvermögen« oder »Humankapital«, das jeder in seinem Kopf mit sich herumträgt und das oft vernachlässigt wird. Denn: Sie selbst sind der beste Renditebringer!

Sie selbst sind der beste Renditebringer!

Zum Humanvermögen gehören Kreativität, Ideen, Führungserfahrung, Fachwissen, zwischenmenschliche Kompetenzen, Beziehungsgeflechte, Netzwerke sowie Sprach- und Computerkenntnisse. Gesundheit und persönliche Fitness steigern das Humanvermögen, weil man dadurch Krankheiten reduzieren kann.

Was meine ich damit, wenn ich sage: Sie selbst sind der beste Renditebringer? Nun, Sie können einen Betrag von beispielsweise 50 000 Euro in eine Lebensversicherung, einen Bausparvertrag oder in Aktien investieren oder in Ihre *eigene* Aus- beziehungsweise Weiterbildung und dadurch lebenslang zu einem höheren Einkommen gelangen, das Zinsen und Kursgewinne bei Weitem übertrifft.

Vielzählige Studien[519] haben ergeben, dass Menschen mit einem Studium im Durchschnitt ein um 30 Prozent höheres Einkommen erwirtschaften, als jemand, der eine »normale« Ausbildung macht. Mit einer abgeschlossenen Berufsausbildung hingegen verdient man wieder deutlich mehr als Menschen, die keinen Beruf erlernt haben.

Menschen mit einem Studium verdienen rund 30 Prozent mehr – ein Leben lang!

Besonders ein Studium in den Bereichen Rechts- und Wirtschaftswissenschaften, Medizin und Ingenieurwissenschaften lohnt sich monetär. Mit diesen Abschlüssen werden später die höchsten Einkommen erzielt. Die »Bildungsrendite« wird wie folgt ermittelt: Die Investitionssumme ist das während des Studiums oder der Ausbildung entgangene Einkommen und der Ertrag die Steigerung des Lebenseinkommens. Um das entgangene Einkommen später wieder aufzuholen, müsste man das Lebenseinkommen um vier Prozent steigern. Künstler und Agrarwissenschaftler kommen aber lediglich auf rund drei Prozent, während Mathematiker, Ingenieure und Naturwissenschaftler auf acht Prozent kommen. Die höchste Steigerung des Lebenseinkommens wiesen in der Vergangenheit Rechts- und Wirtschaftswissenschaftler sowie Mediziner mit satten 13 Prozent Gehaltsvorsprung auf. Die Wahl des richtigen Studienfachs kann also später einige Hunderttausend Euro wert sein!

Die Wahl des richtigen Studienfachs kann also später einige Hunderttausend Euro wert sein!

Eine gute Ausbildung oder ein Studium ist in Zeiten des so viel beschworenen Fachkräftemangels ein *MUSS*. Ein höherer Bildungsgrad verringert ebenso die Gefahr der Arbeitslosigkeit. Zwar gibt es Akademiker ohne Job, aber unter ihnen beträgt die Erwerbslosenquote rund fünf Prozent, die von Berufstätigen mit Lehre und Ausbildung knapp zwölf Prozent, während die jener ohne Berufsabschluss fast 25 Prozent beträgt.

Vergessen Sie also nicht, auch in sich selbst zu investieren. Erhöhen Sie Ihr Gehalt und Ihre Beschäftigungsfähigkeit. Dies gilt übrigens nicht nur für junge Leute, auch Ältere können durch permanente

Fortbildungen, Abendschulen, Fernstudien und so weiter ihren Marktwert erhöhen.[520]

Vergessen Sie also nicht, auch in sich selbst zu investieren.

SIE SIND, WAS SIE DENKEN!

Auch Ihre Denkweise ist von entscheidender Bedeutung, wenn Sie in Ihrem Leben so etwas wie finanzielle Unabhängigkeit oder finanzielle Sicherheit erreichen wollen – und deshalb lesen Sie doch dieses Buch, oder?

Was bedeutet »Geld«, was »Reichtum«?

Was liegt also näher, als uns mal kurz Gedanken über »Geld« und »Reichtum« zu machen. Sie kennen doch sicherlich das Sprichwort: »Geld macht nicht glücklich«? Meiner Beobachtung nach vertreten hauptsächlich jene Menschen diese Ansicht, die auch kein Geld besitzen. Vermögende denken anders: Geld erlaubt ein Leben in Sicherheit, ohne jeden Tag einen Existenzkampf kämpfen zu müssen. Geld erlaubt Annehmlichkeiten, die den Lebensstandard verbessern.

Der Erfolgs- und Bestsellerautor Richard Templar hat *seine* ganz eigene Definition gefunden: »Es muss genug sein, damit ich mir keine Sorgen mehr darüber zu machen brauche, ob es auch reicht […] Ich lernte zu akzeptieren, dass Geld an sich weder etwas Gutes noch etwas Schlechtes ist, weder mein Freund noch mein Feind. Es ist nicht das Übel, für das wir es so oft halten. Ohne Geld würde sich das Leben auflösen. Geld ist das Öl, das dafür sorgt, dass unser Leben reibungslos läuft. Was wir damit tun, ist gut oder schlecht, richtig oder falsch, unser Freund oder unser Feind.«[521]

Geld ist weder mein Freund noch mein Feind.

Wahr ist aber auch: Mit Geld bleibt man nicht gesund; zu wenig Geld kann uns unglücklich machen, zu viel auch. Aber letztlich muss jeder für sich selbst wissen, was Geld für ihn bedeutet.

Vergessen Sie dabei aber nicht, dass Geld nur ein Begriff ist, eine Vorstellung, die man nicht sehen kann. Scheine und Münzen sind *kein* Geld, sondern nur ein Symbol dafür, allerdings mit Macht und Einfluss. Geld ist neutral und behandelt alle Menschen gleich, ohne Diskriminierung und ohne Einschränkung.[522]

Geld ist neutral und behandelt alle Menschen gleich.

Vermögend zu sein ist nicht selbstverständlich. Es gibt aber ein paar Ausnahmen, wie man, ohne groß etwas tun zu müssen, vermögend werden kann. Dies kann etwa durch Lotteriegewinne und Erbschaften geschehen oder man ist einfach nur »reich« geboren.

Alle anderen arbeiten sehr hart, um Geld zu haben. Es gibt ein anderes Sprichwort, das Sie vielleicht nicht kennen, denn es stammt aus dem angelsächsischen Raum. Es lautet: »Die meisten Menschen sind zu bequem, um reich zu werden«.[523] Da staunen Sie, was?

Die meisten Menschen sind zu bequem, um reich zu werden

Das mag sich zwar irgendwie schräg anhören, aber es ist eine gehörige Portion Wahrheit in diesem Satz versteckt. Wohlhabende arbeiten mehr als andere, leisten an einem Tag manchmal mehr als viele in einem ganzen Monat. Sie sind die Ersten in der Firma und die Letzten, die gehen. Für sie ist Geld die Bezahlung für kluges Denken und harte Arbeit, also eine direkte Folge ihres Handelns.[524] Viele Menschen sind hingegen nicht darauf eingestellt, Opfer zu bringen, zu studieren, zu lernen, sich für einen Job oder eine Geschäftsbeziehung die Hacken abzulaufen.

Ich glaube kaum, dass Sie sich eine Kindheit gewünscht hätten wie Warren Buffett (*1930), den Sie bereits aus dem Kapitel »Lernen Sie vom ›größten Investor aller Zeiten‹« kennen. Buffett hat ein Privatvermögen von 50 Milliarden US-Dollar und ist damit der drittreichste Mann der Welt.

Sie glauben, er wurde reich geboren? – Irrtum.

Sie denken, er war besonders klug? – Irrtum.

Sie glauben, er hatte Glück? – Irrtum.

Sie glauben, er bekam von seinen Eltern Geld? – Irrtum.

Buffett war ein ganz normales Kind, aber er war *anders*. Schon im Kindergarten faszinierten ihn Zahlen. Er lernte sehr früh, Wahrscheinlichkeiten zu berechnen. Das Entscheidende für ihn war dabei, so viele Informationen zu sammeln, wie nur möglich. Er zählte beispielsweise, wie oft einzelne Buchstaben in Zeitungen und in der Bibel vorkamen und entwickelte einen unstillbaren Hunger nach Wettbewerben. Der kleine Warren sammelte die Schraubverschlüsse aus den Eiskästen der Getränkeautomaten, stapelte sie im Keller seines Elternhauses und sortierte sie dann akribisch nach Marken. So erfuhr er, welche Erfrischungsgetränke die beliebtesten waren.

Warren »arbeitete« (für ihn war es genau das!) schon als kleines Kind mit sechs Jahren. Er verkaufte beispielsweise Kaugummipäckchen in der Nachbarschaft und einzelne Cola-Flaschen. Schnell hatte er berechnet, dass der Verkauf einzelner Flaschen mehr Geld einbrachte, als wenn er diese im Paket veräußerte. Seine nächste Beschäftigung war es, Abend für Abend von Tür zu Tür zu gehen und Zeitungen zu verkaufen. Mit neun veräußerte er gebrauchte Golfbälle auf dem Golfplatz. Mit zehn verkündete Warren, er werde mit 35 Jahren Millionär sein, mit elf kaufte er seine ersten Aktien.[525] In der achten Klasse begann er nebenher in einer Bäckerei zu arbeiten und sammelte in der Nachbarschaft Abfallpapier. Dann jobte er im Laden seines Großvaters und putzte dort manchmal auch den Boden. Später half er seinem Vater, fünfzig Pfund schwere Säcke mit Tierfutter zu verkaufen.[526] Warren lernte von klein an, mit Geld umzugehen und dafür zu arbeiten.

Manche lernen von klein an, mit Geld umzugehen und dafür zu arbeiten.

So spielte sich die Kindheit des Warren Buffett ab, und ich frage Sie nochmals: Hätten Sie sich so eine Kindheit gewünscht oder würden Sie so eine Kindheit Ihrer Tochter oder Ihrem Sohn wünschen? Ich glaube nicht. Aber vielleicht verstehen Sie jetzt, was man damit meint, wenn man sagt, viele Menschen sind zu bequem, um reich zu werden?

Wohlhabende Menschen sind häufig sehr sparsam. Dabei hat Sparsamkeit nichts mit Geiz zu tun. Mir sagte mal ein Unternehmer, dass diejenigen, die kein Geld haben, es mit vollen Händen ausgeben (also Schulden machen), währenddessen die, die es haben, auf das Geld aufpassen. Da ist viel Wahres dran.

Wohlhabende Menschen sind häufig sehr sparsam.

Apropos Sparsamkeit. Da muss ich Ihnen noch etwas von einem Multimillionär erzählen, den ich persönlich kenne und der eine große Firma besitzt. Er ist über 80 Jahre alt und arbeitet noch wie ein Wilder. Eines Tages stand ein Auszubildender bei ihm im Büro (nein, das war nicht ich!). Der Unternehmer schaute den jungen Mann prüfend an, einmal auf den Boden, dann wieder in dessen Gesicht. »Sie stehen auf meinem Geld!«, bellte er dann so plötzlich, dass der Azubi erschrocken auf den Boden schaute, aber kein Geld entdecken konnte. »Sie stehen auf meinem Geld!« wiederholte der Unternehmer unbeirrt. Der Azubi bekam einen noch größeren Schrecken, denn noch immer konnte er auf dem Boden nichts entdecken. »Ich sehe nichts«, stotterte er dann halbherzig. Der Unternehmer aber holte tief Luft. »Mann, heben Sie mal Ihren rechten Fuß!« Der Azubi tat, wie ihm geheißen. Unter seiner Sohle lag eine Büroklammer. »Aufheben!«, befahl der Unternehmer. »Das ist alles Geld! Die ist bestimmt einen Cent wert!« Der Azubi tat, wie ihm geheißen, und vergaß diese Lektion nie wieder.

Kleinliche Menschen würden vielleicht sagen: »Was für ein Korinthenkacker, wegen einer Büroklammer so einen Aufstand zu machen!« Der Unternehmer aber rechnete anders: Wenn seine 800 Mitarbeiter pro Arbeitstag[527] nur eine einzige Büroklammer ignorieren würden, entspräche dies einem jährlichen Betrag von rund 2500 Euro. Der Unternehmer war aber klug und erfahren genug, um zu wissen, dass eine Büroklammer nur das kleinste Teil war, auf das viele seiner Mitarbeiter nicht achteten. Da gab es noch viel mehr: Kopierpapier, Kugelschreiber, Bürogeräte, Nägel, Schrauben und so weiter und so fort. Diese Verluste entsprachen jährlich Zehntausenden von Euro. Verstehen Sie jetzt, was der Unternehmer damit bezwecken wollte?

Dann gebe ich Ihnen noch ein anderes Beispiel: Donald Trump (*1946), seines Zeichens US-Magnat und Multimilliardär, hat im Alter von 26 Jahren mit 5000 US-Dollar sein erstes Geschäft eröffnet.[528] Sein Vater gab ihm nicht viel Geld, da er ein Einwanderer aus Polen war, aber er gab ihm eine gute Ausbildung.[529] Donald Trumps Devise lautet: »Wohlstand entsteht aus großen Zielen«.[530] Durch harte Arbeit, unglaubliche Disziplin und guten Geschäftssinn schaffte er es zum beneideten Multimilliardär. Ja, Neid muss man sich schwer erarbeiten!

»Wohlstand entsteht aus großen Zielen.«

Seine Kritik an den »Neidern« ist aus seiner Sicht wohl berechtigt: »Viele Menschen sehen sich erfolgreiche Menschen an und sehen dabei nur das Endergebnis. Die ganze Arbeit, die in den Weg dorthin gesteckt wurde, sehen sie nicht.«[531]

Einige seiner Tipps:

- Denken Sie in großen Maßstäben, dann kommen große Dinge.
- Sie müssen großen Druck aushalten können und Probleme lösen, vor denen sich die meisten Menschen vor Angst in die Hose machen.

- Überlegen Sie nicht, wie Sie Geld verdienen können. Überlegen Sie lieber, was Sie produzieren oder welchen Dienst Sie anbieten können, der für die Menschen und für Ihre Gemeinschaft wertvoll und nützlich ist.
- Leidenschaft ist wichtiger als Intelligenz und Talent.
- Zähigkeit ist äußert wichtig – niemals aufgeben.
- Geben Sie Ihren Zielen einen anderen Wert als Geld.
- Konzentrieren Sie sich auf die Lösung, nicht auf das Problem.
- Seien Sie diszipliniert.
- Sehen Sie Fehlschläge als Preis für das Gelernte.
- Wenn man viel Geld verdient, ist man verpflichtet, etwas davon zurückzugeben.
- Ohne Wissen erfolgreich zu sein, ist sehr schwierig. Man braucht Wissen.[532]

»Man braucht Wissen!«

Seiner Auffassung nach sind 98 Prozent der Erwachsenen darauf konditioniert, wenn sie das Wort »Nein« hören, aufzugeben.[533] Für Trump ist deshalb klar: »Manche Dinge funktionieren nur, weil man nicht weiß, dass sie unmöglich sind«.[534]

»Manche Dinge funktionieren nur, weil man nicht weiß, dass sie unmöglich sind.«

Zum Schluss dieser Betrachtung noch ein drittes Beispiel, weil es so schön war: William Jaird Levitt (1907–1994), einer der damals größten amerikanischen Bauunternehmer und Immobilienmakler, der insgesamt 140000 Häuser gebaut hat, sammelte nach einem Bautag *persönlich* die Nägel auf den Baustellen ein. Seine Arbeiter ließ er das beim Sägen entstandene Sägemehl ebenfalls sammeln und verkaufte dieses »Abfallprodukt« an andere Unternehmen. 1968 veräußerte er seine Firma für 92 Millionen Dollar, was einem heutigen Wert von rund zwei Milliarden Dollar entspricht.[535] Das alles hatte er geschaffen, aus dem Nichts heraus, durch Fleiß und Sparsamkeit.

»Wer kneift, bringt es zu nichts.«

Dieses Zitat von Multimilliardär Donald Trump gibt uns eine gute Überleitung zum nächsten Kapitel:

Von nichts kommt nichts

Ja, was machen nun die Wohlhabenden anders? Was haben oder tun sie, um mehr Geld zu besitzen? Was unterscheidet sie von anderen Menschen, die weniger haben? Hier ein paar Gedankenanstöße von Menschen, die sich ihren Wohlstand selbst erarbeitet haben:

- Sie denken anders
- bringen Opfer
- lernen, studieren (auch nebenher)
- arbeiten hart, härter, noch härter
- bauen Geschäftsbeziehungen auf
- sind sparsam
- haben Geschäftsideen und besitzen Unternehmergeist
- gehen Risiken ein
- verlassen die tägliche Bequemlichkeitszone
- arbeiten abends, nachts, am Wochenende
- erreichen Ziele
- verwirklichen Pläne
- sind flexibel
- sind offen für neue Gelegenheiten
- haben ein gutes Zeitmanagement
- arbeiten effizient

- halten sich fit
- sammeln Informationen
- bilden sich weiter
- knüpfen Kontakte
- denken langfristig
- können Rückschläge wegstecken
- sind ausdauernd
- suchen nach Chancen
- lassen Geld für sich arbeiten
- geben weniger aus, als Sie verdienen
- machen keine Schulden
- erschließen neue Einkommensquellen
- delegieren Arbeiten
- haben genügend Rücklagen[536]

Wenn das alles nichts für Sie ist, dann sind Sie auch nicht bereit, etwas für Ihren Wohlstand zu tun. Von alleine kommt er (meistens) nicht.

Denken Sie immer an die Worte von Richard Templar: »Niemand außer Ihnen selbst kann Sie reich machen« und »Bequeme Leute werden nicht reich«.[537]

»Niemand außer Ihnen selbst kann Sie reich machen.«

Aber viele Menschen geben auf, weil sie zu faul sind, lassen sich von Rückschlägen entmutigen und sitzen dann lieber vor dem Fernseher und lassen sich von Verdummungssendungen berieseln. Sorry, das ich das so drastisch ausdrücke, aber ich kann es nicht leiden, wenn man auf andere neidisch ist, die viel arbeiten, selbst aber nichts dafür tut, um das zu erreichen, was die anderen haben. Vielleicht können Sie das ja ein Stück weit verstehen.

Das, was ich Ihnen sagen will – um wieder auf das Thema des Buches zurückzukommen: Kapitalanlagen sind eine Sache, die richtige Einstellung eine andere. Beides kombiniert bringt Sie weiter.

Kapitalanlagen sind eine Sache, die richtige Einstellung eine andere. Beides kombiniert bringt Sie weiter!

Ich hoffe, ich konnte Ihnen ein wenig die Augen öffnen, Hintergründe erhellen, Vor- und Nachteile erklären und Ihnen dadurch helfen, die richtigen Entscheidungen im Dschungel der Finanzanlagen zu treffen, sodass Sie für die kommenden Krisen vorbereitet sind.

Danke, dass Sie nach diesem Buch gegriffen haben und sich die Zeit genommen haben, es zu lesen. Ich wünsche Ihnen bei Ihren Vorhaben VIEL Erfolg, denn dann hat sich meine Arbeit schon gelohnt.

VIEL ERFOLG!

BIBLIOGRAFIE

Bandulet, B.: *Das geheime Wissen der Goldanleger,* Rottenburg 2007

Bandulet, B.: *Die letzten Jahre des Euro,* Rottenburg 2010

Bareis, W./Nauhauser, N.: *Lexikon der Finanzirrtümer,* Berlin 2009

Beike, R./Schlütz, J.: *Finanznachrichten lesen – verstehen – nutzen,* Stuttgart 2010

Blanchard, O./Illing, G.: *Makroökonomie,* München 2009

Bundesministerium der Finanzen (Hrsg.): *Steuerliche Förderung der privaten Altersvorsorge und betrieblichen Altersversorgung,* Berlin 2010

Dennin, T.: »Rohöl, Kohle, Kupfer und Blei versus Aktien aus den Bereichen Energie und Metals & Mining«, in: *Edelmetall- & Rohstoffmagazin 2009/2010,* Neustadt an der Orla 2010

Deutsch, R.: *Das Silberkomplott,* Rottenburg 2006

Dill, A.: *Der große Raubzug,* München 2009

Dohmen, C.: *Let's make Money,* Freiburg 2008

Duncan, R.: *The Dollar Crisis,* Singapur 2003

Emminger, O.: »Die Entwicklung des Wechselkurses von der ›sakrosankten‹ Parität zum flexiblen Instrument der Währungspolitik«, in: Wissenschaftlicher Beirat des Instituts für bankhistorische Forschung (Hrsg): *Bankhistorisches Archiv* 1/1986, *Zeitschrift für Bankengeschichte,* Frankfurt/M. 1986

Engdahl, W. F.: *Der Untergang des Dollar-Imperiums,* Rottenburg 2009

Grandt, M.: *Der Crash der Lebensversicherungen,* Rottenburg 2009

Grandt, M.: *Der Staatsbankrott kommt!,* Rottenburg 2010

Grandt, M./Spannbauer, G./Ulfkotte, U.: *Europa vor dem Crash,* Rottenburg 2011

Grebe, S./Grundmann, S./Phillipps, F.: *Crashkurs Börse,* Kulmbach 2008

Haase, D./Ewert, G.: »Staatsbankrott & Währungsreform«, in: *Edelmetall- & Rohstoffmagazin 2009/2010,* Neustadt an der Orla, 2009

Hamer, E.: »Neuordnung des Weltwährungsgefüges«, in: *Edelmetall- & Rohstoffmagazin 2009/2010,* Neustadt an der Orla 2009

Hankel, W./Nölling, W./Schachtschneider, K. A./Spethmann, D./Starbatty, J.: *Das Euro-Abenteuer geht zu Ende,* Rottenburg 2011

Hesse, T.: *Periodischer Unternehmenserfolg zwischen Realisations- und Antizipationsprinzip,* o. O. 1996

Issing, O.: *Einführung in die Geldtheorie,* München 2003

Keynes, J. M.: *Allgemeine Theorie der Beschäftigung, des Zinses und des Geldes,* Berlin 2000

Krugman, P./Obstfeld, M.: *Internationale Wirtschaft. Theorie und Politik der Außenwirtschaft,* München 2009

Krugman, P./Wells, R.: *Volkswirtschaftslehre,* Stuttgart 2010

Kruschwitz, L.: *Finanzierung und Investition,* München 2010

Leuschel, R./Vogt, C.: *Die Inflationsfalle,* Weinheim 2009

Lippe, G./Esemann, J./Tänzer, T.: *Das Wissen für Bankkaufleute: Das umfassende und praxisorientierte Kompendium für die Aus- und Weiterbildung,* Wiesbaden 2001

Lips, F.: *Die Gold-Verschwörung,* Rottenburg 2003

Mross, M.: *Der Währungscrash kommt!,* Kulmbach 2011

Müller, D.: *Crashkurs,* München 2009

Müller, D.: *Cashkurs,* München 2011

Müller, J.: *Gewinnen mit Gold und Silber,* Rottenburg 2007

Natter, A.: *Crashkurs Zertifikate,* Kulmbach 2007

Otte, M.: *Die Krise hält sich nicht an Regeln,* Berlin 2010

Piper, N.: *Die Große Rezession,* München 2009

Quigley, C.: *Katastrophe und Hoffnung,* Basel 2006

Ramb, B.-T.: *Vor der nächsten Währungs-»Reform«,* Hamburg o. J.

Ramb, B.-T.: *Der Zusammenbruch unserer Währung,* Hamburg 2010

Rühl, A.: »Der Rohstoffmarkt Holz«, in: *Edelmetall- & Rohstoffmagazin 2010/2011,* Neustadt an der Orla 2010

Saiger, J./Winkler, F.: »Kapitalschutz mit Edelmetallen«, in: *Edelmetall- & Rohstoffmagazin 2009/2010,* Neustadt an der Orla 2009

Schroeder, A.: *Warren Buffett – Das Leben ist wie ein Schneeball,* München 2011

Schulte, T.: *Silber, das bessere Gold,* Rottenburg 2010

Senf, B.: *Der Nebel um das Geld,* Kiel 2009

Spannbauer, G.: *Finanzcrash,* Rottenburg 2009

Templar, R.: *Die Regeln des Reichtums,* Kulmbach 2010

Trump, D./Zanker, B.: *Nicht kleckern, klotzen,* Kulmbach 2008

Veranen, J./Hensle, H.: *Wertorientierung und Rendite,* o. O. 2000

Verbraucherzentrale Hamburg e. V.: *Ampelcheck Geldanlage,* Hamburg 2009

Wahrenburg, M./Weldi, M.: *Return on Investment in Higher Education – Evidence for Different Subjects, Degrees and Gender in Germany,* o. O. 2007

Weldi, M.: *Financing Higher Education Cost through Human Capital Contracts – An Empirical Analysis by Subject and Degree for Germany,* o. O. 2006

Zarlenga, S.: *Der Mythos vom Geld – die Geschichte der Macht,* Zürich 1999

DANK

Zuerst danke ich meiner neuen Lebensgefährtin Marina dafür, dass sie mir in all der Zeit, in der ich dieses Buch geschrieben habe, den Rücken freigehalten hat. Dann meiner Stieftochter Chantal, für die ich mir weniger Zeit nehmen konnte. Trotz ihrer neun Jahre hat sie das (meistens) verstanden.

Dank gebührt zudem meinem Verleger Jochen Kopp, der sich nicht beirren lässt und seinen erfolgreichen Weg weitergeht. Die Ereignisse der letzten Jahre geben *ihm* und seinem Verlag Recht und nicht den Besserwissern.

Ebenfalls Dank an meinen Lektor Ulrich Wille und die Layoutabteilung Monika Dreja, Jennifer Hellwagner und Anke Brunn. Vergessen möchte ich auch nicht Herrn Harry Keinath, spezialisierter Werteberater, der den Menschen kein X mehr für ein U vormacht und so sorgsam mit dem Vermögen anderer umgeht, als wäre es sein eigenes.

Bei Alexander Strauß bedanke ich mich für die gute Zusammenarbeit und das teilweise Gegenlesen des Buches sowie die Recherchen zum Kapitel »Holz«. Mein Dank gilt auch Herrn Alexander Hoffmann, Mitglied des Verwaltungsrats der SMH Schweizerische Metallhandels AG für die Überlassung umfangreicher Unterlagen und die Erlaubnis, diese publizistisch zu verwerten.

Zum Schluss möchte ich mich bei Herrn Peter Riedmüller von Riedmüller Finanzkonzepte bedanken, der mir die komplizierte Materie von Private Equity Fonds in einfachen Worten erklären konnte und mir freundlicherweise die Unterlagen der RWB AG zur Verfügung stellte.

QUELLENVERZEICHNIS

1 Siehe dazu auch ausführlich meine Publikationen *Der Staatsbankrott kommt!*, Rottenburg 2010 und *Europa vor dem Crash* (zusammen mit Gerhard Spannbauer und Udo Ulfkotte, Rottenburg 2011); die deutsche Hilfe für Europa war bis dato bei der »ersten Griechenland-Hilfe« 22,4 Milliarden Euro (von insgesamt 110 Milliarden); beim »Rettungsfonds EFSF« 123 Milliarden Euro (gesamt: 440 Milliarden) und beim neuen, aufgestockten »Rettungsfonds EFSF« 211 Milliarden Euro (von insgesamt 780 Milliarden Euro, Quelle: HB-Research)

2 Die Herabstufung von der Bestnote »AAA« auf »AA+« durch *Standard & Poor's* war ein Schock für die Regierung in Washington. Die Ratingagentur begründete ihren Schritt wie folgt: »Die politische Ausgangslage in den USA wurde verändert. Und die Waghalsigkeit, mit der man die Schuldenobergrenze erhöht hat, das lag schon außerhalb unserer Vorstellungskraft.« Zudem seien die Einsparmaßnahmen von 2,1 Billionen Dollar nicht ausreichend, um die Schuldengrenze in den Griff zu bekommen. Expertenmeinungen nach bedeutet die Abstufung jährlich rund 100 Milliarden Dollar Mehrkosten für die Kreditaufnahme. Das wirtschaftliche und finanzielle Image der selbst erklärten »Supermacht« war damit in Misskredit gebracht. US-Staatsanleihen waren ab dato nicht mehr die sichersten der Welt, obwohl sie nach wie vor das »Öl« im Motor des weltweiten Finanzsystems sind (Quellen: http://www.tagesschau.de/wirtschaft/usa428.html • http://bazonline.ch/wirtschaft/konjunktur/USA-verlieren-TripleA Rating/story/13951049)

3 In der Zeit vom 25. Juli bis 7. August 2011 betrug der Wertverlust an Marktkapitalisierung an den Börsen: New York: 802,4 Milliarden Euro; London: 175,0 Milliarden Euro; Tokio: 108,0 Milliarden Euro; Frankfurt: 111,2 Milliarden Euro; zusammen mit den anderen internationalen Börsen rund 2,5 Billionen Euro (Quelle: *Thomson Reuters*, *Handelsblatt* vom 8. August 2011)

4 *Handelsblatt* vom 10. August 2011

5 *Handelsblatt* vom 11. August 2011

6 *Handelsblatt* vom 10. August 2011

7 Die Unterkapitalisierung entsteht durch die drohende Abschreibung auf Staatsanleihen bankrottgefährdeter EU-Staaten.

8 http://info.kopp-verlag.de/hintergruende/deutschland/michael-grandt/die-bankenkrise-ist-zurueck-.html

9 http://www.wirtschaftsblatt.at/home/international/wirtschaftspolitik/491845/index.do?from=MaM

10 http://www.tagesschau.de/wirtschaft/eugipfel336.html

11 *Handelsblatt* vom 11. November 2011

12 Hierzu ausführlich in *Europa vor dem Crash*, S. 26–33

13 Vgl. *Bloomberg*

14 Prognose der EU-Kommission

15 Im Urteil hieß es: »Es dürfen keine dauerhaften völkervertragsrechtlichen Mechanismen begründet werden, die auf eine Haftungsübernahme für Willensentscheidungen anderer Staaten hinauslaufen, vor allem, wenn sie mit schwer kalkulierbaren Folgewirkungen verbunden sind.« (Zitat aus dem *Handelsblatt* vom 8. September 2011)

16 Alle Zahlen von 2010; Quellen: IWF, BIZ, WFE, HB-Research, *Handelsblatt* vom 9. September 2011

17 Nominalvolumen (Stand: Dezember 2010)

18 Bruttoinlandsprodukt (BIP) weltweit 2010

19 Quellen: IWF, BIZ, WFE, *Der Spiegel* 34/2011

20 Vgl. dazu: *Der Spiegel* 34/2011

21 Vgl. dazu Ron Pauls wunderbaren *EssaySound Money* http://www.ronpaul.com/on-the-issues/fiat-money-inflation-federal-reserve/

22 Michael Mross: *Der Währungscrash kommt!,* Kulmbach 2011, S. 68

23 Über die sinnvolle Zusammensetzung dieses Warenkorbs wird schon lange diskutiert.

24 Sebastian Grebe/Sascha Grundmann/Frank Phillipps: *Crashkurs Börse,* Kulmbach 2008, S. 95

25 *Spiegel online* vom 6. Januar 2010

26 Werner Bareis/Niels Nauhauser: *Lexikon der Finanzirrtümer,* Berlin 2009, S. 72

27 Michael Grandt: *Der Staatsbankrott kommt,* Rottenburg 2010

28 Mross, S. 69

29 Vgl. dazu ausführlich: Olivier Blanchard/Gerhard Illing: *Makroökonomie,* München 2009, S. 69 ff.

30 Bernd-Thomas Ramb: *Vor der nächsten Währungs-»Reform«,* Hamburg o. J., S. 62 ff.

31 Ramb, S. 60 ff.

32 *Wirtschaftswoche* vom 11. April 2009, S. 18 (Quelle: *Morgan Stanley*)

33 Caspar Dohmen: *Let's make MONEY,* Freiburg 2008, S. 20

34 Der Getreideindex hat sich seit Mitte 2010 nahezu verdoppelt, der CRB-*Food-Index* (US-Index für an der Börse gehandelte Nahrungsmittel) zeigte schon für 2010 eine Steigerung von fast 40 Prozent. (Vgl. Michael Mross: *Der Währungscrash kommt!,* Kulmbach 2011, S. 62 f.)

35 Grandt, *Der Staatsbankrott kommt!,* S. 59 ff.

36 *Handelsblatt* vom 11.08.2011

37 Mross, *Währungscrash,* S. 69

38 Bruno Bandulet: *Die letzten Jahre des Euro,* Rottenburg 2010, S. 30 ff.

39 Ebd.

40 Bandulet erklärt dies wie folgt: »Wenn wir den von der EZB benutzten gleitenden Drei-Monats-Durchschnitt der Jahreswachstumsrate heranziehen, dann wuchs M3 (Sichteinlagen, Bargeld im Umlauf, Reiseschecks, Termineinlagen, Geldmarktfonds, Spareinlagen, Einlagen mit längeren Kündigungsfristen, je nach Definition der jeweiligen Zentralbanken; vgl. Paul

Krugman/Robin Wells: *Volkswirtschaftslehre,* Stuttgart 2010, S. 965) schon 1999 um fast sechs Prozent. 2001/2002 fiel das Wachstum vorübergehend unter die 4,5-Prozent-Marke, erreichte 2003 in der Spitze fast neun Prozent und 2007 sogar zwölf Prozent, bis M3 dann in der schweren Rezession von 2009 überhaupt nicht mehr wuchs. Gemessen an den Preisen des HVPI (Harmonisierter Verbraucherpreisindex, MGR) hat die Eurozone seit ihrer Gründung eine moderate und beständige Inflation erlebt, gemessen an M3 eine hohe und sehr volatile. Sehr volatil, das heißt schwankungsanfällig, bewegten sich auch die von der EZB gesteuerten kurzfristigen Zinsen, hier gemessen am Drei-Monats-Termingeld. Von 2,5 Prozent noch 1999 ging es auf fünf Prozent im Jahr 2000, dann zurück auf zwei Prozent, bis 2008 wieder auf fünf Prozent – und danach fast bis auf null.« (Bandulet, S. 37)

41 Seit 1997, nicht seit der Einführung des Euro, da sieht es noch schlimmer aus (siehe weiter unten).

42 *Bloomberg; Welt am Sonntag* vom 28.11.2010; EU-Kommission

43 http://www.ecb.int/press/pr/date/2009/html/pr090101_1.de.html

44 Von zunächst 105 Milliarden Euro.

45 Das heißt, die Inflationsrate ist höher als der Nominalzins.

46 Hans Werner Sinn, in: *Handelsblatt* vom 23. September 2011

47 http://ec.europa.eu/budget/library/publications/fin_reports/fin_report_08_de.pdf
http://www.faz.net/s/Rub0E9EEF84AC1E4A389A8DC6C23161FE44/Doc~E74AEDA96748148298CA13BEB9EE24EA7~ATpl~Ecommon~Scontent.html; http://www.oe24.at/oesterreich/politik/EU-kostet-uns-schon-432-Mio-Euro/3607132

48 Wilhelm Hankel: »Europa nach dem Scheitern des Euro« in: W. Hankel/W. Nölling/K.A. Schachtschneider/D. Spethmann/J. Starbatty: *Das Euro-Abenteuer geht zu Ende,* Rottenburg 2011, S. 35

49 Hankel, »Europa nach dem Scheitern des Euro«, S. 46

50 vgl.: Dieter Spethmann: »Ideologie und Realwirtschaft«, in: W. Hankel/W. Nölling/K.A. Schachtschneider/D. Spethmann/J. Starbatty: *Das Euro-Abenteuer geht zu Ende,* Rottenburg 2011, S. 208

51 http://www.destatis.de/jetspeed/portal/cms/Sites/destatis/Internet/DE/Presse/pm/2011/09/PD11__340__51,templateId=renderPrint.psml

52 Hankel, »Europa nach dem Scheitern des Euro«, S. 35; 2000: EU-Länder 65 Prozent, Eurozone 45 Prozent; 2010: EU-Länder 60 Prozent, Eurozone 40 Prozent, vgl.: Joachim Starbatty: »Der Riss durch die Eurozone«, in: W. Hankel/W. Nölling/K.A. Schachtschneider/D. Spethmann/J. Starbatty: *Das Euro-Abenteuer geht zu Ende,* Rottenburg 2011, S. 242

53 Hankel, »Europa nach dem Scheitern des Euro«, S. 25

54 Dieter Spethmann: »Ideologie und Realwirtschaft«, in: W. Hankel/W. Nölling/K.A. Schachtschneider/D. Spethmann/J. Starbatty: *Das Euro-Abenteuer geht zu Ende,* Rottenburg 2011, S. 202

55 2002: 0,0 %; 2003: 0,0 %; 2004: 1,2 %; 2005: 1,0 %; 2006: 3,0 %; 2007: 2,5 %; 2008: 0,0 %; 2009: –4,7 %; 2010: 3,6 % (Quelle: Statistisches Bundesamt)

56 Joachim Starbatty: »Der Riss durch die Eurozone«, in: W. Hankel/W. Nölling/K.A. Schachtschneider/D. Spethmann/J. Starbatty: *Das Euro-Abenteuer geht zu Ende,* Rottenburg 2011, S. 231, 240

57 Ebd., S. 243

58 Joachim Starbatty: »Der Riss durch die Eurozone«, in: W. Hankel/W. Nölling/K.A. Schachtschneider/D. Spethmann/J. Starbatty: *Das Euro-Abenteuer geht zu Ende,* Rottenburg 2011, S. 221

59 Ebd., S. 221

60 Ebd., S. 242

61 W. Hankel/W. Nölling/K.A. Schachtschneider/D. Spethmann/J. Starbatty: *Das Euro-Abenteuer geht zu Ende,* Rottenburg 2011

62 http://www.wiwo.de/finanzen/euro-retter-deutschland-im-schuldensog-449099/

63 Hankel, »Europa nach dem Scheitern des Euro«, S. 42

64 Detailliert in Michael Grandt: *Der Staatsbankrott kommt!,* Rottenburg 2010, S. 231 ff.

65 Etwa durch Geldmengenerhöhungen der EZB, die es gleichzeitig nicht schafft, das Geld (etwa durch Tender) wieder aus dem Markt zu nehmen, da Banken verzinsliche Termineinlagen von der EZB nicht in dem Maße aufkaufen, wie Geld in das Währungssystem gepumpt wird.

66 Richard Templar: *Die Regeln des Reichtums,* Kulmbach 2010, S. 156

67 Vgl. dazu das »Aufwertungsgesetz« von 1925; Umfang: 1035 Seiten (http://www.bundesarchiv.de/aktenreichskanzlei/1919-1933/1021/ma3/ma31p/kap1_2/kap2_191/para3_2.html)

68 http://www.gesetze-im-internet.de/bundesrecht/lag/gesamt.pdf

69 Als Co-Autor mit Udo Ulfkotte und Gerhard Spannbauer

70 www.finanzwirtschafter.de
http://eurokurs.blogspot.com/2011/02/ezb-leitzinsentwicklung-2007-2011.html
http://www.n24.de/news/newsitem_6663846.html

71 Werner Bareis/Niels Nauhauser: *Lexikon der Finanzirrtümer,* München 2009, S. 57 ff. ; die Autoren beziehen sich auf das Bundesverbraucherministerium.

72 Die Stiftung wurde 1964 auf Beschluss des Deutschen Bundestages gegründet, um dem Verbraucher eine »unabhängige« Unterstützung zu bieten. Kritiker bezweifeln jedoch, dass eine Stiftung wirklich »unabhängig« sein kann, wenn sie vom Bundesministerium für Ernährung, Landwirtschaft und Verbraucherschutz Zuwendungen in Millionenhöhe erhält.

73 Als PDF unter: http://www.test.de/themen/geldanlage-banken/infodok/Geldanlageangebote-Warnliste-1131965-2131965/

74 http://www.test.de/themen/geldanlage-banken/meldung/Weltverbrauchertag-2011-Dubiose-Finanzprodukte-im-Blick-4213561-4213563/

75 Vgl. Dirk Müller: *Cashkurs,* München 2011, S. 354

76 http://www.djindexes.com/

77 Um Erträge aus Bezugsrechten und Sonderzahlungen bereinigt.

78 http://www.djindexes.com/mdsidx/html/avgMethod.html
79 Nikolaus Piper: *Die Große Rezession,* München 2009, S. 129
80 Grebe/Grundmann/Phillipps: *Crashkurs,* S. 27
81 Ebd., S. 29
82 Vgl.: Wirtschaftsuniversität Wien: Der zurückberechnete DAX seit 1959 (tägliche Entwicklung); statmath.wu-wien.ac.at
83 Grebe/Grundmann/Phillipps: *Crashkurs,* S. 28
84 Ebd., S. 36
85 Ebd., S. 77
86 Ebd., S. 85 ff.
87 Eine genauere makro- und mikroökonomische Betrachtung des Zinses würde den Inhalt dieses Buches sprengen. Wer sich genauer damit beschäftigen möchte, dem empfehle ich: John Maynard Keynes: *Allgemeine Theorie der Beschäftigung, des Zinses und des Geldes,* Berlin 2000; Otmar Issing: *Einführung in die Geldtheorie,* München 2003, sowie Olivier Blanchard/Gerhard Illing: *Makroökonomie,* München 2009.
88 Grebe/Grundmann/Phillipps: *Crashkurs,* S. 96 ff.
89 Olivier Blanchard/Gerhard Illing: *Makroökonomie,* München 2009, S. 318
90 Ich danke den Autoren Werner Bareis und Niels Nauhauser für den genialen Tipp in ihrem *Lexikon der Finanzirrtümer* (S. 48).
91 Er selbst wird auch kritisiert, weil er sich als »Bioenergetiker« bezeichnet.
92 Bernd Senf: *Der Nebel um das Geld,* Kiel 2009, S. 86 ff.
93 Ebd.; http://info.kopp-verlag.de/news/besucherrekord-auf-der-edelmetall-und-rohstoffmesse-vom-6-bis-7112009-in-muenchen-gold-ist-das.html http://mediathek.daserste.de/daserste/servlet/content/3444138?pageId=487872&moduleId=432744&categoryId=&goto=1&show
94 Bernd Senf: *Der Nebel um das Geld,* Zitat von Seite 43 f.
95 Auch hier gilt wie beim Unterkapitel »Zinsen«, dass eine genauere Betrachtung den Inhalt dieses Buches sprengen würde. Für Interessierte folgende Literaturempfehlungen: Olivier Blanchard, Gerhard Illing: *Makroökonomie,* München 2006; Thomas Hesse: *Periodischer Unternehmenserfolg zwischen Realisations- und Antizipationsprinzip,* o. O. 1996; Lutz Kruschwitz: *Finanzierung und Investition,* München 2010; Jyrki Veranen/Herbert Hensle: *Wertorientierung und Rendite,* o. O. 2000
96 Bareis/Nauhauser, S. 36
97 *Die Welt* vom 06. September 2011
98 http://www.versicherung-in.de/lebensversicherung-oder-rentenversicherung-vorteile-nachteile-2741/
99 Altverträge bleiben davon unberührt, die dort bereits gewährte Garantieverzinsung ist nicht betroffen.
100 Die Garantieverzinsung wird unabhängig davon, wie viele Überschüsse eine Versicherung erwirtschaftet, gewährt und an alle Kunden ausbezahlt. Allerdings wird der Garantiezins nur den Guthaben gutgeschrieben, die sich nach Abzug der Kosten ansammeln.
101 Michael Grandt: *Der Crash der Lebensversicherungen,* Rottenburg 2009

102 Diese liegen vor allem bei der dortigen Tochtergesellschaft (vgl.: *Handelsblatt* vom 10. Oktober 2011).
103 *Handelsblatt* vom 10. Oktober 2011
104 Quellen: *Focus* vom 16.11.09; http://www.handelsblatt.com/unternehmen/banken/milliardenrisiken-schlummern-in-den-bank-bilanzen/3424424.html?p3424424=2; http://www.handelsblatt.com/unternehmen/banken/versicherer-halten-wenig-von-irlands-staatsanleihen/3643026.html
105 *Handelsblatt* vom 19. Mai 2011
106 *Die Welt* vom 12. November 2011
107 http://www.bafin.de/cln_171/nn_722564/DE/BaFin/bafin__node.html?__nnn=true
108 *'09 Jahresbericht der BaFin,* Frankfurt, veröffentlicht am 10. April 2010, S. 17, 32, 85 f.
109 *Handelsblatt* vom 4. Juni 2010
110 Ebd.
111 *Handelsblatt* vom 28. Mai 2010
112 Ebd.
113 *Handelsblatt* vom 9. Juni 2010
114 Siehe zu dieser Thematik mein Buch *Der Crash der Lebensversicherungen,* hierin sind alle Quellen aufgeführt.
115 Bareis/Nauhauser, S. 188
116 Alt- und Neuverträge, Stand: 2011
117 Die Namen der Versicherungen in *Der Crash der Lebensversicherungen,* S. 123 ff.
118 Vgl. Michael Grandt: *Der Crash der Lebensversicherungen,* Rottenburg 2009, S. 132 ff.
119 http://www.pwc.de/de/pressemitteilungen/2010/deutsche-banken-haben-die-meisten-problemkredite.jhtml
120 Statement von Karin Clemens, Versicherungsexpertin bei S&P, in: *Handelsblatt* vom 14. Oktober 2011
121 Bareis/Nauhauser, S. 187
122 Konkret geht es um die Abgeltungssteuer, den Sparerpauschbetrag und die Besteuerung von Vermögensdepots (siehe dazu ausführlich mein Buch *Der Crash der Lebensversicherungen,* S. 58–63)
123 Ein Teil dieses Kapitels erschien in *Der Freie Berater,* Ausgabe 3/2011.
124 http://www.versicherung-in.de/lebensversicherung-oder-rentenversicherung-vorteile-nachteile-2741/
125 Bareis/Nauhauser, S. 20
126 Ebd., S. 194
127 Ebd., S. 199
128 *Handelsblatt* vom 23. April 2010
129 http://rentenberatung-aktuell.de/201008261000/rentenversicherung/hoher-bundeszuschuss-fuer-rentenversicherung
130 *Handelsblatt* vom 16. August 2010 und Bundesfinanzministerium

131 Studie des Deutschen Instituts für Altersvorsorge (DIA), Juni 2010

132 Alexander Dill: *Der große Raubzug*, München 2009, S. 205

133 http://www.bundesfinanzministerium.de/nn_88474/DE/BMF__Startseite/Aktuelles/Monatsbericht__des__BMF/2009/11/statistiken-und-dokumentationen/01-finanzwirtschaftliche-entwicklung/tabellen/Tabelle

134 *Handelsblatt* vom 16. August 2010

135 Zahlen des Statistischen Bundesamtes, Versorgungsempfänger des öffentlichen Dienstes

136 Ramb, *Der Zusammenbruch unserer Währung*, S. 40

137 Dill, S. 202

138 http://www.steuerzahler.de/Verschuldung/7688c8973i1p477/index.html

139 *Welt am Sonntag* vom 9. Januar 2010

140 Kinderlose ab dem 23. Lebensjahr: 2,2 Prozent

141 Berechnungen über das Jahr 2008 hinaus sind noch nicht veröffentlicht.

142 Einkommens- und Verbrauchsstichprobe des Statistischen Bundesamtes (*Handelsblatt* vom 09.12.2010)

143 Dies soll keine Negierung von Kindern sein, sondern lediglich eine Tatsache. Dass die Kinder später über ihre Rentenversicherungsbeiträge unser aller Renten bezahlen, ist ebenfalls eine Mär, denn ein großer Teil der Rentenauszahlungen kommt bereits vom Steuerzahler, zudem finden immer weniger »Kinder« später einen Job, sind also auch dann vom Steuerzahler abhängig.

144 http://www.bmas.de/portal/27264/

145 Bundesministerium der Finanzen (Hrsg.): *Steuerliche Förderung der privaten Altersvorsorge und betrieblichen Altersversorgung.* Bundesministerium der Finanzen, Geschäftszeichen IV C 3 - S 2222/09/10041, Schreiben vom 31. März 2010, Seite 20-21 Randziffer 56;
http://www.bundesfinanzministerium.de/nn_53848/DE/BMF__Startseite/Aktuelles/BMF__Schreiben/Veroffentlichungen__zu__Steuerarten/einkommensteuer/258__a__Altersvorsorge,property=publicationFile.pdf

146 http://www.riesterrechner24.de

147 http://www.riesterrechner24.de

148 Ebd.

149 Dirk Müller, *Cashkurs*, S. 105

150 *Die Welt* vom 22. Oktober 2011

151 Quellen: *Plusminus*, ARD, 11. August 2009; Michael Grandt: *Der Crash der Lebensversicherungen*, Rottenburg 2009

152 http://www.bmas.de/portal/51652/2011__05__04__verbraucherschutz__riester.html

153 http://www.riesterrechner24.de/riester_rente.php?paId=108_AF&gclid=COehmP3ul6sCFQbwzAodbiWDog

154 Das ergab eine Untersuchung von Ökotest (*oekotest.de* vom 27. Mai 2011); zudem in: »Altersvorsorge: Riester-Rente. Wer blickt da noch durch?«, *sueddeutsche.de* vom 29. Mai 2011

155 Vgl. Bareis/Nauhauser, S. 214

156 Philip Faigle, »Am Ziel vorbei«, in: *Die Zeit* Nr. 2 vom 10. Januar 2008
157 Ebd.
158 Ebd.
159 Bareis/Nauhauser, S. 205
160 http://www.annuitätendarlehen.org/
161 Zahlen sind aus Bareis/Nauhauser, S. 257
162 Ebd.
163 Vgl.: BGB § 489
164 http://www.finanztip.de/recht/bank/fi2-14.htm
165 Gegen die verschiedene Verbraucherschutzzentralen bisher vergeblich prozessiert haben
166 Vgl. dazu auch http://www.finanztip.de/recht/immobilien/bausparen-oder-bankfinanzierung.htm
167 http://www.aktie-abc.de/Aktie%20Definition.html
168 Paul Krugman/Robin Wells: *Volkswirtschaftslehre,* Stuttgart 2010, S. 832
169 http://www.aktie-abc.de/Aktie%20Definition.html
170 Nach Angaben des Deutschen Aktieninstituts DAI (*Handelsblatt* vom 19. August 2011)
171 Bareis/Nauhauser, S. 76 ff.
172 Ebd.
173 Ebd., S. 78
174 Warren Edward Buffett (geboren am 30. August 1930 in Omaha, Nebraska), US-Großinvestor und Unternehmer
175 http://www.forbes.com/wealth/billionaires
176 Dr. Hendrik Leber im Vorwort zu Alice Schroeder: *Warren Buffett – Das Leben ist wie ein Schneeball,* München 2011
177 Alice Schroeder: *Warren Buffett – Das Leben ist wie ein Schneeball,* München 2011, S. 87 f.
178 3 x 202 Dollar, abzüglich 114,75 Dollar Kaufpreis
179 Buffett arbeitete schon, seit er sechs Jahre alt war, als Popcorn-, Erdnuss- und Getränkeverkäufer, trug Zeitungen aus und verkaufte auf dem Golfplatz gebrauchte (!) Golfbälle (Schroeder, S. 79 ff., 94, 96 ff., 101)
180 Schroeder, S. 87 f, 98
181 Zusammengefasst in Bareis/Nauhauser, S. 110 ff.
182 Es handelt sich dabei um Aktien von Unternehmen mit relativ geringem Wachstum, dafür aber mit solider Eigenkapitalquote und hohen Cashflow-(Bargeld-)Rückflüssen (http://www.boerse-online.de/wissen/lexikon/boersenlexikon/index.html?action=descript&buchstabe=V&begriff=Value-Aktien).
183 Roland Leuschel/Claus Vogt: *Die Inflationsfalle,* Weinheim 2009, S. 202
184 Ebd.
185 Bareis/Nauhauser, S. 101
186 Das sehen Bareis und Nauhauser genauso (S. 99).
187 Ebd., S. 99 ff.
188 Paul Krugman/Robin Wells: *Volkswirtschaftslehre,* Stuttgart 2010, S. 833

189 Seit 1945 rentieren sich Aktien für jeden beliebigen 25-Jahres-Zeitraum (Bareis/Nauhauser, S. 27, 89).
190 Bernd-Thomas Ramb: *Der Zusammenbruch unserer Währung,* Hamburg 2010, S. 135 f.
191 Vgl. dazu auch Dirk Müller: *Cashkurs,* München 2011, S. 238 ff.
192 Sebastian Grebe/Sascha Grundmann/Frank Phillipps: *Crashkurs Börse,* Kulmbach 2008, S. 48
193 *Handelsblatt* vom 19. August 2011
194 Ebd.
195 Dirk Müller, *Cashkurs,* S. 116
196 http://www.fondsclever.de/sites/sicherheit03.php
197 Eine gute Ergänzung ist das Buch von Alexander Natter: *Crashkurs Fonds,* Kulmbach 2007.
198 Grebe/Grundmann/Phillipps, S. 49
199 Ebd.
200 Manche kritisieren, dass die Wirkung des CAE überschätzt wird.
201 Kaufverhalten entgegen dem üblichen Trend: Verkauf bei steigendem Kurs und Kauf bei sinkendem Kurs (http://lexikon.freenet.de/Antizyklisches_Verhalten)
202 Grebe/Grundmann/Phillipps, S. 50 f.
203 Kurzvorstellungen von http://www.boerse-frankfurt.de, das gilt auch für die noch Folgenden.
204 Rolf Beike/Johannes Schlütz: *Finanznachrichten lesen – verstehen – nutzen,* Stuttgart 2010, S. 764 ff.
205 Beike/Schlütz, S. 741 ff.
206 http://www.investmentsparen.net/garantiefonds-arten.html
207 Bareis/Nauhauser, S. 163
208 Dirk Müller, *Cashkurs,* S. 133
209 http://www.investmentsparen.net/garantiefonds-arten.html
210 http://www.investmentsparen.net/garantiefonds-kosten.html
211 Weitere Quellen zu diesem Kapitel: *Cash 12/2006,* S. 33; http://www.investmentsparen.net/garantiefonds.html
212 Feri EuroRating, in: *Handelsblatt* vom 6. Oktober 2011
213 Vgl. dazu auch *Finanztest,* Ausgabe 10/2010
214 Tabelle angelehnt an Bareis/Nauhauser, S. 170
215 Grebe/Grundmann/Phillipps, S. 49
216 *Handelsblatt* vom 12. August 2011
217 Grebe/Grundmann/Phillipps, S. 52
218 Dirk Müller, *Cashkurs,* S. 118 f.
219 http://www.n-tv.de/archiv/Hedgefonds-und-Private-Equity-article231563.html
220 Aus dem Prospekt: *Basisinformationen zur Anlageklasse Private Equity und den RWB Private Capital Fonds,* S. 10, Oberhaching (Archiv Grandt)
221 http://boersenlexikon.faz.net/leveragf.htm

222 Aus dem Prospekt: *Basisinformationen zur Anlageklasse Private Equity und den RWB Private Capital Fonds,* S. 20, Oberhaching (Archiv Grandt)
223 Ebd., S. 22
224 Ebd., S. 23
225 Ebd., S. 24
226 Aus dem Prospekt: *Basisinformationen zur Anlageklasse Private Equity und den RWB Private Capital Fonds,* S. 14, Oberhaching (Archiv Grandt)
227 http://www.n-tv.de/archiv/Hedgefonds-und-Private-Equity-article231563.html
228 Umfangreiche Informationen zu Hedgefonds auf www.hedge-world.com
229 Beike/Schütz, S. 774
230 Beike/Schlütz, S. 780
231 Beike/Schlütz, S. 774
232 http://boersenlexikon.faz.net/leerverk.htm
233 http://www.charttec.de/html/lexikon_leerverkauf_short_selling.php
234 Ebd.
235 Die Bundesanstalt für Finanzdienstleistungsaufsicht (BaFin) versteht darunter jene Leerverkäufe, bei denen sich der Verkäufer weder Eigentum verschafft noch einen Anspruch auf einen Eigentumsübertrag hat (http://www.bafin.de/cln_109/nn_722552/SharedDocs/Veroeffentlichungen/DE/Service/Auslegungsentscheidungen/Wertpapieraufsicht/ae__080922__faq__leerv.html?__nnn=true).
236 Vgl. dazu das Gesetz zur Vorbeugung gegen missbräuchliche Wertpapier- und Derivategeschäfte, BGBl Nr. 38 vom 26. Juli 2010, S. 945
237 Beike/Schlütz, S. 773
238 Bareis/Nauhauser, S. 174
239 Manchmal aber auch »nur« drei bis fünf Prozent über den durchschnittlichen jährlichen Erträgen (oder auch weniger)
240 Beike/Schlütz, S. 775
241 Bareis/Nauhauser, S. 175
242 Beike/Schlütz, S. 775
243 Bareis/Nauhauser, S. 176
244 Beike/Schlütz, S. 775
245 Studie der Ratingagentur *Moody's* in: Bareis/Nauhauser, S. 176
246 http://www.n-tv.de/archiv/Investitieren-in-Hedgefonds-article231565.html
247 Aus dem Prospekt: *Basisinformationen zur Anlageklasse Private Equity und den RWB Private Capital Fonds,* S. 13, Oberhaching (Archiv Grandt)
248 Bareis/Nauhauser, S. 173
249 Grebe/Grundmann/Phillipps, S. 52
250 Max Otte: *Die Krise hält sich nicht an Regeln,* Berlin 2010, S. 230
251 http://wirtschaftslexikon.gabler.de/Definition/derivate.html
252 http://www.bankkonditionen.at/service/lexikon.cfm?buchstabe=C&id=8957
253 http://wirtschaftslexikon.gabler.de/Definition/forward-rate-agreement-fra.html
254 http://www.bpb.de/popup/popup_lemmata.html?guid=FMR478

255 http://www.finanz-lexikon.de/swaption_1909.html
256 http://wirtschaftslexikon.gabler.de/Definition/derivate.html
257 http://www.investor-verlag.de/derivate-sind-finanzielle-waffen-zur-massen vernichtung/109011201/
258 Verdoppelt deshalb, weil Sie das Zertifikat für 1,40 Euro gekauft haben und der DAX um 140 Punkte gestiegen ist, was wiederum 1,40 Euro ausgemacht hat (vgl. Grebe/Grundmann/Phillipps, S. 53)
259 Ebd., S. 53
260 Ebd., S. 53
261 Grebe/Grundmann/Phillipps, S. 53
262 Nicht zu verwechseln mit »Optionen«, die an den Terminbörsen gehandelt werden
263 Im Fachjargon »Call«
264 Im Fachjargon »Put«
265 *Handelsblatt* vom 19. August 2011
266 Grebe/Grundmann/Phillipps, S. 54
267 Otte, S. 247
268 Grebe/Grundmann/Phillipps, S. 55
269 Beike/Schlütz, S. 460
270 http://www.deutscher-derivate-verband.de/DEU/Statistiken/Marktvolumen
271 Alle Zertifikatarten aufzuzeigen und zu erklären würde den Inhalt dieses Buches sprengen. Wer tiefer in die Materie einsteigen will, dem empfehle ich das Buch von Alexander Natter: *Crashkurs Zertifikate,* Kulmbach 2007.
272 Beike/Schlütz, S. 480
273 Ebd.
274 http://www.investor-verlag.de/derivate-sind-finanzielle-waffen-zur-massen vernichtung/109011201/
275 Bis zu zehn Prozent, vgl. dazu: Otte, S. 205
276 Beike/Schlütz, S. 462
277 Otte, S. 205
278 Grebe/Grundmann/Phillipps, S. 47
279 *Handelsblatt* vom 19. August 2011
280 Das habe ich bereits 2009 in meinem Buch *Der Crash der Lebensversicherungen,* Rottenburg 2009, und 2010 mit meiner Publikation *Der Staatsbankrott kommt!,* Rottenburg 2010, getan und ich wurde dafür von politisch korrekten Medien und Experten als »Crashprophet« verunglimpft. Jetzt lacht keiner mehr von denen darüber.
281 Aus den USA, Großbritannien, Frankreich, den Niederlanden, Schweden und der Schweiz; in Deutschland fungieren vor allem Deutsche Bank, Commerzbank, Dresdner Bank und Postbank quasi als »Strukturvertrieb« für deutsche Staatsanleihen.
282 Sendung *Plusminus,* Dezember 2009 (ARD)
283 http://info.kopp-verlag.de/hintergruende/deutschland/michael-grandt/staatsanleihen-und-staatsschulden.html
284 Feri Institutional Advisors in: *Handelsblatt* vom 29. September 2011

285 *Handelsblatt* vom 28. September 2011
286 *Handelsblatt* vom 22. September 2011
287 *Handelsblatt* vom 28. September 2011
288 *Handelsblatt* vom 23. November 2011
289 *Welt am Sonntag* vom 9. Dezember 2011
290 *Handelsblatt* vom 27. September 2011
291 http://info.kopp-verlag.de/hintergruende/deutschland/michael-grandt/bundesanleihen-sind-nicht-mehr-sicher.html
292 Vgl.: *Kopp-Exklusiv* Nr. 38/2011
293 http://info.kopp-verlag.de/hintergruende/deutschland/michael-grandt/verrueckt-banken-muessen-bald-mehr-staatsanleihen-kaufen.html
294 *Handelsblatt* vom 19. August 2011
295 Auf die man sich aber heutzutage auch nicht mehr »blind« verlassen sollte
296 Bareis/Nauhauser, S. 68 ff.
297 Ebd.
298 Ebd., S. 306
299 Verbraucherzentrale Hamburg: *Ampelcheck Geldanlage,* Hamburg 2009, S. 14 f.
300 http://www.finanztip.de/recht/bank/anleihen-grundlagen.htm
301 http://www.finanztip.de/recht/bank/unternehmensanleihen.htm
302 http://www.finanztip.de/recht/bank/anleihen-grundlagen.htm
303 Beike/Schlütz, S. 280
304 Beike/Schlütz, S. 289
305 Krugman/Wells, S. 428 f.
306 Krugman/Wells, S. 1117 ff.
307 Krugman/Wells, S. 1127
308 Beike/Schlütz, S. 282
309 Ebd., S. 283 (hier spielt auch die Inflationsrate eine Rolle)
310 Beike/Schlütz, S. 278
311 Ebd.
312 Ebd., S. 283
313 Ebd.
314 Ebd., S. 279
315 Eine Zentralbank kann zudem durch Devisenmarkttransaktionen die Geldmenge beeinflussen (Krugman/Obstfeld, S. 607).
316 Krugman/Wells, S. 1128, 1132
317 http://info.kopp-verlag.de/hintergruende/wirtschaft-und-finanzen/michael-grandt/auf-und-abwertung-einer-waehrung-was-bedeutet-das-.html Weiterführende Literatur: Otmar Emminger: »Die Entwicklung des Wechselkurses von der ›sakrosankten‹ Parität zum flexiblen Instrument der Währungspolitik«, in: Wissenschaftlicher Beirat des Instituts für bankhistorische Forschung (Hrsg): *Bankhistorisches Archiv* 1/1986, Zeitschrift für Bankengeschichte, Frankfurt/M. 1986; Paul R. Krugman/Maurice Obstfeld: *Internationale Wirtschaft. Theorie und Politik der Außenwirtschaft,* München 2009, S. 425, 453 f., 855 ff.

318 *Handelsblatt* vom 28. September 2011
319 Ebd.
320 Ebd.
321 http://info.kopp-verlag.de/hintergruende/europa/michael-grandt/schweizerische-nationalbank-spielt-mit-dem-feuer.html
322 Der Franken votierte 2007 noch bei 1,609 je Euro.
323 http://www.wirtschaftsblatt.at/home/meinung/gastkommentare/snb-warum-120-487123/index.do?_vl_pos=r.1.MOST
324 Vgl.: *Thomson Datastream; Handelsblatt* vom 7. September 2011; *Bloomberg;*
http://info.kopp-verlag.de/hintergruende/europa/michael-grandt/massive-steuererhoehungen-in-der-schweiz-.html
http://www.wirtschaftsblatt.at/home/meinung/gastkommentare/snb-warum-120-487123/index.do?_vl_pos=r.1.MOST
325 *Mittelstands-Nachrichten* vom 11. November 2011
326 Jahr 2010
327 Alle Zahlen aus dem *Handelsblatt* vom 28. September 2011
328 *Handelsblatt* vom 28. September 2011
329 http://www.investmentsparen.net/devisenfonds.html
330 Ebd.
331 Ebd.
332 http://www.fondsdiscount.de/fonds/investmentfonds/fondswissen/devisenfonds.php
333 http://www.faz.net/artikel/C31501/fonds-viele-devisenfonds-enttaeuschen-30099076.html
334 http://www.geld.com/kredite/fremdwaehrungskredite,542.html
http://www.wirtschaftsblatt.at/home/international/osteuropa/ein-gehoeriges-problem-mit-ungarn-487813/index.do?_vl_pos=r.1.MOST;
http://www.wirtschaftsblatt.at/archiv/ich-rate-den-banken-zum-rueckzug-aus-ungarn-488153/index.do
http://kopp-online.com/hintergruende/europa/michael-grandt/ungarn-zieht-oesterreich-in-die-krise.html
335 http://www.investor-verlag.de/devisen/vor-und-nachteile-des-devisenhandels/
336 Ebd.
337 http://www.fondsdiscount.de/fonds/investmentfonds/fondswissen/devisenfonds.php
338 http://www.tagesgeld-vergleichen.com/tagesgeld-lexikon.php
339 Verbraucherzentrale Hamburg e.V.: *Ampelcheck Geldanlage,* Hamburg 2009, S. 10 f.
340 Quelle zu diesem Abschnitt: http://www.tagesgeld.org/was-sie-bei-der-wahl-eines-tagesgeldkontos-beachten-sollten
341 http://www.bankenverband.de/themen/geldinfos-finanzen/tipps-infos/atproxiedcontent.2011-06-20.1321252566
und Deutsche Bundesbank

342 »Der Begriff hinkendes Inhaberpapier (§ 808 Abs. 1 Satz 2 BGB) ist missverständlich, denn es handelt sich um Namenspapiere mit Legitimationsklausel. Zwar ist jeder Inhaber des Sparbuchs berechtigt, die versprochene Leistung vom Kreditinstitut zu verlangen (Inhaberpapier), das Kreditinstitut ist jedoch nicht verpflichtet, ohne Prüfung der Legitimation des Vorlegers zu zahlen (Einschränkung der Legitimationswirkung)«; vgl.: Gerhard Lippe/Jörn Esemann/Thomas Tänzer: *Das Wissen für Bankkaufleute: Das umfassende und praxisorientierte Kompendium für die Aus- und Weiterbildung,* Wiesbaden 2001, S. 661 ff.

343 Gerhard Lippe/Jörn Esemann/Thomas Tänzer: *Das Wissen für Bankkaufleute: Das umfassende und praxisorientierte Kompendium für die Aus- und Weiterbildung,* Wiesbaden 2001, S. 661 ff.

344 http://www.tagesgeldvergleich.net/tagesgeldvergleich/sparbuch.html

345 http://www.tagesgeldvergleich.net/tagesgeldvergleich/sparbuch.html

346 § 4 Absatz 2 EAEG (http://www.gesetze-im-internet.de/eaeg/index.html)

347 Grandt, *Der Staatsbankrott kommt,* S. 59 ff.

348 *Tagesschau* vom 5. Oktober 2008 (ARD)

349 *Welt am Sonntag* vom 12. Oktober 2008

350 *Der Spiegel* 37/2010, S. 40 ff.

351 *Die Welt* vom 12. November 2011

352 BGH, Urteil vom 14. Juli 2009 – Az. XI ZR 152/08 und XI ZR 153/08

353 http://www.tagesgeldvergleich.net/tagesgeldvergleich/sparbuch.html

354 Zusatzquellen zu dem gesamten Kapitel: BGH NJW 1979, 1461; BGH NJW 1997, 3168; BGH NJW 2005, 2222; BGH NJW 2005, 980; BGHZ 158, 149, 152 f.; BGHZ 158, 149, 156; BGHZ 158, 149, 153 ff.; FAZ vom 13. Juni 2008, S. 23

355 Die Rate bei Drucklegung des Buches bewegte sich zwischen 2,5 und 2,8 Prozent (http://de.statista.com/statistik/daten/studie/1045/umfrage/inflationsrate-in-deutschland-veraenderung-des-verbraucherpreisindexes-zum-vorjahresmonat/). Ich habe drei Prozent angenommen, damit Sie sich doch noch etwas »freuen« können, wenn die Inflation tatsächlich etwas darunter liegt. Doch Experten erwarten einen Inflationsanstieg in den nächsten Jahren auf bis zu fünf Prozent, also freuen Sie sich nicht zu früh.

356 *Der Freie Berater* 3/2011, S. 51 ff.

357 *Welt am Sonntag* vom 13. November 2011

358 Ebd.

359 Ramb, *Der Zusammenbruch unserer Währung,* S. 136

360 Ebd.

361 Der Durchschnitt seit 1972 liegt bei satten 7,4 Prozent! (*Handelsblatt* vom 21. September 2011).

362 Laut Statistischem Bundesamt

363 Nach einer Umfrage der Internet-Immobilienvermittler *Planet Home* in: *Handelsblatt* vom 29. September 2011

364 Vgl. dazu auch Dirk Müller: *Crashkurs,* München 2009, S. 157

365 Annahme: Eigenkapital 25 Prozent, Finanzierung 75 Prozent über 30 Jahre

366 Quelle: IVD in: *Handelsblatt* vom 29. September 2011
367 *Handelsblatt* vom 29. September 2011
368 Dirk Müller, *Cashkurs,* S. 182
369 Müller, S. 158
370 Bareis/Nauhauser, S. 123
371 *Wirtschaftswoche,* zit. in: Bareis/Nauhauser, S. 126
372 Bareis/Nauhauser, S. 129
373 Bareis/Nauhauser (S. 131) sind derselben Meinung
374 Dirk Müller, *Cashkurs,* S. 331 f.
375 *Die Welt* vom 22. Oktober 2011
376 Dirk Müller, *Cashkurs,* S. 181
377 *Der Freie Berater,* Ausgabe III/2011, S. 62 ff.
378 *Handelsblatt* vom 2. September 2011; dies gilt bei vermieteten Immobilien. Die oben aufgeführten 2,5 Prozent beziehen sich auf eigengenutzte *und* vermietete Immobilien (im Durchschnitt).
379 *Der Freie Berater,* Ausgabe III/2011, S. 62 ff.
380 Beike/Schlütz, S. 768
381 Dirk Müller: *Crashkurs,* München 2009, S. 155
382 Zahlen vom Fondsverband BVI, in: *Handelsblatt* vom 30. September 2011
383 *Handelsblatt* vom 12. August 2011; Quelle: Performance-Berechnung durch den Bundesverband Investment und Asset Management (BVI)
384 Beike/Schlütz, S. 768
385 Ebd.
386 *Handelsblatt* vom 7. Oktober 2011
387 Das bedeutet, dass die Immobilien bei einer Liquidation verkauft werden. Der Erlös wird nach Abzug der Kosten an die Anleger verteilt, die dabei häufig einen Verlust erleiden.
388 *Handelsblatt* vom 30. September 2011
389 Vgl. dazu: BVI; Deutsche Bundesbank; Börse Hamburg; *Thomson Reuters;* HB-Research; *Handelsblatt* vom 27. September 2010
390 *Handelsblatt* vom 19. Oktober 2011
391 *Handelsblatt* vom 30. September 2011
392 Bareis/Nauhauser, S. 131 f.
393 *Handelsblatt* vom 30. September 2011
394 Vgl.: http://www.zensus2011.de
395 Ebd.
396 Ebd.
397 Ebd.
398 http://www.gesetze-im-internet.de/lag/
399 Vom 16. Juli 1925
400 *Kopp-Exklusiv* 22/2011
401 *Handelsblatt* vom 10. August 2011
402 *Handelsblatt* vom 26. August 2011
403 *Handelsblatt* vom 26. August 2011
404 *Handelsblatt* vom 10. August 2011

405 Carroll Quigley: *Katastrophe und Hoffnung*, Basel 2006, zit. in: Michael Mross: *Der Währungscrash kommt!*, Kulmbach 2011, S. 81
406 Umfrage vom 2. Halbjahr 2011, in: *Handelsblatt* vom 28. September 2011
407 Wie etwa Heinz-Werner Rapp, Chef-Anlagestratege und Vorstand von *Feri-Finance*, der für 18 Milliarden Euro Anlagekapital verantwortlich ist (*Handelsblatt* vom 28. September 2011).
408 London Fixing p.m., vgl.: http://www.goldseiten.de/content/kurse/edelmetalle_gold.php; *Handelsblatt* vom 26. August 2011 und 28. September 2011; Bloomberg
409 *Handelsblatt* vom 26. August 2011
410 Newton lebte vom 4.1.1643 bis 31.3.1727.
411 Paul R. Krugman/Maurice Obstfeld: *Internationale Wirtschaft: Theorie und Politik der Außenwirtschaft*, München 2009, S. 660
412 Stephen Zarlenga: *Der Mythos vom Geld – die Geschichte der Macht*, Zürich 1999, S. 473 f.
413 http://www.bundesfinanzministerium.de/nn_53848/DE/BMF__Startseite/Service/Glossar/B/015__Bretton__Woods.html?__nnn=true?__nnn=true
414 http://www.bundesfinanzministerium.de/nn_53848/DE/BMF__Startseite/Service/Glossar/B/015__Bretton__Woods.html?__nnn=true?__nnn=true
415 Wenn Länder ihre Währungen an einen Goldstandard binden, nehmen die offiziellen internationalen Reserven die Form von Gold an.
416 Zarlenga, S. 476
417 Ebd.
418 http://www.bundesfinanzministerium.de/nn_53848/DE/BMF__Startseite/Service/Glossar/B/015__Bretton__Woods.html?__nnn=true?__nnn=true
419 F. William Engdahl: *Der Untergang des Dollar-Imperiums*, Rottenburg 2009, S. 295
420 Eike Hamer: »Neuordnung des Weltwährungsgefüges«, in: *Edelmetall- & Rohstoffmagazin 2009/2010*, Neustadt an der Orla 2009, S. 98
421 Krugman/Obstfeld, *Internationale Wirtschaft*, S. 681 ff.
422 Engdahl, *Der Untergang des Dollar-Imperiums*, S. 296
423 Krugman/Obstfeld, *Internationale Wirtschaft*, S. 681 ff.
424 Richard Duncan: *The Dollar Crisis*, Singapur 2003, Abb. 1
425 Engdahl, *Der Untergang des Dollar-Imperiums*, S. 297
426 F. William Engdahl: »Einbrechender Dollarkurs – Indische Zentralbank signalisiert steigendes Vertrauen auf Gold« (http://info.kopp-verlag.de/news/einbrechender-dollarkurs-indische-zentralbank-signalisiert-steigendes-vertrauen-auf-gold.html)
427 Krugman/Obstfeld, *Internationale Wirtschaft*, 681 ff.
428 http://www.finanz-lexikon.de/fiat%20money_731.html
429 Nouriel Roubini: »Ängste und viel Liquidität treiben den Goldpreis an«, in: *Handelsblatt* vom 21. Dezember 2009
430 Ebd.
431 *Handelsblatt* vom 26. August 2011
432 http://www.manager-magazin.de/geld/artikel/0,2828,306483,00.html

433 Ebd.
434 Quellen: *World Gold Council* und *Handelsblatt* vom 28. September 2011
435 »Wie gefährlich ist Gold?«, in: *Welt am Sonntag* vom 8. November 2009
436 Bareis/Nauhauser, S. 135
437 http://www.markobutze.de/Gold_Inflationsschutz_und_Depotversicherung.pdf
438 Daniel Haase/Gerd Ewert: »Staatsbankrott & Währungsreform«, in: *Edelmetall- & Rohstoffmagazin 2009/2010,* Neustadt an der Orla, 2009, S. 92
439 http://www.goldseiten.de/content/kolumnen/artikel.php?storyid=4128 Der komplette Wortlaut ist abgedruckt in: Gerhard Spannbauer: *Finanzcrash,* Rottenburg 2009, S. 288 ff.; dem ersten Entwurf vom 9. März 1933 folgte eine geänderte und letztendlich bindende Version, die am 5. April 1933 erlassen wurde.
440 Johann Saiger/Frank Winkler: »Kapitalschutz mit Edelmetallen«, in: *Edelmetall- & Rohstoffmagazin 2009/2010,* Neustadt an der Orla 2009, S. 15
441 Die einzelnen Punkte stammen aus einer Analyse der österreichischen Erste Bank (in: Mross, S. 166); ein paar Punkte habe ich durch Eigenrecherchen hinzugefügt.
442 Ramb, S. 139
443 http://www.gold-kaufen.biz/vor-und-nachteile/
444 So sieht das Ronald Stöferle, Goldexperte bei der Ersten Bank in Wien (laut *Handelsblatt* vom 19. August 2011).
445 Das meinten einige Experten im *Handelsblatt* vom 19. August 2011.
446 Diese Meinung vertrat er im *Handelsblatt* vom 28. September 2011.
447 Mross, S. 205
448 *Handelsblatt* vom 26. August 2011
449 http://www.finanznews-123.de/etcs-als-anlageform-nutzen/
450 Beike/Schlütz, S. 892
451 Ebd.
452 *Handelsblatt* vom 26. August 2011
453 Vgl. dazu auch: *Handelsblatt* vom 12. August 2011, 22. September 2011
454 *Handelsblatt* vom 10. August 2011
455 http://www.handelsblatt.com/finanzen/zertifikate-nachrichten/geldanlage-neue-wetten-auf-gold-und-silber;2709169
456 *Handelsblatt* vom 12. August 2011
457 Beike/Schlütz, S. 863
458 Beike/Schlütz, S. 864
459 Beike/Schlütz, S. 864
460 Gerhard Spannbauer: *Finanzcrash,* Rottenburg 2009, S. 114
461 http://www.goldsilber.org/lagerkonzept.html
462 Saiger/Winkler, S. 16
463 Thorsten Schulte: *Silber, das bessere Gold,* Rottenburg 2010, S. 165 ff.
464 Der sogenannte Gold- und Silberstandard (Bimetallstandard)
465 Beike/Schlütz, S. 864
466 http://www.silber-und-gold.com/gold-kaufen/gold-oder-silber-kaufen

467 http://gold.finanz-sektor.de/silberkurs-silberchart-usd-euro
468 Schulte, S. 240
469 Ramb, S. 139
470 http://www.gold-kaufen.biz/vor-und-nachteile/
471 So sieht das Ronald Stöferle, Goldexperte bei der Ersten Bank in Wien (lt. *Handelsblatt* vom 19. August 2011).
472 http://www.dirk-naumann.com/empfehlungen/downloads/smh/SMH%20 Fragen%20und%20Antworten_1.11_Maerz_2010.pdf
473 http://www.gold-goldbarren.com/aktuelle-silberpreisentwicklung-silber kauf-silberverkauf/
474 *www.goldreporter.de*
475 *www.goldreporter.de*
476 Jürgen Müller: *Gewinnen mit Gold und Silber*, Rottenburg 2007, S. 185
477 Empfehlenswerte Bücher zu dieser Thematik: Reinhard Deutsch: *Das Silberkomplott*, Rottenburg 2006; Jürgen Müller: *Generation Gold*, Rottenburg 2007; Jürgen Müller: *Gewinnen mit Gold und Silber*, Rottenburg 2007; Bruno Bandulet: *Das geheime Wissen der Goldanleger*, Rottenburg 2007; Ferdinand Lips: *Die Gold-Verschwörung*, Rottenburg 2003
478 Saiger/Winkler, S. 16
479 Jürgen Müller: *Gewinnen mit Gold und Silber*, Rottenburg 2007, S. 183
480 Vgl. zusätzlich dazu auch: http://www.dirk-naumann.com/empfehlungen/downloads/smh/SMH%20Fragen%20und%20Antworten_1.11_Maerz_2010.pdf
481 Darauf weist Ozan Demircan im *Handelsblatt* vom 5. Oktober 2011 hin.
482 Ebd.
483 Etwa vom Fraunhofer-Institut und der Bundesanstalt für Geowissenschaften und Rohstoffe (BGR)
484 Vgl. dazu auch: http://www.dirk-naumann.com/empfehlungen/downloads/smh/SMH%20Fragen%20und%20Antworten_1.11_Maerz_2010.pdf
485 http://moneymorning.com/
486 In Deutschland plus 19 Prozent Umsatzsteuer
487 http://minerals.usgs.gov/minerals/pubs/commodity/platinum/mcs-2009-plati.pdf;
http://moneymorning.com/2010/09/30/platinum/
488 Die Fakten zu den verschiedenen strategischen Metallen wurden den Unterlagen der Schweizerischen Metallhandels AG (SMH) entnommen, aus denen ich mit Genehmigung zitieren darf (siehe Danksagung).
489 Folgende Auszüge sind ebenfalls aus den Unterlagen der SMH, aus denen ich mit Genehmigung zitieren darf (siehe Danksagung).
490 Abhängig vom Tagespreis bei Kauf
491 Ebd.
492 Vgl. zusätzlich dazu auch: http://www.dirk-naumann.com/empfehlungen/downloads/smh/SMH%20Fragen%20und%20Antworten_1.11_Maerz_2010.pdf
493 Beike/Schlütz, S. 829

494 Beike/Schlütz, S. 874
495 Aufstellung aus: Beike/Schlütz, S. 830
496 Aufstellung aus: Beike/Schlütz, S. 830
497 Beike/Schlütz, S. 827
498 Beike/Schlütz, S. 832
499 Dr. Thorsten Dennin: »Rohöl, Kohle, Kupfer und Blei versus Aktien aus den Bereichen Energie und Metals & Mining«, in: *Edelmetall- & Rohstoffmagazin*, Neustadt an der Orla 2010, S. 120 f.
500 *Der Spiegel* 35/2011, S. 75
501 Beike/Schlütz, S. 839
502 Beike/Schlütz, S. 833
503 *Der Spiegel* 35/11, S. 75 ff.
504 Im Jahr 1999 öffnete die *Commodities Future Trading Commission* der USA die Future-Märkte weitgehend (*Der Spiegel* 35/2011, S. 77).
505 Beike/Schlütz, S. 828
506 Das ergab die Analyse der Marktforscher von GfK (vgl.: *Focus* 41/2011 und *Handelsblatt* vom 10. Oktober 2011).
507 http://www.welt.de/finanzen/article13626586/Groesster-Preis-Verfall-bei-Gold-und-Silber-seit-30-Jahren.html
http://www.welt.de/finanzen/article13626831/Preise-fuer-Rohstoffe-fallen-Platzt-die-Goldblase.html
Handelsblatt vom 27. September 2011
508 *Handelsblatt* vom 19. August 2011
509 Vgl. dazu auch Beike/Schlütz, S. 827–903
510 Ramb, *Der Zusammenbruch unserer Währung*, S. 137
511 Ebd.
512 http://www.money-factory.de/index.php?option=com_content&view=article&id=192:geldanlage-holz&catid=63:rohstoffe-beteiligungen&Itemid=64
513 Andreas Rühl: »Der Rohstoff-Markt Holz«, in: *Edelmetall- und Rohstoffmagazin 2010/2011*, Neustadt an der Orla 2010, S. 213
514 http://www.holz-investment.net/index/holz-investment-fakten
515 Ebd.
516 Dirk Müller, *Cashkurs*, S. 157
517 Ebd., S. 158
518 Ramb, *Der Zusammenbruch unserer Währung*, S. 123
519 Etwa vom Zentrum für Europäische Wirtschaftsforschung (ZEW), Mannheim, oder der Goethe-Universität Frankfurt/M.
520 Weitere Quellen: Mark Wahrenburg/Martin Weldi: *Return on Investment in Higher Education – Evidence for Different Subjects, Degrees and Gender in Germany*, 2007; Martin Weldi: *Financing Higher Education Cost through Human Capital Contracts – An Empirical Analysis by Subject and Degree for Germany*, 2006
521 Templar, S. 22, 36
522 Vgl. dazu auch Templar
523 Templar, S. 28

524 Ebd., S. 34
525 Diese Geschichte habe ich im Kapitel »Aktien« beschrieben.
526 Alice Schroeder, S. 69 ff., 74 ff., 94 ff., 101
527 Sechs-Tage-Woche, da es ein Handelsunternehmen ist, das noch heute sehr erfolgreich ist
528 Donald Trump/Bill Zanker: *Nicht kleckern, klotzen,* Kulmbach 2008, S. 9
529 Ebd., S. 47
530 Ebd., S. 29
531 Ebd., S. 112
532 Alles aus Trump/Zanker, S. 13 f., 50, 66, 77, 218, 271, 282 f.
533 Trump/Zanker, S. 32; das gilt auch für folgendes Zitat.
534 Ebd., S. 87
535 Ebd., S. 190
536 Einige Tipps sind aus dem Buch von Templar.
537 Templar, S. 160 f.